Basic Language Learning
●●●

佐竹謙一
Kenichi Satake

本気で学ぶ
スペイン語

発音・会話・文法・読解の力を
基礎から積み上げる

無料音声
ダウンロード付

ベレ出版

はじめに

　長年スペイン文学に魅せられ、文学作品の研究および翻訳に携わってきましたが、このたびご縁があってスペイン語の文法書を執筆させていただくことになりました。そこで筆者としては、特に学生時代にスペイン語文法を勉強していてよく理解できなかった項目に注目し、また3年間スペインのグラナダ大学へ留学したときに授業で学んだスペイン語文法にまつわるあれこれを思い出しながら、1冊にまとめ上げてみることにしました。

　方向性としては、基本的に初級文法を中心に、中級文法にまで範囲を広げました。学習後に中級程度の読み物を読んだり、簡単な会話文を口にしたりできるようになれるのが理想です。そのためにも、筆者が学生・院生時代にもっと説明が欲しかったと感じた項目（特に時制、se の用法、接続法）や、気づかずに見すごしてきた項目について、詳しくとり上げることにしました。

　内容としてはできるだけレベルを落とさず、専門的で複雑だと思われる文法事項を初心者にもわかりやすいように噛み砕いて説明したつもりです。とりわけ接続法に関しては多くのページを割きました。接続法がきちんと理解できていれば、会話や文章の内容をより正確に理解し、「話し手／書き手」の気持ちを充分に味わえるからです。また各課で多くの例文をとり入れた理由は、外国語習得の近道はできるだけ多くの文章に触れることだと思うからです。

　本書には、文法事項とは別にスペイン文学にまつわるコラムをいくつか設け、文学的要素も加えました。既存の文法書とは一味違った構成になっていますが、文学離れが激しい昨今の事情を鑑み、文法に文学の風味を加えることによって、文学と語学の距離が少しでも縮まればと願ってのことです。もっとも、文学と語学はきってもきれない関係にあることは言うまでもありません。スペイン文学は、他のヨーロッパ文学に比べると全般的にリアルでグロテスクな要素が多いかもしれませんが、それでも文学世界を覗き込むと、そこに描かれている複雑な人間模様から、たとえ反面教師的なかたちにしろ、何か得るものはあるはずです。また、「情熱的で明るい国民性」などという一般的なスペイン人のイメージに加えて、彼らの気質や感情の起伏なども知ることができます。実際にテクストを手にとってみると、他のヨーロッパ文学とは一味違う、スペイン文学独特の世界に気づくはずです。そのためにも文法の基礎はしっかりと身につけることが大切です。

3

本書作成にあたり、以下のことに留意しました。

1. 第1課は、一応目をとおしておかれると後々発音にわずらわされることはないと思います。幸いスペイン語の発音は日本語の発音と音がよく似ていますので、音声等の専門的なことはその分野の専門家にお任せするとして、ここでは基本的な説明にとどめました。

2. 全体の構成は、既存の文法書の項目配置とは多少異なるかもしれませんが、第10課までは「直説法現在・現在完了」を中心に組み立ててあります。まずは「現在」を軸とする各種例文に触れ、スペイン語の動詞の活用に慣れると同時に、スペイン語の基本的な構造を理解していただくのが狙いです。

3. 今回初めて文法書を作成するにあたり考えさせられたことは、スペイン語の短い例文の訳し方です。文学作品等とは違い、どれも前後に文脈がないだけに、スペイン語の文法機能を尊重しながら訳そうとすると、人称代名詞を多用しなければならず、その度に訳がぎこちなくなったり、くだくだしくなったりしてしまいがちです。しかし、本書では誤解を招かないためにも、多少のぎこちなさは残りますが、逐語訳が必要な場合にはそのような形で訳すことにしました。

4. 例文については、前述したとおりスペイン語に親しむための基礎づくりに欠かせないと考え、その数をできるだけ増やしました。中には復習を兼ねて同じ語彙をくり返したり、似たようなフレーズを使ったりもしています。

5. スペイン語の例文で、[ ]内に記した語は、その前に置かれた語を代替するものとして使用できるという意味です。

（例）"Podéis sentaros donde sea [queráis]".

　　　きみたち、どこでも〔好きな場所に〕座っていいよ。

また、（ ）内の語は省略可能です。

（例）"(Yo) no tomo café". — Yo tampoco (tomo café).

　　　私はコーヒーを飲まない。— 私も飲まない。

なお、執筆にあたり辞書類のみならずスペイン語文法の学習書も大いに参考にさせていただきました。執筆された方々にはこの場をお借りして感謝申し上げます。それからスペイン語のネイティブチェックは、元関西外国語大学非常勤講師で現在は市井でスペイン語を教えている Patricia Valdez Satake にお願いしました。時には、筆者の瑣末な質問に対して複数の辞書や文法書を繙きながら真摯に向き合ってくれ、また必要と思われる例文が即座に思い浮かばないときも時間をかけていっしょに考えてくれました。とても感謝しています。また、快くイラストを描いてくださった誉田百合絵さんにお礼を申し上げます。

　本書をとおしてスペイン語文法を習得したあと、なるべく時間をあけずにスペイン語で書かれた書籍・雑誌等に挑戦されることをお勧めします。

　この文法書が少しでも読者のお役に立てれば幸いです。

佐竹　謙一

目 次

ダウンロード音声について

　トラック番号を表示してある箇所のスペイン語部分を収録した音声を、ベレ出版のホームページより無料でダウンロードできます。

《収録時間…126分》

音声のダウンロード方法

　こちらのサービスはパソコンからのダウンロードをお勧めします（スマートフォン、タブレットからのダウンロード方法については、小社では対応しておりません）。

① 「ベレ出版」ホームページ内、『本気で学ぶスペイン語』の詳細ページにある「音声ダウンロード」ボタンをクリック。

　（URL は https://www.beret.co.jp/books/detail/829）

② 8ケタのコードを入力してダウンロード。

ダウンロードコード　　8TNikfa8

* ダウンロードされた音声は MP3 形式となります。zip ファイルで圧縮された状態となっておりますので、解凍してからお使いください。

* zip ファイルの解凍方法、iPod 等の MP3 携帯プレイヤーへのファイル転送方法、パソコン、ソフトなどの操作方法については、メーカー等にお問い合わせくださるか、取扱説明書をご参照ください。小社での対応はできかねますこと、ご理解ください。

* こちらのサービスは予告なく終了する場合がございます。

☞ 音声の権利・利用については、小社ホームページ内［よくある質問］にてご確認ください。

文字・発音

　スペイン語は、正確な発音を習得し上手に発音するに越したことはありませんが、最初からこだわりすぎると前に進めませんので、音声に関する詳細には触れず、ここでは口の動かし方や舌先の使い方についての説明を最小限にとどめ、まずはカタカナ表記を通して慣れ親しむことを目的とします。幸いスペイン語の発音は日本語のそれと似通っていることから、かりに日本語的な発音で相手に話しかけても相手は想像力を働かせて聞きとってくれます。

　とはいえ、もともと日本語の発音には l と r の違いがなかったり、喉の奥から吐き出すような音（j）や上の歯で下唇を若干噛むようにして出す音（f）がなかったり、また基本的に日本語は子音と母音の組み合わせの連続で音を出したりと、細かい部分ではいろいろ違いが見られるのは確かです。したがって、カタカナ表記はまんざら捨てたものではありませんが、あくまでも便宜上の措置だと思ってください。

　何はともあれ、この第 1 課はスペイン語の入り口です。この課で発音の仕組みをしっかり学べば、英語のようにいちいち辞書で発音を確認する必要はなくなります。大胆な言い方をすると、たとえ意味がわからなくても、スペイン語はすべて読めるようになるのです。

1 ■ アルファベット（27 文字）

（青色の 5 文字は「**母音**」を示します。）

◀)) 001

A a 〔ア〕	H h 〔アチェ〕
B b 〔ベ〕	I i 〔イ〕
C c 〔セ〕	J j 〔ホタ〕
D d 〔デ〕	K k 〔カ〕
E e 〔エ〕	L l 〔エレ〕
F f 〔エフェ〕	M m 〔エメ〕
G g 〔ヘ〕	N n 〔エネ〕

Ñ ñ 〔エニェ〕

O o 〔オ〕

P p 〔ペ〕

Q q 〔ク〕

R r 〔エレ〕

S s 〔エセ〕

T t 〔テ〕

U u 〔ウ〕

V v 〔ウベ〕

W w 〔ウベ ドブレ〕

X x 〔エキス〕

Y y 〔イ グリエガ〕

Z z 〔セタ〕

2 ■ 発音

　スペイン語の発音は、細かいことを気にしなければ、読み方は決まっていますので、英語に比べると発音で苦労することはありません。基本的には、規則に従ってローマ字風に発音すればよいと思います。

　まずはアクセントを気にせず、子音と母音の組み合わせで音を出してみましょう。

🔊 002

(1) 母音

a〔ア〕 e〔エ〕 i〔イ〕 o〔オ〕 u〔ウ〕

(2) 子音

b（v と同じ音）

バ ベ ビ ボ ブ
ba be bi bo bu

　バル ベカ ルビオ
bar（バル） beca（奨学金） rubio（金髪の）

ボ ダ ブ ダ
boda（結婚式） Buda（仏陀）

c（①「c + a, o, u」で日本語の「カ行」の音、②「c + e, i」で「サ行」の音）

カ コ ク
①**ca co cu**

カ サ コ ド ク バ
casa（家） codo（肘） Cuba（キューバ）

17

② ce ci
<ruby>セ<rt></rt></ruby> <ruby>シ<rt></rt></ruby>

<ruby>セナ<rt></rt></ruby> <ruby>センソ<rt></rt></ruby> <ruby>シマ<rt></rt></ruby>
cena（夕食） censo（国勢調査） cima（頂上）

スペイン南部やラテンアメリカ諸国では日本語風に［se］,［si］で発音しますが、マドリードを中心とする地域では、英語の think の th［θ］のように上下の歯のあいだに軽く舌先を置くように発音します。

ch

<ruby>チャ<rt></rt></ruby> <ruby>チェ<rt></rt></ruby> <ruby>チ<rt></rt></ruby> <ruby>チョ<rt></rt></ruby> <ruby>チュ<rt></rt></ruby>
cha che chi cho chu

<ruby>ムチャチョ<rt></rt></ruby> <ruby>コチェ<rt></rt></ruby> <ruby>チコ<rt></rt></ruby> <ruby>レチュガ<rt></rt></ruby>
muchacho（少年） coche（車） chico（少年） lechuga（レタス）

d

<ruby>ダ<rt></rt></ruby> <ruby>デ<rt></rt></ruby> <ruby>ディ<rt></rt></ruby> <ruby>ド<rt></rt></ruby> <ruby>ドゥ<rt></rt></ruby>
da de di do du

<ruby>ダマ<rt></rt></ruby> <ruby>デド<rt></rt></ruby> <ruby>ディネロ<rt></rt></ruby>
dama（貴婦人） dedo（指） dinero（お金）

<ruby>トド<rt></rt></ruby> <ruby>ドゥダ<rt></rt></ruby>
todo（すべて） duda（疑念）

「語尾の d」は、無声の歯間音となるか無音となります。
（例）Madrid［Madrí; Madrid］（マドリード）
　　 verdad［verdá; verdad］（真実）

f

<ruby>ファ<rt></rt></ruby> <ruby>フェ<rt></rt></ruby> <ruby>フィ<rt></rt></ruby> <ruby>フォ<rt></rt></ruby> <ruby>フ<rt></rt></ruby>
fa fe fi fo fu

<ruby>ファマ<rt></rt></ruby> <ruby>フェチャ<rt></rt></ruby> <ruby>フィン<rt></rt></ruby> <ruby>フォト<rt></rt></ruby> <ruby>フトゥロ<rt></rt></ruby>
fama（名声） fecha（日付） fin（終わり） foto（写真） futuro（未来）

下唇を軽く噛んで出す音です。

g（①「g ＋ a, o, u」で日本語の「ガ行」の音、gue, gui は「ゲ、ギ」、②「g ＋ e, i」で「ハ行」の音、③ güe, güi のようにウムラウト〔¨〕がつくと「グェ、グィ」の音）

①ga　g^ガ　gue^ゲ　gui^ギ　go^ゴ　gu^グ

①ga　gue　gui　go　gu

gato（猫）　guerra（戦争）　guitarra（ギター）

goma（ゴム）　gusto（喜び）

guerra, guitarra の rr は巻き舌で、震わせます（「r, rr」の音、参照）。

②ge　gi

gente（人々）　gigante（巨人）

この「ハ行」の音は、喉の奥から息を強く吐き出すような感じで押し出します。後述の j と同じような音の出し方です。

③gua　güe　güi　guo

guapo（端麗な）　vergüenza（恥）

pingüino（ペンギン）　antiguo（古い）

ウムラートがあるときは u の音をしっかり発音するという意味です。

h（無音です）

hotel（ホテル）　historia（歴史）　ahora（今）

j（ge, gi と同じような発音の仕方）

ja　je　ji　jo　ju

jardín（庭）　jefe（長）　jinete（騎手）

Quijote（キホーテ）　jugar（遊ぶ）

「語尾の j」は、喉の奥で「ホッ」という音が聞こえるか聞こえないかのような無音に近い感じです。
（例）reloj（時計）

文字・発音

k（外来語や外国の地名・人物名にのみ使われます）

　　　トキオ　　　　　　　　ケニア　　　　　　　キログラモ
　　Tokio（東京）　Kenia（ケニア）　kilogramo（キログラム）

l

　ラ　レ　リ　ロ　ル
la　le　li　lo　lu

　　ラ ゴ　　　　　レクトゥラ　　　　　　　リラ　　　　　　ロ ロ
　　lago（湖）　lectura（読書）　lira（竪琴）　loro（オウム）

　　ルシエルナガ
　　luciérnaga（蛍）

後述するrの音の出し方（「r」の音、参照）とは異なり、舌先を上の歯茎につ
けて「ラ行」の音を発します。すると、この「ラ行」の音は、舌の両サイドの
隙間から出る形になります。日本語ではlもrも同じ「ラ行」で区別しませんが、
区別せずに双方を発音しても、相手はたいがい理解してくれるはずです。余談
ですが、スペイン南部アンダルシアの一部の地域にlをrの音で、rをlの音で
発音するところもあります。

ll

　リャ　リェ　リィ　リョ　リュ
lla　lle　lli　llo　llu

　　リャベ　　　　　カリェ　　　　　アリィ　　　　　　ポリョ　　　　　　リュビア
　　llave（鍵）　calle（通り）　allí（あちらに）　pollo（若鶏）　lluvia（雨）

舌先を前歯の歯茎または硬口蓋につけて出すと出しやすいです。スペイン南部
やラテンアメリカ諸国では日本語風に〔ジャ、ジェ、ジ、ジョ、ジュ〕と発音
しますので、発音しやすい方で音を出せばよいでしょう。llave, calle など。
　　　　　　　　　　　　　　　　　　　　　　ジャベ カジェ

m

　マ　メ　ミ　モ　ム
ma　me　mi　mo　mu

　　マドレ　　　　　メサ　　　　　　ミラル　　　　　モ ド　　　　　　ムヘル
　　madre（母）　mesa（机）　mirar（見る）　modo（方法）　mujer（女性）

n

　ナ　ネ　ニ　ノ　ヌ
na　ne　ni　no　nu

　　ナ ベ　　　　　ネ ネ　　　　　　ニ ド　　　　　ノチェ　　　　　ヌ ベ
　　nave（船）　nene（赤ん坊）　nido（巣）　noche（夜）　nube（雲）

n の次に c, g などの子音が来ると［η］［ン］の音になります。
（例）cinco（5）　tango（タンゴ）

ñ

ña ñe ñi ño ñu

mañana（明日）　muñeco（人形）　meñique（小指）

niño（子供）　ñu（ヌー）

p

pa pe pi po pu

París（パリ）　Perú（ペルー）　pincel（筆）　tipo（タイプ）

público（公衆）

q

que qui

queso（チーズ）　qué（何）　quién（誰）　quilate（カラット）

ca, co, cu は、「c」の発音①参照。

r（日本語の「ラ行」とほぼ同じ音です。）

① ra re ri ro ru

cara（顔）　pureza（純粋）　caridad（慈悲）

Europa（ヨーロッパ）　gerundio（現在分詞）

舌先を軽く歯茎に触れ、軽く弾く感じで音を出すので、l のように舌の両サイドの隙間から音が出ることはありません。また、r が語頭に来ると、②の「rr」と同じように舌を震わせます。

（例）radio（ラジオ）　recado（伝言）　rubí（ルビー）
　　　risa（笑い）　rojo（赤い）

② rr（巻き舌）：rra rre rri rro rru
　　　　　　　　ラ　　レ　　リ　　ロ　　ル

シエラ
sierra（連峰）　　torre（塔）　　corrida（闘牛）　　perro（犬）
　　　　　　　　トレ　　　　　　コリダ　　　　　　　ペロ

ベルゲテ
Berruguete（ベルゲーテ／画家の名前）

rrは母音間に現れます。rでも①で見たように語頭にくると巻き舌になります。
もしこの発音がむずかしければ、無理をせずrと同じように「ラ行」の音で発
音すれば大丈夫です。

s

サ　セ　シ　ソ　ス
sa se si so su

サバド
sábado（土曜日）　　semana（週）　　silla（椅子）
　　　　　　　　　　セマナ　　　　　　シリャ

ソニド
sonido（音）　　Suiza（スイス）
　　　　　　　　スイサ

t

タ　テ　ティ　ト　トゥ
ta te ti to tu

タバコ
tabaco（タバコ）　　tema（テーマ）　　tinta（インク）
　　　　　　　　　　テマ　　　　　　　ティンタ

トマテ
tomate（トマト）　　túnel（トンネル）
　　　　　　　　　　トゥネル

v（bと同じ音）

バ　ベ　ビ　ボ　ブ
va ve vi vo vu

バソ
vaso（コップ）　　verano（夏）　　victoria（勝利）
　　　　　　　　　ベラノ　　　　　ビクトリア

ボルカン
volcán（火山）　　vulgar（卑俗な）
　　　　　　　　　ブルガル

w（主に外来語や外国の地名・人物名に使われます）

Washington（ワシントン）　　Westfalia（ウェストファリア）

whisky（ウイスキー）

22

x（①「母音＋x＋母音」の場合と②「x＋子音」の場合では音が異なります）

① xa xe xi xo xu
<small>クサ クセ クシ クソ クス</small>

    <small>エクサメン</small>
    examen（試験）   <small>エクセンタル</small> exentar（免除する）   <small>タクシ</small> taxi（タクシー）

    <small>オルトドクソ</small>
    ortodoxo（正統な）   <small>エクスベランテ</small> exuberante（豊富な）

発音は［ks］となります。これに関しては例外もあります。メキシコでは Tejas, Méjico（テキサス、メキシコ）をjではなくxで表記します（Texas, México）が、発音は「ハ行」で行います。最近ではスペインでもxのほうを使うようになりました。

②「x＋子音」は［s］の音ですが、［ks］と発音することもあります。

    <small>エ（ク）ストラオルディナリオ</small>
    extraordinario（異常な）   <small>エ（ク）ストレマドゥラ</small> Extremadura（エストレマドゥーラ）

    <small>エ（ク）スパンシオン</small>
    expansión（拡張）

y

ya ye yi yo yu
<small>ヤ イェ イ ヨ ユ</small>

    <small>イ マ ラ ヤ</small>
    Himalaya（ヒマラヤ山脈）   <small>イェルバ</small> yerba（雑草）   <small>フィイアノ</small> fiyiano（フィジーの人）

    <small>ヨ</small>
    yo（私）   <small>ア ユ ダ</small> ayuda（助け）

スペイン南部やラテンアメリカ諸国では〔ジャ、ジェ、ジ、ジョ、ジュ〕と発音します。単体または語末に来た場合には〔イ〕の音になります。

（例）<small>イ</small> y（そして）   <small>ヘルセイ</small> jersey（セーター）

z

za ze zi zo zu
<small>サ セ シ ソ ス</small>

    <small>サ パ ト</small>
    zapato（靴）   <small>セン</small> zen（禅）   <small>シグサグ</small> zigzag（ジグザグ）

    <small>ペ ダ ソ</small>
    pedazo（断片）   <small>アスカル</small> azúcar（砂糖）

3 ■ 母音

(1) 単母音

単母音は以下の 5 文字です。

a〔ア〕　e〔エ〕　i〔イ〕　o〔オ〕　u〔ウ〕

(2) 二重母音

　上記の 5 個の単母音のうち 2 個が組み合わさったとき、「**一つの母音**」とみなされ、これを「**二重母音**」と言います。

　5 個の単母音は、"a, e, o" を「**強母音**」、"i, u" を「**弱母音**」と言います。これらの母音を発音してみると、前者の方が比較的口が丸く開き、強く発音されることがわかります。

　二重母音の組み合わせは次の 3 通りです。ただし、「**強母音**」＋「**強母音**」では二重母音になりません。

🔊 003

① 「強母音」＋「弱母音」

ai, au / ei, eu / oi, ou

アイレ
aire（空気）　　　アウロラ
aurora（曙光）／レイナ
reina（女王）　　　エウロ
euro（ユーロ）／

ボイナ
boina（ベレー帽）　ボウ
bou（引き網漁）

② 「弱母音」＋「強母音」

ia, ie, io / ua, ue, uo

ピアドソ
piadoso（慈悲深い）　リエスゴ
riesgo（危険）　　アビオン
avión（飛行機）／

グアテマラ
Guatemala（グアテマラ）　ノルウエガ
Noruega（ノルウェー）　クオタ
cuota（料金）

24

③「弱母音」＋「弱母音」

iu / ui

　　ciudad（都市）／ cuita（悲しみ）　　ruido（騒音）
　　シ ウ ダ　　　　　　クイタ　　　　　　　　　ルイ ド

(3) 三重母音

　三重母音の組み合わせは、「**弱母音**」＋「**強母音**」＋「**弱母音**」のみです。そしてこれも二重母音と同じように「**一つの母音**」とみなします。ただし、三重母音は多くありません。

iai, iei / uai, uei (uay, uey)

　　enviáis（きみたちは送る）　　　enviéis（きみたちは送る）
　　エンビアイス　　　　　　　　　　　エンビエイス
　　continuáis（きみたちは続ける）　continuéis（きみたちは続ける）
　　コンティヌアイス　　　　　　　　　コンティヌエイス
　　Paraguay（パラグアイ）　　Uruguay（ウルグアイ）
　　パ ラ グ ア イ　　　　　　　ウ ル グ ア イ

Paraguay, Uruguay の語尾 -uay に見られる y は文字としては子音ですが、音的には〔i〕「イ」なので三重母音となります。

---

4 ■ 二重子音

　スペイン語の「**二重子音**」は全部で 12 個です。b, c, d, f, g, p, t の各子音に、l または r がくっついて「**一つの子音**」になります。

bl, br, cl, cr, dr, fl, fr, gl, gr, pl, pr, tl, tr　　　　　🔊 004

　　blusa（ブラウス）　　febrero（2月）　　clase（クラス）
　　ブ ル サ　　　　　　　フェブレロ　　　　　クラセ
　　criado（下男）　　　drama（ドラマ）　　flauta（フルート）
　　クリアド　　　　　　　ド ラ マ　　　　　　フラウタ
　　freno（ブレーキ）　　gloria（栄光）　　gracioso（おもしろい）
　　フレノ　　　　　　　　グロリア　　　　　　グラシオソ
　　plaza（広場）　　pregunta（質問）　　atleta（運動選手）　　tres（3）
　　プ ラ サ　　　　　プレグンタ　　　　　アトレタ　　　　　　トレス

一応ルビを振りましたが、厳密に言うと、二重子音のあいだには母音が入らないため（たとえば blusa の b と l のあいだ）、b は日本語のように明確な「ブ」

とはなりません。つまり、カタカナの「ブルサ」をローマ字で表すと "burusa" となることから、もとの単語 blusa よりも母音が一つ増えることになります。このように二重子音のみならず、子音が連続するとカタカナ表記では無理が生じます。

5 ■ 音節

音節とは、単語の構成要素です。これが連続して一つの単語が構成され、またそれが連続して発せられると文ができます。

音節については、スペイン語の習得度が高まるにつれ、おおよその検討はついてきますが、音を出す際にアクセントの位置を決める上では重要になってきます。

基本的に音節は、ta-ba-co（タバコ）などのように「**母音**」を中心に「**子音**」と組み合わせて数えます。しかし、常に「一つの子音＋一つの母音」の組み合わせとは限りません。たとえば、cien-cia（科学）などのように、cien- の部分（ie は二重母音）は「二つの子音と一つの母音」からなるというケースもあります。

6 ■ 音節の分け方

音節を分けるとき、基本的に「**子音＋母音**」を 1 音節としますが、以下のようなケースも出てきます。

(1)「1 文字の母音」でも音節を構成

ó-pe-ra（オペラ）

(2)「強母音＋強母音」

この組み合わせでは二重母音になりません。それから、二重母音の「**弱母音**」のほうに**アクセント符号**がついていると、「**強母音**」とみなされ二つの母音は離れます。）

a-e-ro-gra-ma（航空書簡）　　pa-ís（国）

(3)「二重母音」と「三重母音」

これらは「**一つの母音**」なので切り離せないことは説明したとおりです。

　　pia-do-so（慈悲深い）　　rei-na（女王）／
　　en-viáis（きみたちは送る）　　Uru-guay（ウルグアイ）

(4)「二重子音」や、以前は単独の文字であった ch, ll, rr

これらは切り離せません。

　　blu-sa（ブラウス）　　lla-ma（炎）　　cu-cha-ra（スプーン）
　　gui-ta-rra（ギター）　　chi-cha-rra（セミ）

(5) 二重子音以外

前後の母音に挟まれた「2 個の子音」は、そのあいだで分けます。

　　cien-cia（科学）　es-ta-ción（駅）

(6) 前後の母音に挟まれた「3 個の子音」の場合

「前の 2 個」は前の母音につき、「後ろの 1 個」は後ろの母音につきます。

　　cir-cuns-tan-cia（状況）　　cons-truc-ción（建設）

🍭 特殊な音節の区切り方

中には上記の音節とは異なる区切り方があります。たとえば、本来は de-sa-ni-mar（がっかりさせる）、de-sa-yu-nar（朝食をとる）のような音節の区切り方をしますが、**des-** という「反対・否定の意味」を持つ「接頭辞」がつくと、接頭辞を優先させた形の音節区切りが採用されることもあります。

　　a-ni-mar（元気づける）　→ des-a-ni-mar
　　a-yu-nar（断食する）　　→ des-a-yu-nar

🔍 音節分けの意味

音節分けはめんどうかもしれませんが、これを知っておくと便利なことがあります。それは、アクセントの位置を確認できることや、改行のときに文末の単語をどこで区切るかがわかることです。さらに文学的な観点から言うと、スペイン詩の多くやスペインのバロック演劇（16世紀後半・17世紀）の台詞は韻文で描かれていますので、さまざまな詩型と合わせて、邦訳では絶対に味わえない**文学世界の音の響き**を堪能できます。

7 ■ アクセント

スペイン語の「**アクセントの規則**」はとても簡単で、以下の三通りしかありません。ただし、このとき前述した音節分けが大きくものを言います。ここではわかりやすいように音節分けをしたうえで、**アクセントをつける母音を青色**で記します。日本語ではやむを得ず長音符（ー）を用いますが、アクセントは音を長くのばして発音するのではなく、その部分に抑揚をつけるものです。

🔊 005

(1)「アクセント符号のついた母音」を強調

　　ár-bol（木）　a-zú-car（砂糖）　lec-ción（授業）

　　miér-co-les（水曜日）　mú-si-ca（音楽）

(2)「語尾が母音または -n, -s で終わる」単語

　　後ろから2番目の母音にアクセントがきます。（＿は、一つの音節だと考えてください。）

　　se-ma-na（週）　ca-mi-sa（ワイシャツ）　rei-na（女王）

　　i-ma-gen（像、イメージ）　mar-tes（火曜日）

> reina の ei は二重母音です。こういう場合は強母音 e のほうを強く発音します。

(3)「語尾が -n, -s 以外の子音（-y も含む）で終わる」単語

1番後ろの母音にアクセントがきます。

— — ■

na-tu-ral（自然の）　Ma-drid（マドリード）　re-loj（時計）

es-tar（いる、ある）　ca-paz（できる）　ma-guey（リュウゼツラン）

🍭 アクセントの意味

　　上記（1）の「アクセント符号」がつく単語について考えてみましょう。miér-co-les を例にとってみますと、そもそもアクセント符号がつくということは、その音節に強勢を置くという意味です。この単語の場合、もしアクセント符号がなければ、（2）の「語尾が母音または -n, -s で終わる単語（＿ ■ ＿）」として -co- に強勢が置かれかねません。これを防ぐために本来の抑揚を維持する意味でアクセント符号が必要となります。それも「二重母音 ie」ですから「強母音 e」のほうにつきます。

I. 以下の簡単な挨拶・お礼の言葉を発音してみましょう。　🔊 006

1. Hola, ¿qué tal?　どう、元気？

2. Mucho gusto. — El gusto es mío.　初めまして。—どうぞよろしく。

3. Buenos días.　おはよう。

4. Buenas tardes.　こんにちは。

5. Buenas noches.　今晩は。／おやすみ。

6. Adiós.　さようなら。

7. Hasta pronto.　では、また（すぐに）。

8. Hasta la próxima.　では、また（次回会うときまで）。

9. Hasta la vista.　では、また（次回会うときまで）。

10. Muchas gracias.　どうもありがとう。

11. De nada. / No hay de qué.　どういたしまして。

II. この課でルビを振っていない単語を並べましたので、順番に発音してみてください。

🔊 007

ópera　　aerograma　　país　　piadoso　　reina　　enviáis

ciencia　　estación　　construcción　　circunstancia　　árbol

azúcar　　lección　　miércoles　　música　　semana　　camisa

imagen　　martes　　natural　　Madrid　　reloj　　estar　　capaz

第2課
名詞の性と数／定冠詞・不定冠詞

この課では、動詞に入る前にまず名詞を中心にそれに付随する定冠詞・不定冠詞がどのように結びつくのか見ていくことにしましょう。

1 ■ 名詞の性

名詞には、大まかな分け方をすると普通名詞と固有名詞があり、普通名詞には数えられる名詞と数えられない名詞があります。

英語にはありませんが、スペイン語の名詞には「**男性名詞**」と「**女性名詞**」があり、大雑把な分け方をすると以下のようになります（文法上の区別）。

> 語尾が **-o** で終われば**男性名詞**
> 語尾が **-a** で終われば**女性名詞**

ここでは一石二鳥を兼ねて、次項で扱う「定冠詞」も付しておきます。英語の "the" にあたると考えてください。スペイン語では名詞の性数に合わせて下記のとおり変化します。

> **el** ＋男性単数名詞　　**la** ＋女性単数名詞
> **los** ＋男性複数名詞　　**las** ＋女性複数名詞

（本課「3. 定冠詞・不定冠詞」参照）

(1) 男性名詞

● 「**語尾が -o**」で終わる名詞

el camino（道）　el consuelo（慰め）　el documento（書類）
el libro（本）　el techo（天井）

31

● 「自然の性」を持つ名詞

el hombre（男）　　el amigo（男友だち）　　el padre（父）

el caballo（牡馬）　　el toro（牡牛）

● 「語尾が -aje, -or」で終わる名詞

el traje（服）　　el viaje（旅行）　　el garaje（ガレージ）

el honor（名誉）　　el valor（価値）　　el amor（愛）　　el color（色）

(2) 女性名詞

● 「語尾が -a」で終わる名詞

la atmósfera（大気）　　la circunstancia（状況）　　la joya（宝石）

la mesa（机）　　la película（映画）　　la lectura（読書）

● 「自然の性」を持つ名詞

la mujer（女）　　la amiga（女友だち）　　la madre（母）

la yegua（牝馬）　　la vaca（牝牛）

● 「語尾が -dad, -tad, -tud, -ción, -sión, -umbre, -ez, -sis」で終わる名詞

la universidad（大学）　　la mitad（半分）　　la juventud（青春）

la estación（駅／季節）　　la solución（解決）　　la ocasión（機会）

la impresión（印象）　la costumbre（習慣）

la pesadumbre（苦痛）　　la vejez（老い）　　la vez（回、度）

la tesis（論文）　　la hipótesis（仮説）　　la crisis（危機）

(3) 例外

● 男性名詞

el problema（問題）　　el sistema（システム）　　el drama（ドラマ）

el día（日）　　el mapa（地図）

◉ 女性名詞

la foto（写真）　la mano（手）　la moto（バイク）
la radio（ラジオ）　la flor（花）　la labor（労働）

🍭 その他の性別

ほかにも以下のような性別があります。
❖ 男女同形の名詞
　男性の場合は el、女性の場合は la を名詞の前につけ区別します。
　　el/la cantante（歌手）　　el/la estudiante（学生）
　　el/la guía（ガイド）　　el/la joven（若者）　　el/la policía（警察官）
　　el/la testigo（証人）　　el/la paciente（患者）

❖ 男性名詞の語尾を変える
　◉ -o → -a / -e → -a / -or → -ora
　　el abuelo（祖父）/ la abuela（祖母）
　　el hermano（兄／弟）/ la hermana（姉／妹）
　　el comediante（喜劇役者）/ la comedianta（女性の喜劇役者）
　　el escritor（作家）/ la escritora（女流作家）
　◉ その他
　　el actor（男優）/ la actriz（女優）
　　el duque（公爵）/ la duquesa（女公爵）
　　el gallo（雄鶏）/ la gallina（雌鳥）
　　el príncipe（王子）/ la princesa（王女）
　　el rey（国王）/ la reina（女王）

❖ 男女同形の名詞で、男性形と女性形とでは意味が異なる
　　el capital（資本金）/ la capital（首都）
　　el cólera（コレラ）/ la cólera（怒り）
　　el margen（余白、欄外）/ la margen（岸辺）
　　el orden（秩序）/ la orden（命令）

2 ■ 名詞の数

　名詞には、性別のほかにも「**単数形**」と「**複数形**」があります。複数形の作り方は以下のようになりますが、まずは基本となる (1) と (2) の形を覚えましょう。

(1)「**語尾が母音**」で終わる名詞

◉ -s をつける

el camino（道）/ los caminos　　el libro（本）/ los libros
la casa（家）/ las casas　　la carpa（鯉）/las carpas
el restaurante（レストラン）/ los restaurantes
el taxi（タクシー）/ los taxis

(2)「**語尾が子音**」で終わる名詞

◉ -es をつける

el árbol（木）/ los árboles　　el reloj（時計）/ los relojes
el tren（汽車）/ los trenes　　el crimen（犯罪）/ los crímenes[*1]

🔍 *1 アクセントの位置に注意！

> 　crimen の単数形は、アクセント符号はありません（-n, -s で終わる単語は、最後から 2 番目の母音にアクセントがきます）。しかし、-es をつけることで母音が一つ増え、本来のアクセントの位置（cri-men）がずれて cri-me-nes となります。そのため、もとの抑揚を維持するのにアクセント符号が必要となります。

(3)「**単複同形**」の名詞

　この場合、単語だけでは単数・複数の区別がつきませんので、そこに付随する語彙（冠詞、形容詞など）によって単複が明確になります。

el lunes（月曜日）　　los lunes（毎週月曜日）
el miércoles（水曜日）　　los miércoles（毎週水曜日）
el/los óasis（オアシス）　　el/los paracaídas（パラシュート）
el/los paraguas（傘）　　la/las crisis（危機）

(4)「単数・複数で語尾が異なる」名詞

◉ -c で終わる名詞：-ques

    el frac（燕尾服）/ los fraques

◉ -z で終わる名詞：-ces

    la actriz（女優）/ las actrices   el lápiz（鉛筆）/ los lápices
    la luz（明かり）/ las luces   la vez（度、回）/ las veces
    el / la portavoz（スポークスマン）/ los / las portavoces

🍭 集合名詞

> ❖ 同じ種類の複数の集合体を表し、「**単数形**」でも「**複数形**」でも用いられます。
>
>   el grupo（グループ）/ los grupos
>   la comunidad（共同体）/ las comunidades
>   la familia（家族）/ las familias   la gente（人々）/ las gentes*
>   （*gente は「一般的に人々」という意味ですが、gentes は「異なるグループ、組織などに属する人々の集まり」をさします。）

---

3 ■ 定冠詞・不定冠詞

    スペイン語の定冠詞・不定冠詞は、英語の定冠詞 "the"・不定冠 "a, an" にあたります。ただし、英語にはない性数の変化があります。

(1) 定冠詞

    「**定冠詞**」は、話者のあいだで「**対象となる人・事物が特定**」されているときに使います。あえて日本語に訳せば「**その、例の**」にあたります。しかし日本語には定冠詞・不定冠詞はありませんし、主語や人称代名詞にあたる語彙は日本語ではなるべく省略する傾向にあります。そのため、まとまった文章を邦訳するときは文の流れやリズムを考慮し、そうした品詞は訳したり訳さなかったりします。

	単数	複数
男性形	el	los
女性形	la	las

■ 例 ■

	単数	複数
男性形	el libro（本）	los libros
女性形	la casa（家）	las casas

◉ **男性定冠詞（単数／複数）**

el actor（男優）/ los actores
el asunto（事件、主題）/ los asuntos
el día（日）/ los días
el juguete（おもちゃ）/ los juguetes
el problema（問題）/ los problemas
el japonés（日本人・男性）/ los japoneses[*2]

🔍 [*2] **アクセントの位置に注意！**

japonés は、語尾が -n, -s で終わっていますので、規則に従えば最後から 2 番目の母音にアクセントが置かれます（ja-po-nes）。しかし、もともと -nes が強調される語なので、この部分に抑揚をつけるためのアクセント符号がついています。ところが複数（ja-po-ne-ses）では音節が一つ増えることによってアクセント符号をつけなくても、自然に最後から 2 番目の -ne- の音節が強調され、アクセント符号は不要となります。

◉ **女性定冠詞（単数／複数）**

la calle（通り）/ las calles
la cama（ベッド）/ las camas
la hora（時間）/ las horas
la japonesa（日本人・女性）/ las japonesas

la manzana（リンゴ）/ las manzanas

🍭 例外

❖「**強勢が置かれる a-, ha- で始まる女性名詞の単数形**」
　これには「**男性・単数形の定冠詞**」がつきます。しかし、そうでなければ普通に「**女性・単数形の定冠詞**」がつきます。

　　el agua（水）　　el águila（ワシ）　　el hambre（空腹）
　　　la harina（小麦粉）　　la anemia（貧血〔症〕）

（2）**不定冠詞**

　話題にしようとする「**対象（人・物）が不特定**」であったり、「**初めて話題にのぼる名詞**」であったりするとき、その前につけます。「**一人の…**」、「**一つの…**」、「**ある…**」という意味です。

■ 不定冠詞 ■

	単数	複数
男性形	un	unos[*3]
女性形	una	unas[*3]

■ 例 ■

	単数	複数
男性形	un libro	unos libros
女性形	una casa	unas casas

🌀 [*3] 不定冠詞が複数のとき

❖「**不定冠詞**」は、**複数**（unos, unas）になると、数が限定され「**何人かの**」、「**2, 3 の**」という意味になります。また、「**数詞の前**」に置かれると「**およそ**」「**約**」という意味になります。

　unas casas（何軒かの家）　　unos diez minutos（約 10 分）

◉ 男性不定冠詞 （単数／複数）

un coche（車）/ unos coches（数台の車）

un pájaro（鳥）/ unos pájaros（数羽の鳥）

un cuaderno（ノート）/ unos cuadernos（数冊のノート）

◉ 女性不定冠詞 （単数／複数）

una persona（人）/ unas personas（数人の人）

una habitación（部屋）/ unas habitaciones（2、3の部屋）

una noticia（ニュース）/ unas noticias（いくつかのニュース）

第3課
形容詞／指示形容詞・指示代名詞／所有形容詞・所有代名詞

　前課では、名詞と定冠詞・不定冠詞との結びつきについて見てきましたが、今度はそれに形容詞、指示形容詞・指示代名詞、所有形容詞・所有代名詞という枝葉をつけてみましょう。これによって少し表現に幅が出てきます。

1 ■ 形容詞

　まず名詞と形容詞の関係ですが、「**形容詞**」は**名詞を修飾**する、いわば名詞に具体的な意味合いを添える役割を果たします。

(1) 形容詞の語尾変化

　形容詞は、「**名詞に合わせて語尾変化**」しますが、その変化の仕方はいろいろです。以下、順番にその変化の形を見ていきましょう。

(a)「語尾が -o」で終わる形容詞は、「性・数の変化」があります。

	単数	複数
男性形	-o	-os
女性形	-a	-as

■ 例 ■

blanco（白い）	blancos	negro（黒い）	negros
blanca	blancas	negra	negras
frío（冷たい）	fríos	rico（金持ちの）	ricos
fría	frías	rica	ricas

（b）「語尾が -o 以外の母音」（主に -e）で終わる形容詞は「数の変化のみ」です。

	単数	複数
男性形		-s
女性形		-s

■ 例 ■

verde（緑色の）	verdes	alegre（陽気な）	alegres
verde	verdes	alegre	alegres
fuerte（強い）	fuertes	libre（自由な）	libres
fuerte	fuertes	libre	libres

（c）「語尾が子音」で終わる形容詞は、「数の変化」だけです。

	単数	複数
男性形		-es
女性形		-es

■ 例 ■

útil（有益な）	útiles	joven（若い）	jóvenes*
útil	útiles	joven	jóvenes*
hábil（熟練した）	hábiles	general（一般の）	generales
hábil	hábiles	general	generales

（＊ 複数形ではアクセント符号がつくことに注意してください。）

🍭 その他のケース

❖「語尾が -án, -ín, -ón, -or」で終わる形容詞
　子音で終わりますが、「性・数の変化」があります。

（男性・単数）	（女性・単数）	（男性・複数）	（女性・複数）
charlatán（お喋りな）	-tana	-tanes	-tanas
saltarín（活発な）	-rina	-rines	-rinas
malandrín（邪悪な）	-drina	-drines	-drinas
tragón（大食いの）	-gona	-gones	-gonas
bonachón（お人好しの）	-chona	-chones	-chonas
trabajador（働き者の）	-dora	-dores	-doras

❖「語尾が -or」で終わる形容詞は「数の変化のみ」
　superior（優れた）　inferior（劣った）　exterior（外部の）
　interior（内部の）　anterior（前の）　posterior（後ろの）
　（例）superior / superiores　inferior / inferiores

❖「語尾が -ista」で終わる形容詞は「数の変化のみ」
　socialista（社会主義の）/ socialistas
　naturalista（自然主義の）/ naturalistas

❖「複数」になると「語尾の1文字が変わる」形容詞
　feliz（幸せな）/ felices　capaz（有能な）/ capaces
　¡Feliz Año Nuevo!　新年おめでとう（＝幸せな新しい年）。
　¡Felices Pascuas! [¡Feliz Navidad!]　クリスマスおめでとう。

(2) 形容詞の位置

　スペイン語の「形容詞」は英語と違って、「名詞の後ろ」に置くのが一般的ですが、「名詞の前」に置かれる場合もあります。さらに「名詞の前と後ろとでは意味が異なる」場合もあります。
　いずれにせよ、「名詞の性・数に合わせて変化」します。ここでも定冠詞または不定冠詞をつけてみることにしましょう。

第3課

形容詞／指示形容詞・指示代名詞／所有形容詞・所有代名詞

41

(a) 後置型（名詞の後ろに置かれる場合）

■「語尾が -O」で終わる形容詞 ■

	単数	複数
男性形	el florero rojo（赤い花瓶）	los floreros rojos
女性形	la flor roja（赤い花）	las flores rojas

el sillón blanco（白い肘かけ椅子）/ los sillones blancos

la hoja amarilla（黄色い葉っぱ）/ las hojas amarillas

■「語尾が -O 以外の母音」で終わる形容詞 ■

	単数	複数
男性形	el melocotón dulce（甘い桃）	los melocotones* dulces
女性形	la manzana dulce（甘いリンゴ）	las manzanas dulces

（* 複数形ではアクセント符号がとれます。）

la manzana verde（熟していないリンゴ）/ las manzanas verdes

un joven alegre（陽気な若者〔男性〕）/ unos jóvenes alegres

una joven alegre（陽気な若者〔女性〕）/ unas jóvenes alegres

■「語尾が - 子音」で終わる形容詞 ■

	単数	複数
男性形	el ejercicio fácil（やさしい体操）	los ejercicios fáciles
女性形	la pregunta fácil（簡単な質問）	las preguntas fáciles

un estudiante joven（若い男子学生）/
  unos estudiantes jóvenes
una estudiante joven（若い女子学生）/
  unas estudiantes jóvenes

(b) 前置型（名詞の前に置かれる場合）

　名詞の本質や特徴を強調したり、名詞の持つ意味を説明したり、数量を表したりするときにこの形を用います。

　　　la blanca nieve*1 （白い雪）　　el nuevo escritor （新進作家）

　　　muchos turistas （多くの旅行者）

　　　　（*1 la blanca nieve は la nieve blanca としても、雪の白さは充分伝わります。）

(c) 名詞の前後どちらに置いても意味の変わらない場合

　　　la niña pequeña / la pequeña niña （小さな女児）

　　　la montaña alta / la alta montaña （高い山）

　　　la canción bonita / la bonita canción （美しい歌）

(d) 名詞の前後で意味が異なる場合

　　　el hombre grande （大柄な男性） / el gran*2 hombre （偉大な男性）

　　　la chica pobre （貧しい女性〈経済的〉） / la pobre chica （哀れな女性）

　　　el amigo viejo （年老いた友人） / el viejo amigo （昔の友人）

　　　la casa nueva （新築の家） / la nueva casa （今度の家）

　　　los sucesos ciertos （確かな出来事） / ciertos sucesos （ある出来事）

🍭 *2 語尾の脱落する形容詞

> ❖ grande は「単数名詞（男性・女性）の前」で、「語尾 -de が脱落」します。
>
> 　el gran hombre （偉大な男性）　la gran mujer （偉大な女性）
>
> ❖「男性単数名詞の前のみ」で「語尾が脱落」する形容詞もあります。
>
> 　bueno（良い）→ buen　　un buen consejo （良い助言）
>
> 　malo（悪い）→ mal　　un mal ejemplo （悪い手本）
>
> 　uno（一つの）→ un　　un libro （1 冊の本）
>
> 　santo（聖なる）→ san　San Ignacio de Loyola（聖イグナシオ・デ・ロヨーラ）

2 ■ 定冠詞の中性形 lo

これは同じ冠詞でも、「**性・数の変化がない形**」なので、常に lo です。普通は「lo +形容詞」、「lo de +名詞」などの形で用いられます。意味としては「…**の（な）こと**」、「…**ということ**」となります。

(1)「lo +形容詞」（形容詞は男性単数形）

lo bueno （良いこと）　　　　lo malo （悪いこと）
lo esencial （本質的なこと）　lo importante （重要なこと）
lo necesario （必要なこと）

(2)「lo de +名詞」

lo de anoche （昨晩のこと）　　lo de nosotros （私たちのこと）

3 ■ 指示代名詞の中性形

指示代名詞の中性形は、具体的な名称をさし示さず、漠然としています。補語にあたる名詞の性・数にかかわらず、以下の「**3 語のみ**」です。

これ	それ	あれ
esto	eso	aquello

以下の例文に見られる「**qué は疑問詞**」です。これは英語の疑問詞 "what"（何）にあたります。青色で記した es（3 人称単数）と son（3 人称複数）は、スペイン語の**動詞** ser が活用した形で、**英語の be 動詞**（is, are）だと思ってください。これについては次の課（「4 課 3. 動詞 ser ／ 6. 疑問文」）で説明します。

🔊 008

¿Qué es esto?　これは何ですか？
　- Esto es una cámara.　これはカメラです。
　- Esto son unos sellos bonitos.　これは数枚の美しい切手です。
¿Qué es eso?　それは何ですか？

44

- Eso es un museo de bellas artes.　それは美術館です。

- Eso son unos diccionarios.　それは何冊かの辞書です。

¿Qué es aquello?　あれは何ですか？

- Aquello es una torre.　あれは塔です。

- Aquello son unas palomas mensajeras.

あれは数羽の伝書鳩です。

4 ■ 指示詞（指示形容詞・指示代名詞）

指示形容詞と指示代名詞をまとめて「**指示詞**」と言います。

（1）指示形容詞

指示形容詞は名詞を修飾し、「**名詞の前**」に置かれ、「**名詞と性・数が一致**」します。

	この（これらの）	その（それらの）	あの（あれらの）
男性・単数	este chico	ese chico	aquel chico
女性・単数	esta chica	esa chica	aquella chica
男性・複数	estos chicos	esos chicos	aquellos chicos
女性・複数	estas chicas	esas chicas	aquellas chicas

（chico は「子供・青年」）

este vaso（このコップ）　　　esta cartera（この財布）

estos lápices（これらの鉛筆）　estas sillas（これらの椅子）

ese pueblo（その村）　　　　esa lámpara（その電灯、明かり）

esos árboles（それらの木）　　esas camisetas（それらのＴシャツ）

aquel jardín（あの庭）　　　　aquella bandera（あの旗）

aquellos coches（あれらの車）　aquellas bicicletas

（あれらの自転車）

（2）指示代名詞

指示代名詞は、名詞の代わりをし「**これ、それ、あれ**」で言い表します。形は「**指示形容詞**」の表に記したものとまったく同じです。

🔊 009

¿**Esta** es tu^{*3} colección de sellos?

これはきみの切手のコレクションかい？

Esas son las flores de nuestro^{*3} jardín.

それらは私たちの庭の花です。

Aquel es mi^{*3} piso.　あれは私のピソ（マンション）です。

（^{*3} tu, nuestro, mi は、次項目「5.（1）所有形容詞」の表を参照。）

5 ■ 所有形容詞・所有代名詞

所有形容詞は、名詞の前につける英語の my, your, our... にあたります。

（1）所有形容詞
（a）「前置形」（名詞の前に置かれる場合）

mi, tu, su には「**数の変化**」、nuestro, vuestro には「**性・数の変化**」があります。あくまでも「**名詞が中心**」となり、その性・数に合わせて変化します。一般的なのはこの前置形です。

意味を考えるうえで注意すべき点は、次の表に見られるように、名詞が複数のときの所有形容詞の訳です。"mis amigos"（私の複数の友人たち）を例にとれば、これは amigo が複数形 amigos に変わったことで、所有形容詞が名詞にならい mis に変化しただけで、「私の」という意味は変わりません。

	人称	名詞・単数 （男性／女性）	名詞・複数 （男性／女性）	所有形容詞の意味
単数	I	mi amigo / mi amiga	mis amigos / mis amigas	私の
	II	tu amigo / tu amiga	tus amigos / tus amigas	きみの
	III	su amigo / su amiga	sus amigos / sus amigas	彼、彼女、あなた、彼ら、 彼女ら、あなた方の
複数	I	nuestro amigo / nuestra amiga	nuestros amigos / nuestras amigas	私たちの
	II	vuestro amigo / vuestra amiga	vuestros amigos / vuestras amigas	きみたちの
	III	su amigo / su amiga	sus amigos / sus amigas	彼、彼女、あなた、彼ら、 彼女ら、あなた方の

（amigo ＝「友人」。ローマ数字の I, II, III は「人称」を表します。
人称の説明は「4 課 2. 主格人称代名詞：主語」の表を参照。）

◀))) 010

Este es **mi** amigo Pepe.　こちらは私の友人のぺぺです。

Estos son **mis** amigos Pepe y Margarita.

　こちらは私の友人のぺぺとマルガリータです。

Aquella es **nuestra** hija.　あれは私たちの娘です。

Aquellas son **nuestras** hijas.　あの子たちは私たちの娘です。

(b)「後置形」（名詞の後ろに置かれる場合）

　所有形容詞が後ろに置かれるときは、特に「**所有の意味を強調**」するときです。

	人称	名詞・単数 （男性／女性）	名詞・複数 （男性／女性）	所有形容詞の意味
単数	I	amigo mío / amiga mía	amigos míos / amigas mías	私の
	II	amigo tuyo / amiga tuya	amigos tuyos / amigas tuyas	きみの
	III	amigo suyo / amiga suya	amigos suyos / amigas suyas	彼、彼女、あなた、彼ら、 彼女ら、あなた方の
複数	I	amigo nuestro / amiga nuestra	amigos nuestros / amigas nuestras	私たちの
	II	amigo vuestro / amiga vuestra	amigos vuestros / amigas vuestras	きみたちの
	III	amigo suyo / amiga suya	amigos suyos / amigas suyas	彼、彼女、あなた、彼ら、 彼女ら、あなた方の

🔊 011

◉「**定冠詞**」とともに「**所有を強く意識**」するとき

Esa es la tesis mía. [Esa es mi tesis.]

（これは）私の論文です。

◉「**不定冠詞**」とともに「**複数いる中の一人**」を言い表すとき

Este es un amigo nuestro. [Este es nuestro amigo.]

これは私たちの友人です。

◉「**動詞の補語**」として「**所有**」を表すとき

Este monedero es mío. [Este es mi monedero.]

これは私の財布です。

（2）所有代名詞

所有代名詞は、下記のように「**定冠詞＋所有形容詞（後置形）**」の形で用います。**定冠詞は既述の名詞**をさし、所有形容詞はその性・数に一致します。

	人称	定冠詞・単数（男／女） ＋所有形容詞（後置形）	定冠詞・複数（男／女） ＋所有形容詞（後置形）
単数	I	el mío / la mía	los míos / las mías
	II	el tuyo / la tuya	los tuyos / las tuyas
	III	el suyo / la suya	los suyos / las suyas
複数	I	el nuestro / la nuestra	los nuestros / las nuestras
	II	el vuestro / la vuestra	los vuestros / las vuestras
	III	el suyo / la suya	los suyos / las suyas

（それぞれの意味は前記の表「所有形容詞（後置形）」を参照。）

◀)) 012

Tu padre es alegre, pero **el mío** es pesimista.

きみの父親は陽気な人だが、私の父は悲観的にものを考える人だ。

（el mío の el は padre をさします。pero は「しかし」という意味。）

Nuestros pantalones son negros, pero **los vuestros** son blancos.

私たちのズボンは黒だが、きみたちのズボンは白い。

（los＝pantalones）

Tu libro es interesante, pero **el mío** es aburrido.

きみの本はおもしろいが、私の本はつまらない。

（el＝libro）

Su pañoleta es elegante, pero **la mía** es ordinaria.

あなたのショールはエレガントだが、私のは普通だ。

（la＝pañoleta）

Vuestras maletas son grises, pero **las nuestras** son azules.

きみたちのトランクはどれも灰色だが、私たちのは青色だ。

（las＝maletas）

❖ 基本的に辞書の見出し語は、「**名詞**」であれば「**男性・単数**」または「**女性・単数**」、「**形容詞**」であれば「**男性・単数**」が載っています。

  mucha gente 大勢の人   muchos chicos 大勢の子供たち

 たとえば上記の形容詞 mucha（女性・単数）や muchos（男性・複数）は辞書を探してもありません。これらは「**男性・単数**」の形 mucho で調べる必要があります。また名詞については、gente（女性・単数）はそのまま載っていますが、chicos（男性・複数）は「**単数**」の形 chico に直してから調べます。

La plaza Mayor de Salamanca.

50

Ⅰ. （　）内に定冠詞を入れ、日本語に訳しましょう。

1. （　）casa grande　（　　　　　　　　）

2. （　）bancos del parque　（　　　　　　　　）

3. （　）flores bonitas　（　　　　　　　　）

4. （　）quitasol llamativo　（　　　　　　　　）

5. （　）cortauñas barato　（　　　　　　　　）

6. （　）cochecito de bebé　（　　　　　　　　）

7. （　）sacapuntas pequeño　（　　　　　　　　）

8. Tu texto es difícil, pero（　）mío es fácil.
（　　　　　　　　　　　　　　）

Ⅱ. 各（　）内に不定冠詞、および正しい形に直した下線の形容詞を入れましょう。

1. （　）ciudades（　　　）← pequeño　いくつかの小さな町

2. （　）calle（　　　）← ancho　一本の広い通り

3. （　）estudiantes（　　　）← serio　数人の真面目な学生

4. （　）día（　　　）← maravilloso　美しい一日

5. （　）mujer（　　　）← madrugador　早起きの女性

6. （　）niños（　　　）← juguetón　数人のいたずら好きな子供

7. （　）jóvenes（　　　）← trabajador　数人の勤勉な若者

8. （　）puma（　　　）← veloz　俊足のピューマ

Ⅲ. 下記の欄から適切な名詞・形容詞を選び、それを必要に応じて変化させ、（　）内に適語を入れましょう。

1. （　　）（　　　）（　　　）　あなたの黒いメガネ

2. （　　）（　　　）（　　　）　一人の偉大な人物（男性）

3. （　　）（　　　）（　　　）　それらの青いワイシャツ

4. ( ) ( ) son ( ) これらの本はおもしろい。

5. ( ) ( ) son ( ), pero ( )( ) es ( )
   私たちの毛布は分厚いが、きみのは薄い。

6. ( ) ( ) es ( ). 風景が美しい。

7. ( ) son ( ) ( ) ( )
   こちらが私の古い友人たちです。

libro	paisaje	camisa	gafas	delgado
amigo	hombre	viejo	grande	hermoso
negro	azul	grueso	interesante	manta

IV. 日本語と同じ意味になるよう、( ) 内に適切な指示語を入れましょう。

1. ( ) casa y ( ) son viejas. この家とあれらの家は古い。

2. ( ) perro es fiero, pero ( ) es manso.
   この犬は獰猛だが、あの猫はおとなしい。

3. ( ) es la señora García. こちらはガルシア夫人です。

4. ( ) son ( ) amigas Elena e Irene.
   こちらは私の友人のエレーナとイレーネです。

5. ( ) niños son primos ( ) y ( ) son ( )
   hermanos.
   こちらにいるのが私のいとこたちで、あちらにいるのが私の兄弟です。

6. ( ) padres están en Madrid y ( ) ( ), en Barcelona.
   きみの両親はマドリードにいるが、私の両親はバルセロナにいる。

7. ¿Qué es ( )? ─ ( ) es un zepelín.
   あれは何なの？─あれは飛行船だ。

8. ( ) es uno de los cuadros famosos de Goya.
   それはゴヤの有名な絵の一つだ。

第４課
主語と述語

1 ■ 文の構造

　基本的な文の構造は、「**主部**」と「**述部**」からなりますが、スペイン語は英語とちがって**主語の省略が可能**です。とはいえ、この主語が決まらないことには文は作れません。この点が日本語と異なるところです。

　文には**平叙文**、**疑問文**、**命令文**、**感嘆文**がありますが、後者の三つは後述する別の課でそれぞれ触れることにし、この課では**平叙文**について、それも一つの主部と一つの述部で構成される「**単文**」から始めることにします。

　文の「**主部**」は、主語とその修飾語からなる部分で、**名詞や代名詞などが主体**となりますが、「**述部**」は主語または主部を説明する部分として**動詞が主体**となります。

　文を作るとき、肯定文であれば、「**主語＋動詞**」という形のほかにも、「**動詞＋主語**」という形も可能ですし、場合によっては「**主語の省略**」も考えられます。一方、**否定文**を作るときは、基本として「**動詞の前に no**」を置きます。

2 ■ 主格人称代名詞：主語

　スペイン語文は、まず「**主格人称代名詞（主語）**」が決まってから他の品詞を用いて組み立てられていきます。述部の「**動詞**」は「**主語の人称と数に一致**」します。

人称	単数		複数	
I	yo	私は	nosotros	私たちは（男性のみ／男性＋女性）
			nosotras	私たちは（女性のみ）
II	tú	君は	vosotros	君たちは（男性のみ／男性＋女性）
			vosotras	君たちは（女性のみ）
III	él	彼は、それは	ellos	彼らは、それらは（男性のみ／男性＋女性）
	ella	彼女は、それは	ellas	彼女らは、それらは
	usted	あなたは	ustedes	あなた方は

（ローマ数字のⅠ，Ⅱ，Ⅲは「人称」を表します。）

(1)「人称」について

◆ 1人称（Ⅰ）・単数（yo）：「私」

◆ 1人称（Ⅰ）・複数（nosotros, nosotras）：周囲の者を含めた「私たち」

◆ 2人称（Ⅱ）・単数（tú）：「きみ」（目の前にいる親しい相手）[*1]

◆ 2人称（Ⅱ）・複数（vosotros, vosotras）：「きみたち」（目の前の親しい複数の相手）

◆ 3人称（Ⅲ）・単数：（él, ella など）「彼・彼女・それ」（1人称、2人称以外の人または物事）

◆ 3人称（Ⅲ）・複数：（ellos, ellas など）「彼ら・彼女ら・それら」（1人称、2人称以外の複数の人または物事）

◆ 3人称（Ⅲ）・単数／複数（usted, ustedes）：「あなた・あなた方」（目の前にいる相手）[*1]

日本語では、yo は「私は」、「自分は」、「ぼくは」、「おれは」など、tú は「きみは」、「おまえは」、「あんたは」など複数の言い方がありますが、**本書では便宜上、yo, tú をそれぞれ「私」、「きみ」で統一する**ことにします。

🔍 [*1] tú と usted の使い分け

❖ 2人称の tú

　親しい間柄の人、年下の相手、親しみを込めて話したい相手に対して用います。

❖3 人称の usted

　相手が初対面の人、さほど親しくない人、目上の人、距離を置いて話を
したい人に対して用います。

- ◉ usted について

　　usted は、目の前にいる相手をさすので意味的には 2 人称ですが、文
法的には 3 人称に属します。「敬称」と考えてください。この言葉は中
世には存在せず、当時は tú が家族や身分が同等の者たちの打ち解けた
場で使われ、フォーマルな形として vos が使われていました。しかし
時代とともに vos の儀礼的な形が失われ、高貴な人々や社会的身分の
高い人々に対しては、相手に敬意を表するという意味を込めた vuestra
merced（貴方様、貴殿、陛下、閣下）が使われるようになりました。
この語彙にかかわる動詞は「**3 人称単数**」です。さらに時代が下るにつ
れて形が少しずつ変化し、今の usted の形になりました。usted の省略
形は Ud. または Vd.（複数形 ustedes の省略形は Uds. または Vds.）です。
ちなみに、16, 17 世紀の演劇の台詞を見てみると、tú と vos が混在し
ており、tú は家族や友人に対して、vos は相手に敬意を込めた形で用い
られています。

- ◉ vosotros, vosotras について

　　中南米のスペイン語では、2 人称複数の vosotros, vosotras の代わ
りに ustedes を使います。そのため、2 人称複数の動詞の活用が使わ
れることはありません。

3 ■ 動詞 ser

　初っ端から登場する動詞 ser は英語の be 動詞にあたり、頻繁に目にします。
この動詞は主語と補語をつなぐなどの役割を果たします。

　スペイン語の動詞には「**規則活用**」と「**不規則活用**」があり、この ser は「**不
規則活用**」（「6 課 1.『どの人称でも不規則活用』する動詞」参照）をし、以下
の表でも明らかなように、英語の be 動詞に比べ変化の多いことがわかります。

　動詞はどれも「**語幹＋語尾**（-ar, -er, -ir）」で形成されますが、語形変化する
前の人称を表さない形を「**不定詞**」（**動詞の原形**）と言います。

■ 英語の be 動詞（現在形）■

人称	単　数		複　数	
I	I	am	we	are
II	you	are	you	are
III	he, she, it	is	they	are

■ スペイン語の動詞 ser（直説法現在）■

人称	単　数		複　数	
I	yo	soy	nosotros, nosotras	somos
II	tú	eres	vosotros, vosotras	sois
III	él, ella, usted	es	ellos, ellas,ustedes	son

　スペイン語では動詞の活用形を見ても明らかなように、かりに主語が省略されても、それが誰であるかの判別はおおむねつきますので、そういう場合には主語は省略される傾向にあります。ただし、固有名詞（Juan, Isabel など）となると、時と場合によって省略することも可能ですが、話の流れが曖昧になることを避けたり、話題性を強調したりするのに省略しないのが普通です。

　動詞 ser は、「**主語**」（人・物事）の「**身分、出身、国籍、地位、職業、性質、特徴**」などを表します。

🍭 動詞 ser の用法

　以下、カッコでくくられた主語は省略可能です。
❖「ser ＋名詞・形容詞」
　(Yo) soy estudiante.　私は学生です。
　(Yo) soy japonés, pero María es española.
　　私は日本人ですが、マリアはスペイン人です。
　(Tú) eres pintor y (yo) soy músico.　きみは画家で、私は音楽家だ。
　(Nosotros) somos católicos.　私たちはカトリック教徒です。
　Ellos son muy simpáticos.　彼らはとても愛想がよい。
　Este lápiz es mío.　この鉛筆は私のものです。

Hoy es martes.　今日は火曜日です。

Es un lugar tranquilo.　静かな場所です。

Madrid es la capital de España.　マドリードはスペインの首都です。

❖「ser de ＋名詞」

(Yo) soy de Japón.　私は日本人です。

(Él) es de España.　彼はスペイン出身です。

El coche rojo es de Luis.　赤い車はルイスのです。

Las columnas son de mármol.　柱は大理石です。

Las tejas de mi casa son de color azul. [Las tejas de mi casa son azules.]　私の家の屋根は青色です。

❖「ser en ＋名詞」

「催し物、出来事」などを言い表すときに用います。

La función del baile folklórico es en el parque central.
　民族舞踊の公演場所は中央公園です。

La conferencia es en el paraninfo.　講演会は講堂で行われます。

¿Cuándo es el recital de ese pianista famoso? — Es en la Noche Vieja.
　あの有名なピアニストのリサイタルはいつですか?—大晦日の晩です。

🔊 013

(Nosotros) somos japoneses.　私たちは日本人です。

(Nosotras) somos japonesas.　私たち（全員女性）は日本人です。

(Ellos) son María y Javier.　彼らはマリアとハビエルです。

Carlos y Marta son hermanos.　カルロスとマルタは兄妹〔姉弟〕です。

Juan es profesor de español.　フアンはスペイン語の先生です。

Isabel es profesora de arte.　イサベルは美術の先生です。

Tokio es la capital de Japón.　東京は日本の首都です。

Ella es de Nagoya.　彼女は名古屋の出身です。

Las flores son hermosas.　花々は美しい。

El árbol es muy alto.　その木はとても高い。

La mesa es de madera.　その机は木でできています。

El diccionario es de Pepe.　その辞書はペペのものです。

🔍 否定文

> ❖ 否定文を作るときは、「**動詞の前に no**」を置きます。
>
> No soy francés.　私はフランス人ではありません。
>
> No somos japoneses.　私たちは日本人ではありません。
>
> El edificio **no** es alto.　その建物は高くありません。

🔍 この章で使われる前置詞

> en（…に、…の上に）〈場所〉
>
> de（…の）〈出身・種類・材質・所有〉；（…から）〈距離〉
>
> por（…あたり）〈場所〉

（「5 課 3. 前置詞」参照。）

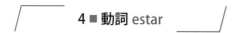

4 ■ 動詞 estar

　動詞 estar も ser と同様に、「**主語**」と「**補語**」をつなぐ機能を持っています。こちらも「**不規則動詞**」です。

　本書では便宜上基本的な動詞という意味で、**第 1 ～ 6 課**はこれらの動詞全体を「**青色で表示**」することにします。

■ 動詞 estar（直説法現在）■

人称	単数		複数	
I	yo	estoy	nosotros, nosotras	estamos
II	tú	estás	vosotros, vosotras	estáis
III	él, ella, usted	está	ellos, ellas, ustedes	están

（正確にいえば、estamos, estáis のみ「規則動詞の変化」にしたがっていますが、あとは不規則の形をとっています。estoy には y という文字が加わり、estás, está, están の「語尾活用」は「規則動詞」の形をしていますが、「アクセント符号」がついている点が規則動詞と異なります。）

　動詞 estar は、「**主語**」のそのときの「**状態、状況、気分**」など、いわゆる**時間の経過とともに変化する事象**を表すとき、また「**場所、位置、所在**」を示すときなどに用いられます。ただ、この動詞のあとに名詞がくることはありません（✕「estar ＋名詞」）。

❖ 「estar ＋形容詞・副詞（句）」

El café está caliente.　コーヒーは熱い。

Miguel está triste.　ミゲルは悲しんでいる。

Estos días Juan no está bien.　フアンはここ数日具合が悪い。

¿No estáis incómodos en esas sillas? – Absolutamente no.
　きみたち、そこの椅子だが座り心地は悪くないかい？ーいや、全然。

La estación está lejos de aquí.　駅はここから遠い。
　　("lejos de ..." は「…から遠い」という意味。)

El parque está en el centro de la ciudad.　公園は町の中心にあります。

Mis padres están en casa.　私の両親は家にいます。
　　（padre〔父親〕が複数になると、padres〔両親〕となります。）

❖ estar de ...

この形は「**特定の状況、状態、気分、職業**」などを言い表すときに用います。

Estamos de (buena) suerte.　私たちにつきがまわってきた。

Estos muchachos siempre están de broma.
　この少年たちはいつもふざけている。

Hoy ella está de buenas. [Hoy ella está de buen humor].
　今日、彼女は機嫌がいい。

Estamos muy ocupados porque estamos de preparativos de
mudanza.
　私たちはとても忙しい。なぜなら、引越しの準備をしているからだ。

Estamos de vacaciones de verano.　今は夏休みだ。

Mi hermano está de portero de un hotel.
　私の兄〔弟〕はホテルのドアボーイをしている。

(Yo) soy estudiante universitario y también estoy de repartidor
de periódicos.　私は大学生で新聞配達もしている。

❖ estar con/sin/por ...

Los árboles están con iluminaciones.
　木々がイルミネーションで飾られている。

Ya estoy sin dinero.　もう金の持ち合わせがない。

> Ellos están **por** ir de excursión con nosotros.
> 彼らは私たちとハイキングに出かける気まんまんだ。

 ser と estar の簡単な比較

❖ **両者の明らかな違い**

Ana **es** nerviosa.　アナは神経質だ。

Ana **está** nerviosa.　アナはイライラしている。

（上の文は「持ち前の性格」を表し、この文は「一時的な気分」を表しています。）

Ana **es** guapa.　アナは美人だ。

Isabel **está** guapa.　イサベルは美しい。

（ひとつ上の文は「持って生まれた美貌」を表し、この文は「化粧・衣装などの効果で美しく見える状態」を表しています。）

5 ■ hay ...（動詞 haber〔…がある〕）の用法）

haber には以下の二つの役割があります。

(1)「複合時制」（現在完了、過去完了など）を構成する一部として
　「haber ＋過去分詞」で完了形になります。
(2)「…がある」という存在を表す言い方

　(1) については「9課 3. 直説法現在完了の活用／ 4. 直説法現在完了の用法」、「13課 1. 直説法過去完了の活用と用法」で扱うことにし、ここでは (2) に的を絞って見ていきましょう。

■ 動詞 haber（直説法現在）■

人称	単数	複数
I	he	hemos
II	has	habéis
III	Ha / hay	han

60

使い方としては、「hay ＋**直接目的語**」という形を用います。表に見られるように、hay はすでに活用した形（3 人称・単数）であるため、直説法現在ではこれ以上の変化はありません。この文には「**主語がなく**」、hay に続く語には「**直接目的語**」（**人・物・抽象的事象**）がきます。

ただし、**相手がその存在を知らない場合に限ります**。そのため「**不定冠詞・不定語・数詞**」と組み合わされて用いられたり、「**無冠詞**」であったりします。

🔊 014

Hay mucha gente en la plaza.　広場に多くの人がいます。

Hay un charco en medio del*2 camino.

　　道の真ん中に水たまりがあります。

　　（"en medio de ..." は「…の真ん中に」という意味、del は前置詞 de と定冠詞 el が合わさった形です。）

Hay diez alumnos en la clase.　教室に生徒が 10 人います。

Hay sombra debajo del árbol.　木陰があります。

　　（"debajo de ..." は「…の下に」という意味。）

Hay buenos restaurantes por aquí.

　　このあたりにおいしいレストランが何軒かあります。

Hoy no hay partidos de fútbol.

　　今日はサッカーの試合はありません。

🍭 *2 del と al

❖ del ←「de ＋ el」

❖ al ←「a ＋ el」
　前置詞 de, a が、「**定冠詞 el の前**」に来る場合のみ簡略化されます。
　Hay hongos al pie del árbol.　木の根元に苔が生えている。
　　（"al pie de ..." は「…の下に、根元に」という意味。）
　El buzón está al lado del edificio amarillo.
　　郵便ポストは黄色い建物の横にある。
　　（"al lado de ..." は「…のそばに、横に」という意味。）

estar と hay …（まとめ）

❖ estar
「**主語**」は「**特定の人・物・抽象的事象**」を表します。
Los libros están en la mesa.　本はどれもテーブルの上にあります。
Los niños están allí.　子供たちはあちらにいます。
❖ hay ...
「**無主語**」であり、「**目的語に不特定の人・物・抽象的事象**」がきます。
目的語である名詞は無冠詞か、または不定冠詞・不定語・数詞と組み合わ
されて用いられます。
Hay muchos libros en la mesa.　机の上に多くの本があります。
Hay unos niños allí.　あちらに何人かの子供たちがいます。

■ 場所を表す副詞 ■

aquí（ここ）　ahí（そこ）　allí（あそこ）

6 ■ 疑問文

　疑問文には、平叙文にスペイン語特有の「**クエスチョンマーク**」（¿...?）を
つける形と、「**疑問詞**」を用いる形があります。文書の場合は、目ですぐに確認
できますが、会話ではフレーズの終わりを上げるような調子で言います。主語
と動詞の位置関係ですが、「**主語＋動詞**」でも「**動詞＋主語**」でもかまいません。

🔊 015

（1）平叙文に「クエスチョンマーク」をつける形
　答えは、sí または no で答えます。
　■ 平常文

Ricardo está en la escuela.　リカルドは学校にいます。
Ellos son cubanos.　彼らはキューバ人です。

■ 疑問文

¿Ricardo está en la escuela? [¿Está Ricardo en la escuela?] リカルドは学校にいますか？

→ Sí, (Ricardo) está en la escuela. はい、学校にいます。

→ No, (Ricardo) no está allí. いいえ、そこにはいません。

¿Ellos son cubanos? [¿Son (ellos) cubanos?] 彼らはキューバ人ですか？

→ Sí, (ellos) son cubanos. はい、そうです。

→ No, (ellos) no son cubanos. いいえ、違います。

（一連の疑問文には固有名詞や人称代名詞が記されていますが、答えの文では省力するのが普通です。）

第4課　主語と述語

(2)「疑問詞」を用いる形

よく使われる疑問詞には、以下のものがあります。

🍭 疑問詞の種類

❖ qué （何）

❖ cuándo （いつ）　　dónde （どこで）　　cómo （どのように）
cuánto （どれだけの）　　por qué （なぜ）
（「5課 2. 副詞　🍭 日常よく使われる副詞」参照）

❖ quién, quiénes （誰）

❖ cuál, cuáles （どちらの）

❖ cuánto, cuánta, cuántos, cuántas （どれだけの）

🔊 016

¿Qué es aquello? — Es una antena de la estación emisora de televisión. あれは何ですか？—テレビ局のアンテナです。

¿Cuándo es el cumpleaños de tu novia? — Es el 2 (dos) de mayo. きみの恋人の誕生日はいつなの？— 5月2日だよ。

（cumpleaños〔誕生日〕は男性名詞・単複同形。）

¿Dónde es la conferencia del profesor García? — Es en el aula A. ガルシア先生の講演会はどこですか？—Ａ教室です。

¿Dónde está el comedor? — Está allá en la esquina del pasillo. 食堂はどこですか？—廊下の角にあります。

¿Quién es aquel viejo? — Es mi profesor de matemáticas. あの老人は誰ですか？—私の数学の先生（男性）です。

¿Cuál es tu paraguas? — Es este. きみの傘はどれ？—これだよ。
（paraguas〔傘〕は男性名詞・単複同形。）

¿Cuántas personas hay en el auditorio? — Hay muchas (personas).
ホールには何人の人がいますか？—たくさんの人がいます。

¿Cuántos alumnos son en la clase de español? — Son 10 (diez). スペイン語のクラスの生徒は何人ですか？—10人です。
（数詞については「付録 3 数詞」参照。）

7 ■ 感嘆文

これは感動した気持ちを言い表すとき、文書であれば「**感嘆符**」（¡ ... !）とともに用います。次の二通りの方法があります。

 017

（1）平叙文に「感嘆符」を添えた形

¡Eso es muy difícil! それはとてもむずかしいことだ！

（2）「間投詞」や「疑問詞」を用いる形

「**間投詞**」の ay, huy, caramba, hala, vaya, venga などや、「**疑問詞**」の qué, cómo, cuánto などを使ってさまざまな感情（驚き、感嘆、喜怒哀楽、激励、催促など）を表現できます。

¡**Ay**, estoy triste! 　ああ、悲しい！

¡**Huy**, hay una cucaracha! 　あっ、ゴキブリだ！

¡**Caramba**, ya son las nueve! 　大変だ、もう9時だ！

¡**Hala**, vamos a trabajar! 　さあさあ、仕事にとりかかろう！

　　（"vamos a ..." は「…しましょう」という意味。vamos は動詞 ir〔行く〕の
　　直説法現在・1人称複数。「6課 1.『どの人称でも不規則活用』する動詞」参照。）

¡**Vaya**[*3] con los anuncios de la televisión!

　テレビのコマーシャルにはうんざりだ！

　　（"Vaya con ..." は「…には驚く、あきれる、うんざりだ」という意味。）

¡**Vaya**[*3] peinado! 　なんて髪型なんだ！

¡**Venga**[*3], aprisa! 　さあさあ、急いで！

　　（[*3] vaya と venga は、それぞれ動詞 ir〔行く〕と venir〔来る〕の接続法現在形。
　　「15課 3. 接続法現在（不規則活用）／その他のパターン」参照。）

¡**Qué** barbaridad, tu cara está roja con el vino!

　なんてことだ、ワインのせいで顔が真っ赤じゃないか！

¡**Qué** dolor de estómago! 　ひどい胃痛だ！

¡**Qué** alto es aquel jugador de baloncesto!

　あのバスケットボール選手はなんて背が高いのだろう！

¡**Qué** calor! 　なんて暑いんだ！

¡**Qué** guapa! 　なんて美しい人（女性）なんだろう！

¡**Qué** cómodo es el coche! 　クルマってなんて快適なんだろう！

¡**Cuánta** gente! 　すごい人だなあ！

¡**Cuánto** tiempo (sin vernos)! 　久しぶり！

　　（前置詞 sin は「…なしで」という意味。vernos は、再帰動詞 verse〔互い
　　に会う〕の再帰代名詞 se が nos に変化した形。「8課 1. 再帰代名詞」参照。）

¡**Cómo** habla ella! 　彼女はなんてお喋りなんだ！

　　（habla は動詞 hablar〔話す〕の直説法現在形・3人称単数。「5課 1. 規則動詞」
　　参照。）

第4課

主語と述語

Diálogo 1

研究室はどちらですか？

◀)） 018

Rika: ¿Dónde está la oficina de la profesora Sánchez?

Conserje: Está dentro del edificio del Departamento de Música.

Rika: Gracias.

Conserje: ¿Es usted estudiante de esta universidad?

Rika: No, no soy estudiante de aquí.

Conserje: ¿De dónde es usted?

Rika: Soy de Japón.

Profesora Sánchez: Hola, Rika. ¿Cómo estás?

Rika: Bien, gracias.

Profesora Sánchez: Pero, ¿no estás cansada del largo viaje?

Rika: Sí, un poco.

訳

リカ：サンチェス教授の研究室はどちらですか？

守衛：音楽学部の建物の中にあります。

リカ：ありがとう。

守衛：あなたはこの大学の学生ですか？

リカ：いいえ、ここの学生ではありません。

守衛：ご出身はどこですか？

リカ：日本です。

教授：こんにちは、リカ。どう元気？

リカ：元気です。ありがとう。

教授：でも、長旅で疲れていない？

リカ：ええ、少し。

第 5 課
直説法現在（規則動詞）

1 ■ 規則動詞

　スペイン語の動詞には「**規則動詞**」と「**不規則動詞**」があります。前課で学んだ使用頻度の高い動詞 ser と estar は「**不規則動詞**」でした。この課では「**規則動詞**」の変化を学ぶことを目的とします。これに慣れれば第 6 課で扱う「**不規則動詞**」にも一定の法則があるので理解しやすいと思います。

人称を表さない動詞の形を「**不定詞**」といい、下の表のように「**語尾が -ar, -er, -ir**」のいずれかで終わります。

■ 規則動詞の活用 ■

	人称	hablar（話す） 語尾 -ar	beber（飲む） 語尾 -er	vivir（住む） 語尾 -ir
単数	I	hablo	bebo	vivo
	II	hablas	bebes	vives
	III	habla	bebe	vive
複数	I	hablamos	bebemos	vivimos
	II	habláis	bebéis	vivís
	III	hablan	beben	viven

（以下、青色の太字＝「**規則動詞の語尾変化**」）

　表の上段にある hablar, beber, vivir は「**不定詞**」ですが、各動詞の黒の太字部分 habl-, beb-, viv- は「**語幹**」といって、**規則動詞の場合は変化しません。**一方、青色の太字部分（-ar, -er, -ir）は「**語尾**」といい、**人称や数が変わるとそれに応じて変化します。**この点をしっかり押さえておきましょう。

🍭 よく使う規則動詞

❖ 動詞 -ar

cantar（歌う）	bajar（降りる）	brillar（輝く）
cenar（夕食をとる）	comprar（買う）	desear（望む）
donar（贈与する）	escuchar（聞く）	fumar（喫煙する）
hablar（話す）	llevar（運ぶ／身につける）	necesitar（必要とする）
pasear（散歩する）	preguntar（質問する）	tomar（とる）
trabajar（働く）	viajar（旅行する）	visitar（訪れる）
manejar（扱う、操作する）		

❖ 動詞 -er

aprender（学ぶ）	beber（飲む）	comer（食べる）
correr（走る）	coser（縫う）	meter（入れる）
prometer（約束する）	responder（答える）	temer（恐れる）
vender（売る）		

❖ 動詞 -ir

asistir（通う）	cumplir（果たす）	discutir（議論する）
partir（出発する、分ける）	recibir（受けとる）	subir（登る、上がる）
vivir（住む、生きる）		

🍭 よく使う接続詞

❖ 語句や文を結ぶ役割を果たすのが「**接続詞**」です。以下はよく使われる接続詞です。

y（そして）	pero（しかし）
como（…のように／…なので）	aunque（…にもかかわらず）
según（…によれば）	cuando（…するとき）
mientras（…するあいだ）	porque（なぜなら）

🔊 019

¿Bebes champán? – No. Pero bebo whisky.

シャンパンを飲む？―飲まない。でも、ウィスキーは飲むよ。

¿Bebéis vino? — Un poco.　きみたち、ワインを飲む？―少しだけ。

（un poco は「少し」という意味。）

Javier **habla** inglés y japonés.　ハビエルは英語と日本語を話す。

Como **hablo** mucho, los demás casi no **hablan**.

私がよく喋るので、他の人たちはほとんど話さない。

（los demás は「他の人たち」という意味。）

Esperamos a Manuel en la estación.

私たちはマヌエルを駅で待つ。

（目的語に「人」がくると前置詞 a が必要となります。「7 課 1. 目的格人称代
名詞:直接目的語 直接目的語に前置詞 a がつく場合／つかない場合」参照）。

Javier y Ramón **cantan** en el coro de la escuela.

ハビエルとラモンは学校の合唱部で歌う。

Sus ojos **brillan** como estrellas.　彼女の瞳は星のように輝いている。

Aunque **trabajan** mucho, **están** contentos.

彼らはかなり働いているが、それでも満足している。

Mientras **descanso**, ella **pasea** por la alameda.

私が休憩するあいだ、彼女はポプラ並木を散歩する。

Erica **estudia** francés porque **desea** viajar por Francia.

エリーカはフランス旅行をしたいのでフランス語を勉強している。

2 ■ 副詞

「副詞」は形容詞や動詞を修飾するなど、その機能は多岐にわたりますが、「**副
詞には性・数の変化は一切ありません**」。

（1）副詞

ここでは、よく使われる副詞・副詞句に限定し、その用法を見ていくこと
にします。形容詞もそうですが、副詞が加わると、表現内容がさらに広がり
ます。

❖「肯定・否定」を表す副詞

sí（はい）　no（いいえ／…ではない）　también（…もまた）

tampoco（…もまた…でない）　nunca（決して…ない）

❖「時」を表す副詞

ahora（今）　pronto（すぐに）　luego（あとで）

después（あとで）　todavía（まだ）　siempre（いつも）

ayer（昨日）　hoy（今日）　mañana（明日）

❖「場所・位置」を表す副詞

aquí*（ここ）　ahí*（そこ）　allí*（あそこ）　acá*（こちらへ）

allá*（あちらへ）　cerca（近くに）　lejos（遠くに）

arriba（上に）　abajo（下に）　encima（上に）

debajo（下に）　dentro（中に）　fuera（外に）

delante（前に）　detrás（後に）

（* aquí, ahí, allí は位置がある程度絞られますが、acá, allá は方向・移動のニュアンスを含むため、範囲が広くなります。）

❖「疑問」を表す副詞

cómo（いかに、どのように）　cuándo（いつ）　cuánto（どれだけ）

dónde（どこで）　por qué（なぜ）

（4 課 6. 疑問文 🔍「疑問詞の種類」参照。）

❖「様態」を表す副詞

bien（上手に）　mal（悪く）　así（このように）

despacio（ゆっくり）　deprisa（急いで）

❖「数・量」を表す副詞

algo（いくらか）　un poco（少し）　bastante（かなり、充分に）

demasiado（過度に）　muy（とても）　mucho（非常に、大変）

poco（ほとんど…ない）

❖「見込み」を表す副詞

quizá, quizás（たぶん）　tal vez（たぶん）

acaso（もしかして、ひょっとして）

スペイン語では、**同じ語を近くでくり返し使用されるのを嫌う傾向**にあります。以下の例文では、省略できる語をカッコでくくりました。

¿**Aprendes** español? — Sí, **aprendo** español y también italiano. [Sí, y también italiano.]
スペイン語を学んでいるの？―そう、スペイン語とイタリア話を学んでいる。

No **tomo** café. — Yo tampoco (**tomo** café).
私はコーヒーを飲まない。―私も飲まない。

(Nosotros) **comemos** deprisa, pero ellos (**comen**) despacio.
私たちは急いで食事をするけれど、彼らはゆっくり食べる。

Ahora **estudio** la gramática japonesa.
私は目下日本語の文法を勉強している。

¿**Vive** (Ud.) cerca de aquí? — No. (Yo) **vivo** lejos.
この近くに住んでいるのですか？―いいえ。遠くに住んでいます。

¿**Fumamos** aquí? — Aquí no, mejor allí.
ここでタバコを吸おうか？―ここはダメだ。向こうで吸ったほうがいい。
（mejor は副詞で、「むしろ、どちらかといえば」という意味。）

Aquí está más tranquilo.　ここのほうがより静かだ。

Juana, acá hay muchas flores bonitas.
フアナ、こっちに美しい花がたくさんあるよ。

Ellos están allí.　彼らは向こうにいる。

La farmacia no está ahí. Está más allá.
薬局はそこにはない。もっと向こうだ。

¿Cuándo **viaj**áis a Canadá? — (**Viaj**amos) mañana.
きみたちはいつカナダへ旅立つんだ？―明日だよ。

¿Dónde **enseñan** ellos? — **Enseñan** en una escuela.
彼らはどこで教えているのですか？―学校で教えています。

Los gatos están dentro y los perros (están) fuera.
猫は中にいて、犬は外にいる。

Cuando ella **habla**, siempre **habla** despacio.

彼女が話すときは、いつもゆっくりと喋る。

Los veteranos **manejan** bien el negocio.

熟練者たちは仕事をうまくやりくりする。

No **bailo** bien el vals.　私はワルツを上手に踊れない。

Ese niño **come** bastante.　その子供はかなり食べる。

¿Acaso **vendes** tu nuevo coche? – Quizá.

ひょっとしてきみは新車を売るつもりかい？―たぶんね。

(2) 形容詞に -mente をつける形

(a)「形容詞の女性形＋ -mente」

形容詞（男性・単数）の語末を、女性・単数の形に変え、-mente をつけます。

verdadero（真実の）→ verdader**amente**（実際に、確かに）

perfecto（完全な）→ perfect**amente**（完璧に）

Verdaderamente la familia de Eduardo **vive** en una isla del sur.　実際にエドゥアルドの家族は南の島に住んでいる。

Ellos **trabajan** **perfectamente**.　彼らは仕事を完璧にこなす。

(b)「男女同型の形容詞＋ -mente」

こちらは形容詞にそのままを -mente つけます。

general（一般的な）→ general**mente**（一般的に）

normal（通常の）→ normal**mente**（通常は）

posible（可能な）→ posible**mente**（たぶん）

🔊 021

Generalmente ellas **escuchan** el programa de español en la radio.　普通、彼女たちはラジオのスペイン語講座を聞いている。

Normalmente los bebés **lloran** mucho.

子供がよく泣くのは当たり前だ。

Posiblemente ellos estudian todos los días en la
biblioteca.　彼らはたぶん毎日図書館で勉強している。

（3）他の品詞をともなう副詞句

　前述の副詞以外にも、以下のように「**前置詞**」と組み合わされた形で用いられる副詞句があります。

🍭 よく目（耳）にする用語

> ❖ これらの熟語は頻繁に見聞きします。
>
> | | |
> |---|---|
> | **a veces**（時々） | **de vez en cuando**（時々） |
> | **ante todo**（何よりも） | **al fin**（ついに、とうとう） |
> | **en seguida**（すぐに） | **por supuesto**（もちろん） |
> | **sin duda**（間違いなく） | **sin falta**（必ず） |
> | **sobre todo**（特に） | |

3 ■ 前置詞

　前置詞は他の語彙と組み合わさって、場所、時間、様態、目的、原因など、さまざまな意味を表します。

🍭 主な前置詞

　前置詞はいろいろな品詞の前に置かれ、場所・時・目的・理由などの意味を表します。なお、「**前置詞は一切変化しません**」。

❖ **a**（**場所・方向・距離／時／目的語〈人〉に対して**）

Mañana partimos a España.　私たちは明日スペインへ出発する。

Mi tío vive a un kilómetro de mi casa.
　私のおじは私の家から１キロのところに住んでいる。

Estamos a 7 (siete) de agosto.　今日は８月７日です。

Escribo una carta a Juan.　私はフアンに１通の手紙を書く。

❖ con（…とともに／方法・手段）

Esta noche mis padres **cenan con** sus amigos.

今夜、私の両親は彼らの友人と夕食をとります。

（esta noche は「今夜」という意味。）

Pilar no **toma** café **con** leche.

ピラールはカフェオレ（ミルク入りコーヒー）を飲まない。

Antonio siempre **toma** notas **con** cuidado.

アントニオはいつも入念にメモをとる。

❖ de（所有／所属・出身／出発地）

Ésta es la maleta **de** mi amigo.　これは私の友人の旅行カバンです。

Estas corbatas son **de** mi padre.　これらのネクタイは私の父のものです。

Ellos son los empleados **de** aquella compañía.

彼らはあの会社の社員です。

Esas chicas son **de** Granada.　そこの女性たちはグラナダ出身です。

El autobús **sale de** aquella parada.　バスはあの停留所から出発します。

（salir〔出発する〕は不規則動詞ですが、直説法現在・1人称単数だけが不規則な形をとります。「6課 3.『1人称単数のみ変化』する動詞」参照。）

❖ en（場所・位置／時／手段・方法／分野）

Vivo **en** Toledo.　私はトレドに住んでいます。

Tus revistas están **en** la mesa.　きみの雑誌はどれも机の上にある。

El oficinista **descans**a **en** el banco del parque a mediodía.

会社員はお昼に公園のベンチで休憩する。

Hay unas fiestas **en** julio.　7月には祭りが何件かある。

Hablamos **en** japonés con nuestros amigos mexicanos.

私たちはメキシコ人の友人とは日本語で話をする。

Viajamos a Grecia **en** barco.　私たちは船でギリシアへ行く。

Ese profesor es muy famoso **en** el campo de ciencias.

その教授は科学の分野ではかなり有名だ。

❖ para（目的・用途／…にとって）

Trabajáis **para** ahorrar mucho dinero.

きみたちはたくさんお金を貯めるために働いている。

（この mucho は形容詞で、「多くの」という意味。）

Su consejo es muy útil **para** nosotros.

あなたのアドバイスは私たちにとってとても有益です。

❖ por（原因・理由／動機／目的）

Hoy no hay clases **por** el tifón.　今日は台風で授業がありません。

Andamos muy atareados, **por** eso necesitamos descanso.

私たちは多忙なので休みが必要だ。

（"por eso" は「だから、それゆえ」という意味。）

Felicitamos a nuestro amigo **por** su éxito.

私たちは友人の成功を祝福する。

Estoy en Tokio **por** mi trabajo.　私は仕事の都合で東京にいる。

Voy a la farmacia **por** la medicina.　私は薬を求めて薬局へ行く。

（voy は不規則動詞 ir〔行く〕の直説法現在・1人称単数。「6課 1.『どの人称でも不規則活用』する動詞」参照）。

🔍 よく目（耳）にする用語

❖ これらの熟語は頻繁に見聞きします。

cerca de ...（…の近くに）	lejos de ...（…から遠く）
delante de ...（…の前に）	detrás de ...（…の後ろに）
encima de ...（…の上に）	enfrente de ...（…の正面に）
al lado de ...（…のそばに）	junto a ...（…のそばに）
alrededor de ...（…の周りに／およそ…）	dentro de ...（…の中に）
fuera de ...（…の外に）	antes de ...（…する前に）
después de ...（…のあとで）	a causa de ...（…の理由で）
en lugar de ...（…の代わりに）	en vez de ...（…の代わりに）
a principios de ...（…の初めに）	a fines de ...（…の終わりに）
a mediados de ...（…の半ばに）	a través de ...（…を通して）
a pesar de ...（…にもかかわらず）	en cuanto a ...（…に関して）

4 ■ いろいろな表現

　ここでは、これまで学んできた文法事項を確認する意味でいろいろな例文を見てみることにしましょう。

（1）疑問文

疑問文の中には、「**疑問詞の前に前置詞（a, con, de, por...）が置かれる場合**」もありますが、これらは動詞とのかかわりから「**省略できません**」。

🔍 敬称について

> ❖ **男性につける敬称→** señor
>
> ❖ **女性につける敬称→** señora（既婚）／ señorita（未婚）
> 相手に直接声をかけるときは、これらの敬称に定冠詞はつけません。
> ¡Buenos días, **señor** González!　おはよう、ゴンサーレスさん！
> しかし、下記のように文章ともなると定冠詞がつきます。
> ¿Quién es esa chica rubia? — Es **la** señorita López.
> 　そちらの金髪の女性は誰ですか？—ロペスさんです。
>
> ❖ **男性形の複数は、「…夫妻」となります。**
> los señores Pérez [los Srs. Pérez]　ペレス夫妻

🔊 022

¿De quién es este móvil? — Es de Soledad.

これは誰の携帯なの？—ソレダーのだよ。

（"ser de ..."「…のもの」という所有を表します。）

¿Qué día de la semana es hoy? — Hoy es domingo.

今日は何曜日ですか？—今日は日曜日です。

¿A cuántos estamos hoy? [**¿A qué** estamos hoy?]
— Estamos **a** 3 (tres) de septiembre.

今日は何日ですか？—今日は 9 月 3 日です。

（"estar a ..."「…の時間帯にいる」という意味。cuántos は días〔日〕を表しています。）

¿Qué fecha es hoy? — Hoy es el 21 (veintiuno) de diciembre.　今日は何日ですか？—今日は 12 月 21 日です。

¿De qué color es tu coche? — Es **de** color rojo. [Es rojo.]

きみの車の色は何色？—赤だよ。

¿Quiénes son aquellos señores? — Son mis padres.
あの人たちは誰ですか？—私の両親です。

¿Con quién vas al cine? — Voy con algunos compañeros de mi clase.
きみは誰と映画に行くの？—クラスの数人の仲間と行くつもりだ。
（"ir con ..." は「…といっしょに行く」という意味）

¿Dónde compráis la fruta? — En la frutería de la esquina.　きみたちはどこで果物を買うの？—角の果物屋で買う。

¿De dónde es Ud.? — Soy de Barcelona. [Soy barcelonés.]　あなたはどこの出身ですか？—バルセロナの出身です。
（"ser de ..."「…の出身」という意味。答える人が女性であれば［　］内は "Soy barcelonesa." となります。）

¿A dónde [Adónde] van Uds.? — Vamos a la biblioteca municipal.
あなた方はどちらへお出かけですか？—公共図書館へ行きます。
（"ir a ..."「…へ行く」という意味。）

¿Cuándo vas a Alemania? — Voy este fin de semana.
きみはいつドイツに行くの？—今週末に行くんだ。

¿Cuál es su apellido? — Es Machado.
彼の名字はなんですか？—マチャードです。

¿Cuáles son sus días de descanso? — Son los jueves y los sábados.　あなたの休養日はいつですか？—毎週木曜日と土曜日です。

¿Cómo está usted? — (Muy) bien, gracias. ¿Y Ud.?
お元気ですか？—（とても）元気です、ありがとう。
（"gracias a ..."〔…のお陰で〕という形を用いると、次のようになります。〔例〕... (Muy) bien, gracias a Dios. お陰さまで元気です。）

¿Aquí están diez libros. ¿Cuáles son los de Pedro? — Son este y ese.
ここに本が 10 冊あるけれど、ペドロの本はどれとどれなんだ？—これとそれだよ。

¿Qué tal [Cómo] están los niños? — Están bien. [Están saludables.]　子供たちはどんな具合だね？—元気ですよ。

（"qué tal" は「どのような」という意味。）

🔊》023

(2) 平叙文

El joven de la americana de color negro es uno de mis estudiantes.　黒色のブレザーを着た若者は、私の学生の一人だ。

Cuando discutimos en la reunión, usamos el inglés.
会議で議論するとき、私たちは英語を使います。

Aprendemos (el) español con la profesora Gutiérrez.
私たちはグティエレス先生（女性）にスペイン語を習っています。

Estos bolígrafos no son míos. Esos tampoco (son míos).
これらのボールペンは私のものではない。そちらにあるのもちがう。

Isabel y Concha son hermanas. Una es muy delgada, mientras la otra es gorda.
イサベルとコンチャは姉妹だ。一人はとても痩せているのに対し、もう一人は太っている。

Los turistas chinos visitan muchas ciudades de Japón.
中国人観光客は日本の多くの町を訪れる。

Hay muchas palomas en esta plaza.
この広場にはたくさんの鳩がいる。

Hay dos gatos. Uno está encima del techo y el otro (gato) está debajo del árbol.
猫が2匹いる。1匹は屋根の上に、もう1匹は木の下にいる。

Para ir al ayuntamiento, subes al autobús ahí y bajas en la siguiente parada.
市役所へ行くにはあそこからバスに乗り、次の停留所で降りるといいよ。

Esa muchacha pregunta muchas cosas al maestro en la clase.　その少女は授業中先生にたくさんの質問をする。

Mi madre **cos**e muy bien.　私の母は裁縫がとても上手だ。

Escribo mi diario todos los días.　私は毎日日記をつけている。

(escribir〔書く〕は不規則動詞ですが、直説法現在形では規則活用をします。
"todos los días" は「毎日」という意味。)

🍭 数詞〈基数詞〉(1~21)

---

1 uno　2 dos　3 tres　4 cuatro　5 cinco　6 seis　7 siete
8 ocho　9 nueve　10 diez　11 once　12 doce　13 trece
14 catorce　15 quince　16 dieciséis[*1]　17 diecisiete[*1]
18 dieciocho[*1]　19 diecinueve[*1]　20 veinte　21 veintiuno[*2]...
29 veintinueve[*2]

　[*1] 16 ... 19: "10+6 ... 9" の形を用い 1 語で表記します。
　　(例) 18 (diez y ocho → dieciocho)。
　[*2] 21 ... 29: 上記と同ように (20+1 ... 9) の形を用いて 1 語で表します。
　　(例) 22 (veinte y dos → veintidos)

🍭 自動詞と他動詞

　動詞には「**自動詞**」と「**他動詞**」がありますが、一つの動詞が「**自動詞
にも他動詞にもなる**」ケースもあります。

❖「**自動詞**」：**目的語を必要としない**

　主語は自身で動作を完結したり、叙述補語をともない主語の様子・状態
を表したりします。

　María e Isabel **son** estudiantes.　マリアとイサベルは学生です。

　　(y〔そして〕が i-, hi- で始まる語の前にくると、e に変わります。
　　estudiantes は動詞の補語にあたります。)

　Mi madre casi siempre **está** en casa.　母はいつもほとんど家にいる。

　Nuestro amigo **resid**e lejos.　私たちの親友は遠くに住んでいる。

❖「**他動詞**」：**目的語を必要とする**

　主語の動作が他に及びます。

　Visitamos el Museo del Prado.　私たちはプラド美術館を訪れる。

　Vendo mi coche viejo.　私は古い車を売る。

　Ellos **recib**en muchos regalos.　彼らはたくさんの贈り物を受けとる。

❖「自動詞」にも「他動詞」にもなる

◉自動詞

Pas**e**amos por el parque.　私たちは公園を散歩する。

Él no com**e** mucho.　彼は少食だ。

Ella habl**a** en voz baja.　彼女は小声で話す。

　　（"en voz baja" は「低い声で」という意味。）

◉他動詞

Pas**e**amos el perro por el parque.

　私たちは公園で犬を散歩させる。

Él no com**e** pescado.　彼は魚を食べない。

Ella habl**a** francés.　彼女はフランス語を話す。

　（自動詞と他動詞の区別は、辞書で動詞を引くと自他や、intr. [verbo intransitivo ＝自動詞], tr. [verbo transitivo ＝他動詞] で表記されています。会話ではあまり気にしなくても意思疎通には差し支えないでしょうが、やはり文章を正確に読みこなしたり書いたりするとなると、どうしてもこの区別を意識せざるをえません。）

I. [　] 内に ser, estar, haber の正しい活用形を入れましょう。

  1. ¿Dónde [　　] los niños? — [　　] allí cerca del tobogán.

     子供たちはどこにいるの？—向こうの滑り台の近くにいる。

  2. Mis estudiantes [　　] en Salamanca.

     私の学生たちは今サラマンカにいる。

  3. En la plaza [　　] una cafeteria y ahí [　　] mucha gente.

     広場にカフェテリアが一軒あり、そこは人が多い。

  4. El café [　　] un poco amargo. Necesito más azúcar.

     コーヒーが少し苦い。もっと砂糖が必要だ。

  5. Elena [　　] una mujer hermosa y [　　] introvertida.

     エレーナは美しい女性だが、内気だ。

  6. [　　] enfermizo, pero [　　] contento de todo.

     彼は虚弱体質だが、すべてに満足している。

  7. La Universidad de Salamanca [　　] muy prestigiosa como centro de estudios desde el siglo XIII (trece).

     13 世紀以来サラマンカ大学は学問の府としてとても有名だ。

  8. La Alhambra [　　] en la ciudad de Granada. [　　] un conjunto de palacios antiguos, jardines y fortaleza.

     アルハンブラ宮殿はグラナダ市にある。いくつもの古い宮殿、庭園、要塞の集まりである。

II. 疑問文に対して、肯定（sí）と否定（no）の答えを書いてみましょう。

  1. ¿Estáis cansados de estudiar?（きみたち、勉強で疲れたかい？）

     Sí, (　　　　　　).

     No, (　　　　　　).

  2. ¿Estás libre este sábado?（今週の土曜日は暇かい？）

     Sí, (　　　　　　).

     No, (　　　　　　).

第5課

直説法現在（規則動詞）

3. ¿Hoy es miércoles?（今日は水曜日ですか？）

   Sí, (   ).

   No, (   ).

III. ( ) 内に también または tampoco を入れましょう。

1. Nosotros estudiamos en la biblioteca, ¿y tú? — Yo (   ).

   私たちは図書館で勉強するけど、きみはどうする？—私もそうする。

2. Juan no está contento, ¿y usted? — Yo (   ).

   フアンは満足していないけど、あなたは？—私も同じです。

3. Yo vivo en esta ciudad, ¿y vosotros? — Nosotros (   ).

   私はこの町に住んでいるが、きみたちはどこに住んでいるの？—私たちもこ
   こに住んでいる。

4. No hablamos alemán, ¿y ustedes? — Nosotros (   ).

   私たちはドイツ語を話せませんが、あなた方は？—同じく話せません。

IV. スペイン語を日本語に訳してみましょう

1. Ana y Pilar son muy amigas. Las dos son estudiosas y cada fin
   de semana visitan juntas los museos de la ciudad; a veces los
   de otras ciudades.

2. ¿Cuándo viajan Uds. por Canadá? – Viajamos dentro de un
   mes. Por eso aprendemos francés además de inglés.

3. Yo trabajo como programador. Mi oficina está en el centro
   de la ciudad. Llevo casi diez años en esta compañía. Mis
   compañeros de trabajo son muy simpáticos y amables.

スペイン古典演劇にみる一節

¿**Qué** **es** la vida? Un frenesí.

¿**Qué** **es** la vida? Una ilusión,

una sombra, una ficción,

y el mayor bien* **es** pequeño,

que toda la vida **es** sueño,

y los sueños sueños **son**.

> （太字＝疑問詞／青の太字＝「動詞 ser」）
> ＊ bien は男性名詞で、「幸福、利益」という意味。

> 人生とは何だ？　狂乱だ。
> 人生とはなんだ？　まやかし、
> 影、幻だ。
> この上ない幸せとてちっぽけなものだ。
> 人生はすべてが夢だ。
> 夢はしょせん夢なのだ。（拙訳）　　　　　　　　（*La vida es sueño*『人生は夢』）

　スペイン語を見てみると、疑問詞 qué（「4課 5. 疑問文」参照）があるほか、動詞は ser だけなので問題なく理解できると思います。ただし、作品全体を見渡すと、バロック・スタイルの難解な言い回しが至るところにあり、韻文で構成されたセリフの脚韻を活かすために倒置法が用いられていますので、日本語に訳すのは一朝一夕というわけにはいきません。

　これは 17 世紀のスペイン・バロック演劇を代表する劇作家ペドロ・カルデロン・デ・ラ・バルカ（1600-81）が書いた『人生は夢』の中で、主人公セヒスムンドが心中を吐露する一場面の台詞です。
　王家の世継ぎとして生まれたセヒスムンドは、父王が凝った占星術（将来息子によって自分の地位が危うくなるという内容）のせいで、誕生後に暗い塔内に幽閉され、一人の養育係によって育てられます。やがて成人に達すると、王は息子が王子としての適性を持ち合わせているかどうか試そうと考え、王子に

眠り薬を飲ませ、豪華な衣装を着せて宮廷へ連れ出します。眠り薬は、事がうまくいかなかった場合に備えてのものです。つまり王子が塔へ戻されたときに予想される心の衝撃を和らげるためです。さて、宮廷に連れ出された王子はこれまでの経緯を聞かされると、急激な環境の変化も相まって、父の処遇に激怒し宮廷人らしからぬ暴戻を働きます。そこで王は、ふたたび眠り薬を飲ませ牢獄へ送り返します。やがて、眠りから覚めた王子の人生観に変化の兆しが見え、上記のようなセリフを口にするのです。

　一方、この芝居には副筋として当時の人たちの大きな関心事の一つ「名誉感情」にまつわる事件も含まれていて、ダブルプロットの構造を持つ物語としておもしろく描かれています。この作品でカルデロンが言いたいのは、超自然現象を利用して「魂の救済」を得ることではなく、生きているうちに理性を働かせ、「善行を積む」ことの大切さです。

　カルデロンは、幼少の頃にイエズス会の帝室学院で教育を受け、のちにアルカラ・デ・エナーレス大学とサラマンカ大学で修辞学や教会法などを学びました。20 代から芝居を舞台にかけ、上記の作品のほかにも『名誉の医師』、『驚異の魔術師』、『淑女「ドゥエンデ」』などの名作を残しました。1634 年にはフェリペ 4 世から宮廷劇作家に任命され、新しく建設されたブエン・レティーロ宮にて『こよなき魔力、愛』などの神話劇を上演しています。晩年は主に聖体劇や王家の祝祭のときに演じられる神話劇を中心に手がけるようになりました。

　カルデロンのスタイルには、当時流行した文飾主義（誇飾主義）や奇知主義の影響が見られ、人間の理性と情念の対峙、自然の美しさと荒々しさ、登場人物たちの喜怒哀楽の模様など、明暗のコントラストが見事に描かれています。

〈参考文献〉
『カルデロン演劇集』、佐竹謙一訳、名古屋大学出版会、2008 年。
佐竹謙一『スペイン文学案内』、岩波書店（岩波文庫）、2013 年。
佐竹謙一『カルデロンの劇芸術』、国書刊行会、2019 年。

第6課
直説法現在（不規則動詞）

　ここからは「**不規則動詞**」の「**直説法現在**」の活用を見ていきますが、第5課で学んだ直説法現在の規則変化が基礎となります。動詞によってはすべての人称・単複で変化するわけではないので、規則動詞の変化をきちんと身につければ、徐々に変化の仕組みに慣れていきます。

　「**規則動詞**」は**語尾だけ変化し、語幹は変化しません**でしたが、「**不規則動詞**」は「**語幹変化**」があります。

 「語幹」の母音変化

1.「**どの人称でも不規則活用**」する動詞

　　　ser（…である）　　ir（行く）

2.「**語幹の母音が変化**」する動詞（イタリックの部分）

　◉ *e → ie*

　　　emp*e*zar（始める）　　ent*e*nder（理解する）　　n*e*gar（否定する）

　　　p*e*nsar（考える、思う）　　p*e*rder（失う）　　qu*e*rer（欲する）

　　　s*e*ntir（感じる）

　◉ *e → i*

　　　m*e*dir（計る）　　p*e*dir（求める）　　r*e*ír（笑う）

　　　rep*e*tir（くり返す）　　s*e*guir（続ける）　　s*e*rvir（役立つ）

　◉ *i → ie*

　　　adqu*i*rir（手に入れる）　　inqu*i*rir（調査する）

　◉ *o → ue*

　　　c*o*ntar（数える／語る）　　d*o*rmir（眠る）　　enc*o*ntrar（見つける）

　　　m*o*ver（動かす）　　p*o*der（できる）　　v*o*lver（戻る）

　◉ *u → ue*

　　　j*u*gar（遊ぶ）

3.「**1人称単数のみ変化**」する動詞

　　　conocer（知る）　　dar（与える）　　hacer（する、行う）

　　　poner（置く）　　saber（知る）　　salir（外出する）

　　　traer（持ってくる）　　ver（見る、会う）

4.「2. と 3. の両方の不規則変化」をする動詞

 decir（言う） tener（持つ） venir（来る）

5.「y が挿入」される動詞

 construir（建設する） huir（逃げる） incluir（含む） oír（聞く）

次に上記の枠内に記した 1. ～5. に属する不規則動詞を任意でいくつか選び、その活用を確認しながら例文を見ていきましょう。

1 ■「どの人称でも不規則活用」する動詞

	人称	ser （…である）	ir （行く）
単数	I	soy	voy
	II	eres	vas
	III	es	va
複数	I	somos	vamos
	II	sois	vais
	III	son	van

動詞 ser についてはすでに第 4 課で確認しましたので、ここでは**動詞 ir（行く）を使った例文**を見てみましょう。

🔊 024

¿A dónde vais (vosotros)? — Vamos a Kyoto.

 （きみたちは）どこへ出かけるの？—（私たちは）京都へ行くんだ。

Ellos van a la casa de su profesor. 彼らは自分たちの先生の家へ行く。

Esta tarde mi hermana va a una librería para comprar unos libros.

 今日の午後、私の姉〔妹〕は本屋へ何冊か本を買いに行く。

¿Qué vas a hacer? — Voy a tomar una cerveza.

 これからどうするつもり？—ビールを飲むんだ。

 （"ir a ..." は「…するつもりだ」という意味。）

	人称	entender (e → ie) (理解する)	pedir (e → i) (求める)	inquirir (i → ie) (調査する)	poder (o → ue) (できる)	jugar (u → ue) (遊ぶ)
単	I	entiendo	pido	inquiero	puedo	juego
	II	entiendes	pides	inquieres	puedes	juegas
	III	entiende	pide	inquiere	puede	juega
複	I	entendemos	pedimos	inquirimos	podemos	jugamos
	II	entendéis	pedís	inquirís	podéis	jugáis
	III	entienden	piden	inquieren	pueden	juegan

（青の太字＝「規則語尾活用」）

🔊 025

Ese drama **empieza** a mediodía.　そのドラマは正午に始まる。

（"a mediodía" は「昼に」という意味。）

Pienso aprender[*1] el arte de arreglo floral.

私は生花を習おうと思う。

Maribel **quiere** ganar[*1] mucho dinero.

マリベルはお金を多く稼ぎたい。

¿**Puede** (Ud.) repetir[*1] esas frases?

その文言を反復していただけませんか？

Siento temblar.[*1]　私は揺れを感じる。

（[*1] 上の4例 "pienso aprender …", "quiere ganar …", "puede repetir …", "siento temblar …" は、いずれも動詞が二つ並んでいます。このような場合、最初の動詞（主動詞）は活用しますが、二つ目の動詞は「不定詞」のままで活用しません。「本課 7. 不定詞の用法（単純形）」参照。）

Angélica **ríe** mucho.　アンヘリカはよく笑う。

El grupo de los investigadores **inquiere** las causas del terremoto.

研究者グループは地震の原因を調べている。

第6課

直説法現在（不規則動詞）

87

Verónica **d*ue*rme** bastante todos los días.

　ベロニカは毎日かなりの睡眠をとる。

　　("al día" は「一日に」という意味。)

No **enc*ue*ntro** el libro del Quijote.

　『ドン・キホーテ』の本が見あたらない。

　　(『ドン・キホーテ』のスペイン語の題名は長いので、普通 "el *Quijote*" と書きます。一方、登場人物のドン・キホーテは "Don Quijote" と記し区別します。)

Mi hermano **v*ue*lve** de Tokio hoy.　兄〔弟〕は今日東京から戻る。

Los niños **j*ue*gan** al béisbol los sábados.

　少年たちは毎週土曜日に野球をする。

　　("jugar al béisbol" は「野球をする」、"los sábados" は「毎週土曜日」という意味。「9課 7. 季節・月・日・曜日の表現」参照。)

🍭 不規則動詞の活用表について

> 　市販の「**辞書の巻末**」には「**不規則動詞の活用表**」がついています。たとえば atender (世話をする／注意を払う) という単語を引くと、これは「**不規則動詞**」なので、この単語には「**活用表の番号**」が記されています。そこで、その番号にあたる巻末の不規則動詞を見てみると、atender ではなく、別の動詞が記載されていることがあります。しかし、記載されている動詞と同じ活用の形 (*e → ie*) を真似て変化させれば問題ありません。
>
> Las enfermeras **at*ie*nden** con mucho cuidado a los enfermos graves.
> 　看護婦たちは細心の注意を払い重病患者の世話をする。
> Mi madre **t*ie*nde** la ropa lavada al sol.　私の母は洗濯物を日に干す。

3 ■「1 人称単数のみ変化」する動詞

	人称	dar （与える）	conocer （知る）	ver （見る）	saber （知る）	hacer （行う）	salir （出る）
単	I	do*y*	cono*z*co	v*eo*	s*é*	ha*g*o	sal*g*o
	II	das	conoces	ves	sabes	haces	sales
	III	da	conoce	ve	sabe	hace	sale
複	I	damos	conocemos	vemos	sabemos	hacemos	salimos
	II	dais*	conocéis	veis*	sabéis	hacéis	salís
	III	dan	conocen	ven	saben	hacen	salen

（＊2 人称複数のみ、語尾活用は「規則語尾活用〔-áis, -éis〕」と異なります。）

	人称	poner （置く）	suponer （想像する）	traer （持ってくる）	valer （価値がある）
単	I	pon*g*o	supon*g*o	tra*ig*o	val*g*o
	II	pones	supones	traes	vales
	III	pone	supone	trae	vale
複	I	ponemos	suponemos	traemos	valemos
	II	ponéis	suponéis	traéis	valéis
	III	ponen	suponen	traen	valen

🔊 026

Todavía no **cono*z*co** bien esta ciudad.

私はこの街のことをまだよく知らない。

La madre **da** a su hijo un poco de dinero cada mes.

母は毎月息子に少しだけお金を渡している。

（"un poco de ..." は「少しの…」という意味。直接目的語に「特定の人」が
くると、その前に「前置詞 a」がつきます。「7 課 1. 目的格人称代名詞：直
接目的語 ➘直接目的語に前置詞 a がつく場合／つかない場合」参照。）

Tres veces a la semana **hacemos** ejercicio.

私たちは週に 3 回運動をします。

（veces は女性名詞 vez〔度、回〕の複数形。"a la semana" は「週に」とい
う意味。）

第6課

直説法現在（不規則動詞）

89

¿Cuántas horas **haces** ejercicio al día?—**Hago** ejercicio 2 (dos) horas en la tarde.

きみは一日に何時間運動しているの？— 午後に２時間運動している。

No **sabemos** quién es aquel hombre.

私たちはあの人が誰なのか知りません。

Desde aquí **veo** una montaña borrosa a lo lejos.

ここからだと遠くに山がかすんで見える。

（desde は「…から」、"a lo lejos" は「遠くに」という意味。）

Hoy los niños **salen** de la escuela una hora antes.

今日子供たちは１時間早く学校を出る。

4 ■「2. と 3. の両方の不規則変化」をする動詞

	人称	decir （言う）	tener （持つ）	venir （来る）
単	I	di**g**o	ten**g**o	ven**g**o
	II	d**i**ces	t**i**enes	v**i**enes
	III	d**i**ce	t**i**ene	v**i**ene
複	I	decimos	tenemos	venimos
	II	dec**í**s	ten**é**is	ven**í**s
	III	d**i**cen	t**i**enen	v**i**enen

◀)) 027

Ese joven **dice** mentiras, pero yo **digo** la verdad.

その若者は嘘を並べるけれど、私は本当のことを言う。

¿Cuántos años t**i**ene Ud.? — **Teng**o 22 (veintidos) años.

何歳ですか？—22 歳です。

¿**Ten**éis tiempo ahora? — Sí. ¿Por qué?

きみたち、今時間ある？ —あるけど、どうして？

¿Cómo **vien**es acá? — **Veng**o en metro y después a pie.

ここまで何で来るの？―地下鉄と徒歩で来る。

("en metro" は「地下鉄で」、"a pie" は「歩いて」という意味。)

5 ■「y が挿入」される動詞

	人称	construir （建てる）	oír （聞く）	huír （逃げる）
単	I	constru*y*o	o*i*go	hu*y*o
	II	constru*y*es	o*y*es	hu*y*es
	III	constru*y*e	o*y*e	hu*y*e
複	I	construimos	oímos	huimos
	II	construís	oís	huís
	III	constru*y*en	o*y*en	hu*y*en

 028

Recientemente no o*ig*o bien.　近頃、私は耳がよく聞こえない。

A veces oímos un ruido en el pasillo.

時々、廊下で物音が聞こえる。

El arquitecto **hac**e los diseños y los obreros **constru*y***en la casa.

建築家が設計し、職人たちが家を建てる。

Siempre hu*y*es de las dificultades.

きみはいつも困難から逃れようとする。

6 ■ 不定語の用法

「**話し手／書き手**」が「**不特定の人・物事**」に言及するときに用いる語です。
不定語には以下のように「**不定形容詞**」、「**不定代名詞**」、「**不定副詞**」があります。

🔍 主な不定語

❖ alguno 形代	❖ ninguno 形代
(alguno, -na, -nos, -nas)	(ninguno, -na, -nos, -nas)
❖ alguien 代	❖ nadie 代
❖ algo 代副	❖ nada 代副
❖ todo 形代副	❖ cualquiera* 形代
(todo, -da, -dos, -das)	
❖ mucho 形代副	❖ poco 形代副
(mucho, -cha, -chos, -chas)	(poco, -ca, -cos, -cas)
❖ demasiado 形副	❖ cada 形
(demasiado, -da, -dos, -das)	
❖ otro 形代	❖ mismo 形代副
(otro, -tra, -tros, -tras)	(mismo, -ma, -mos, -mas)
❖ cierto 形	❖ tal 形代副
(cierto, -ta, -tos, -tas)	(tal, tales)

（* cualquiera の複数形は cualesquiera ですが、実際にはほとんど使われません。）（形＝「不定形容詞」／代＝「不定代名詞」／副＝「不定副詞」）

❖ alguno / ninguno（いくらかの、何かの／一つも〜ない）　　🔊 029
◉ 不定形容詞

Hay **algunos** ancianos en la plaza, pero no hay **ningún** niño.
広場には老人が何人かいるが、子供は一人もいない。
（niguno は「**男性単数名詞の前**」で「**語尾 -o が脱落**」し、「**-u にアクセント符号**」がついて ningún となります。）

¿Tienes **alguna** pregunta? — No, no tengo **ninguna**.
何か質問ある？—いや、ないよ。
（niguna は代名詞で、pregunta をさします。）

¿Conoces a **algún** dentista por aquí? — No, no conozco a **ningún** dentista. [No, no conozco a **ninguno**.]
この辺で歯医者を知っているかい？—いや、知らないな。
（alguno は niguno と同じく「**男性単数名詞の前**」で「**-o が脱落**」し、「**-u にアクセント符号**」がついて algún となります。niguno は代名詞で、dentista をさします。前置詞 a がついていますが、これは直接目的語が「人」だからです。）

92

¿No t*ie*nes **alguna** idea? — No, no ten*g*o **ninguna**.

何かアイデアはない？─ないね。

◉ 不定代名詞

Niguno de nosotros **comemos** carne.　私たちの誰も肉を食べない。

¿**Va** alguien*[*2] al cine esta noche? – No **va ninguno** de nosotros. [**Ninguno** de nosotros **va**.]

今夜映画を見に行きたい人いる？─私たちは誰も行かないよ。

([*2] 次の "alguien/ nadie" 参照。niguno が動詞の後ろにくると、動詞の前に no が置かれますが、動詞の前にくると no は必要ありません。)

❖ alguien / nadie （誰か／誰も〜ない）　　　🔊 030

◉ 不定代名詞

¿**Buscas** a alguien? — No, no **busco** a nadie.

誰かを探しているの？─いや、誰も探しちゃいない。

¿**Conoces** a alguien en esta ciudad? — No, no cono*z*co a nadie.

この町で知っている人はいるの？─いや、知らない人ばかりだ。

¿**Alguien** qu*ie*re ir a Rusia?—No, **nadie** qu*ie*re ir a Rusia.

誰かロシアへ行きたい人はいますか？─誰もいません。

❖ algo / nada （何か／何も〜ない）　　　🔊 031

◉ 不定代名詞

Qu*ie*ro comer **algo** rico después de la reunión.

私は会議のあとで何かおいしいものが食べたい。

Ahora no ten*g*o ganas de hacer **nada**.　今は何もしたくない。

("tener ganas de ..." は「…がしたい」という意味。)

¿**Deseas** algo? — No, no **deseo** nada.

何か欲しいものは？─何もない。

◉ 不定副詞

Total, ellos no **aprend**en **nada**.　結局、彼らは何も学んでいない。

(total は「結局」という意味。)

Estoy **algo** nerviosa.　私（女性）は少し緊張している。

❖ todo（すべての）　　　　　　　　　　🔊 032
◉ 不定形容詞

En esta ciudad hay muchos gatos en **todas** partes.
この街のいたるところに猫が何匹もいる。

El niño *jue*ga **todo** el día afuera.　その子供は一日中外で遊ぶ。
◉ 不定代名詞

Todo va muy bien en mi trabajo.
私は仕事面でとてもうまくいっている。

Todos estamos muy contentos de tu trabajo.
私たち皆はきみの仕事にとても満足している。

◉ 不定副詞

Afuera está **todo** cubierto de nieve.　外は一面雪で覆われている。

❖ cualquiera（どんな…でも）　　　　　　🔊 033
◉ 不定形容詞

El abogado **res*ue*lve cualquier** problema.
その弁護士はどんな問題でも解決する。

（cualquiera は、「**名詞の前**」では「**-a が脱落**」し、cualquier となります。
不規則動詞 resolver は「解決する」という意味。）

P*ue*des usar una toalla **cualquiera**.
タオルはどれでも 1 枚使っていいからね。

（cualquiera は不定形容詞として「名詞の後ろ」に置かれることもあります。）

◉ 不定代名詞

P*ue*des usar **cualquiera** de estos lápices.
ここにある鉛筆はどれを使ってもいいよ。

Cualquiera sab*e* esas cosas básicas.
そんな基本的なことは誰でも知っている。

❖ mucho / poco （多くの／〔否定的に〕ごくわずかの、ほとんど…ない）

◉ 不定形容詞

Hoy tenemos muchas tareas.　私たちは今日多くの仕事を抱えている。

Hay mucha posibilidad de realizar este proyecto.
この計画を実現する可能性は大いにある。

Ya queda poco tiempo para acabar todo esto.
これらすべてを終えるにはもうほとんど時間がない。

（quedar は「（時間など）残っている」という意味。）

🍭 un poco

❖ **肯定的な意味合いを持つ un poco（少し）という言い方**
この場合は「副詞」として**形容詞または動詞を修飾**します。

Estamos **un poco** cansados.　私たちは少し疲れています。

¿Quién es más alta, Ana o Marisol? — Ana es **un poco** más alta.
アナとマリソルはどっちが背が高いの？—アナのほうが少し背が高い。

Voy a estudiar **un poco** más.　もう少し勉強を続けるよ。

◉ 不定代名詞

Hoy día muchos de los jóvenes salen de sus pueblos para trabajar en las ciudades grandes.
今日、若者の多くが村を出て都会へ働きに出る。

Pocos entienden la ponencia del profesor.
ほとんどの人は教授の研究発表を理解できていない。

🍭 un poco de

❖ **「un poco de ＋単数名詞」は「少しの…」という意味**

Necesito tomar **un poco de** agua.　私は少し水を飲む必要がある。

Echo **un poco de** pimienta en mi espagueti.
私はスパゲッティに少しだけ胡椒をかける。

Quiero donar **un poco de** dinero al orfanato.
私は孤児院に少し寄付したい。

第6課　直説法現在（不規則動詞）

◉ 不定副詞 (◀) 034)

Rosa siempre **habla mucho** de su familia.
ロサはいつも家族のことをよく話す。

Tengo que estudiar **mucho** para aprobar el examen.
試験に合格するために私はかなり勉強しなければならない。
("tener que ..." は「…しなければならない」という意味。)

Gerardo **come mucho** en comparación con su hermano.
ヘラルドは兄〔弟〕に比べてよく食べる。
("en comparación con ..." は「…に比べて」という意味。)

Ella es **poco** simpática.　彼女は愛想が悪い。

❖ **demasiado**（過度の、かなり） ◀) 035
◉ 不定形容詞

Hay **demasiada** gente en el parque para ver los cerezos.
桜を見ようと公園に大勢の人がいる。

Como **demasiados** dulces.　私は甘いものを食べすぎる。
◉ 不定副詞

Joaquín **habla demasiado**.　ホアキンはかなりお喋りだ。

❖ **cada**（各々の／…おきに） ◀) 036
◉ 不定形容詞

El representante de **cada** país **expresa** sus ideas.
各国の代表は自分たちの理念を話す。

¿**Cada** cuántos minutos **llega** el tren rápido? — Llega
cada media hora.
急行は何分ごとに来ますか？—30 分ごとです。
("media hora" は、「半時間」という意味。)

❖ **otro**（ほかの、反対の）)) 037

◉ 不定形容詞

La tienda de los utensilios de cocina está al **otro** lado de esta calle ancha.

台所用品の店はこの広い通りの反対側にある。

Voy a escoger **otro** camino.　私は別の道を選ぼう。

◉ 不定代名詞

Esta semana hay una fiesta y la próxima (semana) también hay **otra**.　今週祭りが催され、来週にもまた別の祭りが催される。

（otra は fiesta をさします。）

Esta novela no es interesante. Vamos a buscar **otra**.

この小説はおもしろくない。別の小説を探しましょう。

（動詞 ir を使った "vamos a ..." は、「…しましょう」という意味。otra は novela をさします。）

🔍 uno と otro を組み合わせると

❖ uno と otro を組み合わせた構文：「一つは…、もう一つは…」

Aquí tenemos dos cajas. Una es de color amarillo y **otra** (es) de color blanco.

ここに箱が二つあります。一つは黄色で、もう一つは白です。

Javier **cuen**ta sus experiencias, **unas** veces en serio y **otras** (veces) en broma.

ハビエルは、ときには真面目に、ときにはふざけて自分の経験を話す。
（contar は不規則動詞で、「語る、話す」という意味。）

❖ **mismo**（同じ）)) 038

◉ 不定形容詞

Ten**emos** una **misma** opinión.　私たちは同じ考えだ。

Mi coche y el tuyo son del **mismo** color.

ぼくの車ときみの車の色は同じだ。

◉ 不定代名詞（「定冠詞＋ mismo」）

Tú p**ie**nsas así, ¿no?　Yo también p**ie**nso lo **mismo**.

きみはそのように考えているんだね？　ぼくも同じだよ。

97

Ese niño ya no es el **mismo** que antes.

その少年はもはや以前の少年と同じではない。

（el は niño をさします。）

◉ 不定副詞

Aquí **mismo aparece** dentro de poco un actor muy famoso.

もうすぐこの場にとても有名な俳優が現れる。

（"dentro de poco" は、「もうじき」という意味。）

Ahora **mismo necesito** una copia de esta página.

今すぐこのページのコピーが必要だ。

❖ **cierto**（ある／確かな）

◉ 不定形容詞　　　　　　　　　　　　　　　　　　🔊 039

Hasta **cierto** punto estamos de acuerdo con ustedes.

われわれはある程度まではあなた方に賛成です。

（"estar de acuerdo con ..." は「…に賛成だ」という意味。）

¿Es una noticia **cierta**? — Sí, es completamente **cierta**.

それは確かなニュースですか？—もちろん、確かです。

❖ **tal**（そのような）

◉ 不定形容詞　　　　　　　　　　　　　　　　　　🔊 040

Con **tal** tiempo no **debemos** salir de viaje.

このような天気では、私たちは旅行に出かけるべきではない。

Tal persona no es de fiar.　そんな人間は信用できない。

◉ 不定代名詞

¡No hay **tal**!　それはありえない！

Es un **tal**.　（やつは）ろくでなしだ。

◉ 不定副詞

"tal como", "tal cual"（…のとおりに）など、慣用句としてよく使われます。

Los niños **juegan tal** como [tal cual] les **dirige** su maestro.

子供たちは先生の指示にしたがって遊ぶ。

🔍 主な否定語

❖ **no 以外の主な否定語**

　動詞の持つ意味を否定するもので、no をはじめ、前述の **nadie, nada, ninguno** のほかに、"**ni ... ni ...**"（…も…もない）、**nunca [jamás]**（決して…ない）、**tampoco**（…もまた…でない）、**apenas**（ほとんど…ない）がよく使われます。

　　Ahora **no** tra*ig*o **ni** dinero **ni** mi tarjeta de crédito.
　　　今は現金もカードも持ってきていない。

　　A estas horas **no** sal*g*o de casa. — Yo **tampoco**.
　　　この時間は家から出ないようにしている。—私も同じだ。

　　Nunca voy a las montañas en invierno.
　　　私は冬のあいだ山へ行かない。

---

7 ■ 不定詞の用法（単純形）

　「**不定詞**」は、「現在分詞」や「過去分詞」と同じく、人称・数を示さない「**動詞の非人称形**」です。そのため**不定詞は活用しません。**まずは基本的な用法を見てみましょう。　　　　　　　　　　（以下、黒の太字・斜体＝「**不定詞**」）

🔊 041

(1)「主語・目的語・補語」の役割

　Es imposible *leer* este libro en un día.（**主語**）
　　この本を 1 日で読むのは不可能だ。
　　（これは英語の構文にたとえると、"It is ... to ~"「～することは…だ」の形です。スペイン語には to にあたる前置詞はありませんが、不定詞 leer が述部 "Es imposible ..." の主語になります。）

　Quier*o* *tomar* café en una cafeteria cerca de aquí.（**目的語**）
　　近くのカフェテリアでコーヒーを飲みたい。

　Lo importante es *repasar* las lecciones de cada día.（**補語**）
　　大事なことは日々の授業のおさらいだ。

(2)「前置詞＋不定詞」

　Trabaj*a*mos **para** *vivir*.　私たちは生活のために働く。

第6課

直説法現在（不規則動詞）

99

Tengo ganas de *comer* un helado.　私はアイスクリームが食べたい。

Al *amanecer*, vamos a *empezar* el footing.

夜明けとともに、ジョギングを始めましょう。

("al + 不定詞" は「…するとき」という意味。)

(3)「知覚・許可・放任の動詞＋不定詞」

Oigo *pasar* el tren a lo lejos.[*3]　遠くで汽車の通る音が聞こえる。

Veo a Leonardo *atravesar* la calle.[*3]

レオナルドが通りを横切るのが見える。

([*3] 上記の二文では、oigo と veo の主語が「私」で、tren と Leonardo は直接目的語です。いずれも活用する動詞と不定詞の主語が異なるので注意してください。)

Muchas madres **dejan** *jugar* solos a sus niños en el

parque.　多くの母親たちは自分たちの子供を通りで勝手に遊ばせておく。

(solo は形容詞で、「一人で」という意味。ここでは niños を修飾するので複数になります。)

Dejamos *ir* a nuestra hija al extranjero para estudiar.

私たちは娘が外国へ行って勉強するのを許す。

(4)「関係詞・疑問詞＋不定詞」

Tenemos muchas cosas **que** *hacer*.

私たちにはすることが山ほどある。

Alfonso no **sabe** **qué** *contestar* a esas preguntas.

アルフォンソはそのような質問にどう答えてよいのかわからない。

¿Sabes a **quién** *mandar* este paquete?

この小包を誰に送ればよいのか、知っているかい？

(5) 命令的な口調：「a ＋不定詞」

¡A *callar* y a *comer*!　黙って食事をしなさい！

¡A *dormir*!　さあ、寝なさい！

❖ スペイン語には「動詞＋前置詞＋不定詞」の形を使って表現できる便利
な言い方が数多くあります。よく見聞する熟語を下に記しておきます。

◉ acabar de ...（…したばかりだ）

Acabo de *escribir* una carta.

　私は手紙を書き終えたばかりだ。

◉ comenzar a ... / empezar a ...（…し始める）

Ya empezamos a *estudiar* la gramática española.

　さあ、スペイン語文法の勉強を始めよう。

◉ deber de ...（…に違いない）

Aquel señor debe de *ser* tu tío.

　あの人はきみの伯父〔叔父〕に違いない。

◉ dejar de ...（…するのをやめる）

Quiero *dejar* de *fumar*, pero no puedo.

　私はタバコをやめたいけれど、やめられない。

◉ destacar por ...（…に秀でる）

Juan destaca por *tocar* la guitarra.　フアンのギター演奏は格別だ。

◉ dudar en ...（…に迷う、…をためらう）

Ella duda en *comprar* eso o no.

　彼女はそれを買うかどうか迷っている。

Ella duda en *salir* con su anillo de diamantes.

　彼女はダイヤの指輪をつけて出かけるのをためらう。

◉ hablar de ...（…について話す）

Ellos siempre hablan de *visitar* diferentes países.

　彼らはいつもいろいろな国を旅してまわる話をする。

◉ insistir en ...（…にこだわる）

Ella insiste en *abrir* una florería en la calle mayor.

　彼女はどうしても目抜き通りで花屋を開店させたいと思っている。

◉ ir a ...（…するつもりだ）

Voy a *comprar* un pastel para celebrar el cumpleaños de mi
esposa.

　妻の誕生日を祝ってケーキを買うつもりだ。

　（cumpleaños〔誕生日〕は男性名詞・単複同形。）

- ◉ luchar por ... （…のために奮闘する）

  Lucho por *realizar* mi sueño.

  私は夢を実現させようとがんばっている。

- ◉ pensar en ... （…を考える）

  Pensamos en *llevar* a los niños a la playa este verano.

  この夏、私たちは子供たちを海岸へ連れて行こうと思っている。

- ◉ tender a ... （…の傾向にある）

  El precio de la gasolina t*i*ende a *bajar* [*subir*].

  ガソリンの値段が安く〔高く〕なる傾向にある。

- ◉ volver a ... （ふたたび…する）

  Al *terminar* su tarea, Alfonso v*u*elve a *practicar* el piano.

  アルフォンソは宿題を終えてから、ふたたびピアノの練習をする。

第 7 課
人称代名詞

「**人称代名詞**」には、「**主格人称代名詞（主語）**」、「**目的格人称代名詞（目的語）**」、「**前置詞格人称代名詞**」、「**再帰人称代名詞**」があります。「**主格人称代名詞（主語）**」はすでに第 4 課で確認し、「**再帰人称代名詞**」は次の第 8 課でとりあげますので、ここでは「**目的格人称代名詞**」と「**前置詞格人称代名詞**」について触れたいと思います。

1 ■ 目的格人称代名詞：直接目的語

人称	単数	複数
I	me	nos
II	te	os
III	lo, la	los, las

（日本語の「…**を**」に相当します。）

(1)「動詞の前」に置かれる場合

「**目的格人称代名詞（直接目的語）**」をわかりやすく日本語に訳すと「…**を**」となります。英語では動詞のあとにきますが、スペイン語では「**動詞の前**」にきます。

普通、**日本語では人称代名詞を省く傾向にありますが、スペイン語では日本語の感覚で省略することはできません。**その意味ではとても重要な品詞です。

（以下、黒の太字＝「**人称代名詞がさし示す語**」）

🔊 042

¿Después me llamas por teléfono? — Sí, te llamo.

あとで私に電話してくれる？―ああ、電話するよ。

（日本語では「私に…」となっていますが、"¿me llamas ..."を直訳すると、「私呼んでくれる…？」となります。"llamar por teléfono"は「電話する」という意味。次のように英語式に文を組み立てるのは間違いです。✕ ¿Después llamas me por teléfono? — Sí, llamo te.)

¿Me invitas a la fiesta? — Sí, te invito.

　私をパーティーに招待してくれる？―うん、招待するよ。

¿Nos invitáis a la fiesta? — Claro que sí. Os invitamos con gusto.

　きみたち、私たちをパーティーに招待してくれる？―もちろん、喜んで招待するよ。

　　("con gusto" は「喜んで」という意味。)

¿Conocéis a **Natacha**? — No, no la conocemos.

　きみたち、ナターチャを知ってる？―いや、知らない。

¿Acompañas a los niños al zoológico? — Sí, los acompaño.

　子供たちを動物園に連れて行ってくれる？―ああ、いいとも。

¿Oyes las canciones folclóricas? — No, no las oigo.

　きみは民俗音楽を聴くの？―いや、聴かない。

¿Tienes un ordenador en tu oficina? — No, no lo tengo.

　研究室にパソコンはあるの？―いや、ない。

🍭 直接目的語に前置詞 a がつく場合／つかない場合

❖「**直接目的語**」が「**特定の人**」をさす場合、「**前置詞 a**」がつきます。

¿A quién esperáis? — (Esperamos) a nuestros colegas.

　きみたち、誰を待っているの？―同僚たちを待っているんだ。

　　(colega〔同僚〕は男女同形の名詞。同僚が女性のみであれば nuestras colegas となります。なお、答えるときに Esperamos は省略できますが、a は省略できません。)

¿A quién piensan Uds. pedir una conferencia? — A Ramón, periodista.

　あなた方は誰に講演を依頼するつもりですか。―新聞記者のラモンにお願いするつもりです。

Buscamos a un chófer experto.

　私たちはベテランの運転手を一人探しています。

¿Conoce a alguien en Madrid? — No, no conozco a nadie.

　マドリードに知り合いはいますか？―いいえ、いません。

❖ 直接目的語に「人」がきても、それが「不特定」の場合、または「親族」
の場合、**前置詞 a はつきません**。

> Buscamos unos chóferes de taxi.
>> 私たちはタクシー運転手を数人求めています。

> José quiere tener amigos, pero es un poco difícil para él por su
> carácter.
>> ホセは友だちを作りたいと思っているが、彼の性格上少しむずかしそうだ。

> ¿Tienes hijos? — Sí, tengo dos hijos y una hija.
>> きみに子供はいるのかい？—いるよ、息子が二人と娘が一人ね。

(2)「動詞の後ろ」に置かれる場合

「肯定命令」のとき「目的格人称代名詞（直接目的語）」は「動詞の後ろ」に
置かれます（「19 課 2. 肯定命令」参照）。また「**不定詞**」、「**現在分詞**」を用い
た構文でも、**それらの品詞の後ろにつくことがあります**。

この課では、「**不定詞の後ろ**」につくケースを見てみることにしましょう。も
ちろん「**主動詞の前**」に置くことも可能ですし、こちらは会話でよく耳にする
パターンです。

🔊 043

Quiero entregar un **regalo** a María.
> 私はマリアにプレゼントを渡したい。

→ Quiero entregarlo a María. [Lo quiero entregar a
María.]
> （ただし、「活用する動詞」と「不定詞」のあいだに置くことはできません。
> ✗ Quiero lo entregar a María.）

Necesito copiar estas **páginas** del libro.
> この本の数ページをコピーしなくちゃ。

→ Necesito copiarlas. [Las necesito copiar.]

¿Piensas comprar una **cámara** nueva? — No, no pienso
comprarla todavía. [No, no la pienso comprar todavía.]
> 新しいカメラを買うつもりなの？—いや、まだ買わない。

¿Quieres conocer a **Rosa**? — Sí, quiero conocerla. [Sí, la
quiero conocer.]

　ロサと知り合いになりたいかい？—もちろんだとも。

🍭 レイスモ（leísmo）

❖「**レイスモ**」は、特にスペインの北部・中部で使われます。普通、「**直接
目的語**」が「**3人称・男性**〈**単・複**〉」の場合、既出の表（p. 103）から
すると **lo, los** になりますが、代わりに **le, les** が使われるというものです。
　¿Conoces a Federico? — Sí, **lo** conozco muy bien. → Sí, **le**
conozco muy bien.

　フェデリーコを知っているかい？—ああ、よく知っているとも。

2 ■ 目的格人称代名詞：間接目的語

人称	単数	複数
I	me	nos
II	te	os
III	le (se*)	les (se*)

（日本語の「**…に**」相当します。＊「本課 3. 間接目的語と直接目的語の併用」参照）

🔊 044

(1)「動詞の前」に置かれる場合

「**目的格人称代名詞（間接目的語）**」をわかりやすく日本語に訳すと「**…に**」
となります。これも直接目的語と同じく、普通は「**動詞の前**」に置かれます。

Mis padres **me** compran una moto para mi cumpleaños.

　両親は私の誕生日にバイクを買ってくれる。

　　（moto は motocicleta〔女性名詞〕の略。）

El decano de la universidad **nos** regala una botella de
vino en Navidad.

　学長はクリスマスになると私たちにワインを1本プレゼントしてくれる。

¿Puede (Ud.) prestarnos esas revistas? — Sí, pueden cogerlas.

> こちらにある雑誌を私たちに貸していただけませんか？—ええ、どうぞどうぞ。
>
> （cogerlas の las は直接目的語で、revistas〔雑誌〕をさします。coger は「つかむ、手にとる」という意味。）

Te presto ese diccionario. Es muy útil.

> この辞書をきみに貸してあげよう。とても重宝するよ。

¿Cuántas veces a la semana enseñas (el) japonés a Manuel? — Le enseño (el) japonés tres veces.

> 週に何回マヌエルに日本語を教えているの？ — 3 回教えている。
>
> （"a la semana" は「1 週間に」という意味。）

Les presento al señor García.　あなた方にガルシア氏を紹介します。

(2)「動詞の後ろ」に置かれる場合

　次に「**不定詞の後ろ**」につくケースを見てみましょう。もちろん「**主動詞の前**」に置くことも可能です。

Quiero regalar flores a María.　私はマリアに花をプレゼントしたい。

→ Quiero regalarle flores. [Le quiero regalar flores.]

> （「活用する動詞」と「不定詞」のあいだにおくことはできません。
> × Quiero le regalar flores.）

Tenéis que entregarme vuestros deberes hoy. [Me tenéis que entregar vuestros deberes hoy.]

> 今日中にきみたちは私に宿題を提出しなければならない。

3 ■ 間接目的語と直接目的語の併用

　目的格人称代名詞である間接目的語と直接目的語が併用される場合、「**動詞の前**」に置かれる場合と、「**不定詞の後ろ**」に置かれる場合があります。

107

(1) 「動詞の前」に置かれる場合

次のような構文になります。

> 「間接目的語」＋「直接目的語」＋「動詞」

¿Me das unas **manzanas**? — Sí, te las doy.
　リンゴを何個かもらえない？―いいよ、あげるよ。
　（"te las doy" を直訳すると、「きみに＋それらを＋与えよう」となります。）

¿Nos presentas a tus **padres**? — Claro, os los presento.
　きみの両親を私たちに紹介してくれる？―もちろん紹介するよ。

¿De regreso a casa me compras una botella de agua?
　— Sí, te la compro.　帰りに水を一本買ってきて？―ああ、いいとも。
　（"de regreso a ..." は「…へ帰る途中」という意味。）

Tengo una **jarra** de la época [era] de Edo. — ¿Me la
enseñas?　こう
　江戸時代の壺を一口持ってるんだけど。―じゃ、見せてくれる？

◉「間接目的語」が「3 人称」（単数・複数）の場合

> ❖ le, les → *se* に変化
> 「*se* （間接目的語）」＋「直接目的語」＋「動詞」

¿Le regalas un anillo a Marta. — Sí, *se* lo regalo.
（× Sí, *le* lo regalo.）
　マルタに指輪をプレゼントするのかい？―ああ、彼女に指輪をプレゼントするんだ。
　（疑問文にある le は "a Marta" をさし、le の意味を明確にします。「本課 4.
　前置詞格人称代名詞　🖊重複表現について」参照。）

¿Les regaláis unos **collares** a Paula y a Emilia. — No, no
se los regalamos. （× No, no *les* los regalamos.）
　きみたちはパウラとエミリアにネックレスをプレゼントするつもりかい？―い
　や、しない。
　（疑問文にある les は "a Paula y a Emilia" をさす重複表現です。）

¿Les enseñas tus **fotos**? — No, no *se* las enseño.
(×No, no *les* las enseño.)

彼らにきみの写真を見せるのかい？―いや、見せない。

(2)「不定詞の後ろ」に置かれる場合

「不定詞」が動詞の目的語または主語として使われるときは、以下のように「1語」にまとめます。そして、不定詞の本来のアクセントの位置を変えないよう「**アクセント符号**」がつきます。

❖「**動詞**」＋「**不定詞＋間接目的語＋直接目的語**」

（ただし、不定詞が複合形「haber+ 過去分詞」の場合、**haber** の語尾につけます。「9課 6. 不定詞の用法（複合形）」参照。）

Traigo un **regalo** para ti y ahora quiero entregár*te*lo.
　プレゼントを持ってきたので、早速きみに渡そう。
Le agradezco habér*me*lo comprado.
　それを買っていただき感謝しています。

❖「**述部**」＋「**不定詞＋間接目的語＋直接目的語**」

Es justo decír*se*lo cuanto antes.
　できるだけ早くそのことを彼に伝えるのが筋だ。

なお、（1）のように「動詞の前」に置くこともできます。その場合、次のような構文になります。

「間接目的語」＋「直接目的語」＋「主動詞」＋「不定詞」

🔊 046

Él quiere regalarle un **anillo** a Marta.
　彼はマルタに指輪をプレゼントしたい。

→ Él quiere regalár*se*lo. [Él *se* lo quiere regalar.]

¿Quieres enseñarles tus **fotos** a **María y Antonio**? — No, no quiero enseñár*se*las. [No, no *se* las quiero enseñar.]
　きみの写真をマリアとアントニオに見せたいのかい？―いや、見せたくない。

4 ■ 前置詞格人称代名詞

「前置詞格人称代名詞」とは「前置詞（a, en, por, de ...）の後ろに置かれる人称代名詞」のことです。

🔊 047

Siempre pienso **en** ti.　私はいつもきみのことを考えている。

Lo hacemos **por** ti.　私たちはきみのためにそれをする。

Estas cartas son **para** usted.　これらの手紙はあなた宛のものです。

人称	単数	複数
I	mí*	nosotros, nosotras
II	ti*	vosotros, vosotras
III	él, ella, usted	ellos, ellas, ustedes

 * mí と ti

❖ この二つは con と組み合わされるときだけ、以下のようになります。
　　　conmigo ← "con+mí"　（私といっしょに）
　　　contigo ← "con+ti"　（きみといっしょに）

¿Quieres ir al cine conmigo? — Sí, quiero ir al cine contigo.
　私と映画に行かない？―もちろん、行くよ。

Nosotros vamos al cine **con** ella.　私たちは彼女と映画に行く。

前置詞の後ろに置かれる人称代名詞は、上の表をよく見ると 1 人称と 2 人称の単数以外（＊印以外）は、すでに学んだ「**主格の人称代名詞と同じ**」であることがわかります（「第 4 課 1. 主格人称代名詞：主語」参照）。

❖「a ＋前置詞格人称代名詞」

　この形は**重複表現**として、文中の「**人称代名詞を強調**」したいときに用いられます。特に「**3人称 le, les**」の場合、それらの**意味を明確にする役割**を果たします。これらは「**動詞の前**」に置かれる場合と「**動詞の後ろ**」に置かれる場合があります。

　A nosotros nos pareció bien tu opinión.

　　私たちにはきみの意見はいいと思う。

　A él le di tu recado.　彼にきみの伝言を伝えておいたよ。

　Te la presento a ti.　きみに彼女を紹介しよう。

❖ ただし、「a ＋直接目的語になる名詞」の形では使えません。

　✕ Lo invitamos a Juan.　私たちはフアンを招待します。

　○ Lo invitamos a él.

🔊 048

¿Tu abuelo te escribe frecuentemente? — ¡Qué va! A mí no me escribe nunca. [No me escribe a mí nunca.]

　時々きみの祖父は手紙を書いてくれるかい？—とんでもない。手紙など一度もくれたことがない。

　　("¡Qué va!" は「とんでもない、それはない」、ni は否定を強調する副詞で「…すら…ない」という意味。)

Voy a trabajar por ti.　きみのために働くつもりだ。

　　("ir a ..." は「…するつもりだ、…しようとしている」という意味。)

¿De quién habláis? — Hablamos de vosotras.

　あなたたちは誰の話をしているの？—きみたち（全員女性）のことについてだ。

Tu viejo amigo siempre pregunta por ti.

　きみの旧友はいつもきみのことを案じている。

¿No váis al mercado conmigo? — No, no vamos al mercado contigo, sino con él.

　あんたたち、私といっしょにマーケットへ行かない？—あんたとは行かないけど、彼とは行く。

　　("no ... sino ~" は「…ではなく～だ」という意味。)

🍭 同じ語は避けよう！

> 　スペイン語では、すぐ近くで同じ言葉を繰り返すことを嫌います。同じことを表現するにしても代名詞または別の語を用いるのが普通です。会話でも、念を押さなければならない場合は別として、できるだけ応答する側は質問する側の発した単語をくり返さないよう代名詞に置き換えるか、場合によっては別の語彙を当てて表現します。そのため特にスペイン語の文章を書くときは、「同意語・反意語」（sinónimo / antónimo）の辞書がとても重宝します。

5 ■「私は～が好きです」Me gusta ... / Me gustan ...

　右の表はスペイン語独特の構文をわかりやすくするために、この課で学んだ「**目的格人称代名詞（間接目的語）**」と「**前置詞格人称代名詞**」を入れ、まとめたものです。

　この構文を日本語的に訳すと「**間接目的語が（は）**」「**主語を**」「**好きだ**」となりますが、スペイン語の発想からすると、gustar は**自動詞**なので、「**間接目的語のために**」「**主語は**」「**喜びとなる**」、あるいは「**間接目的語にとって**」「**主語は**」「**喜びである**」というなんとも変な日本語になってしまいます。古典文学には「主語（人）＋ gustar de ～」（○○は～が好きだ）という「S＋V」の言い方も見られますが、本書では扱わないことにします。

　英語では「私はワインが好きだ」を "I like wine." といいますが、スペイン語では "Me gusta vino." となります。次のように英語風にするのは誤りです。
✗ "Yo gusto vino."

112

	人称	前置詞格人称代名詞	間接目的語	動詞	主語
単	I	(a mí)	me		el videojuego
	II	(a ti)	te	gusta	la música
	III	(a él, a ella, a usted)	le		leer（不定詞）
複	I	(a nosotros, a nosotras)	nos		los dulces
	II	(a vosotros, a vosotras)	os	gustan	las flores
	III	(a ellos, a ellas, a ustedes)	les		

（カッコ内の「**前置詞格人称代名詞**」は「**省略可能**」です。videojuego〔ビデオゲーム〕、música〔音楽〕、leer〔読む〕、dulce〔甘いもの〕、flor〔花〕）

(a) 動詞 gustar を使った例文　　　　　　　　　　　🔊049

(A mí) **me gusta** la música.　私は音楽が好きだ。

(A mí) **me gustan** mucho los dulces.　私は甘いものがとても好きだ。

¿(A vosotros) **os gusta** el videojuego? — Sí, (a nosotros) **nos gusta** el videojuego.
きみたちはビデオゲームが好きかい？―私たちはビデオゲームが好きだ。

¿(A ustedes) **les gusta** leer libros? — Sí, **nos gusta** mucho leer, sobre todo, novelas.
皆さんは読書がお好きですか？―ええ、大好きです。特に小説が好きです。
（"sobre todo" は「特に」という意味。）

¿**Te gusto** (yo)? — Sí, (tú) **me gustas**.
私のこと好き？―ああ、好きだよ。
（これは「友情・好意」という意味で相手の気持ちを確かめる表現です。「恋愛」であれば次のようになります。¿Me quieres? — Sí, te quiero. 私のこと愛してる？―もちろん。〔この場合の me, te はいずれも直接目的語です。〕）

第7課

人称代名詞

113

(A mí) **me interesa** tocar cualquier instrumento.

私はどの楽器でも弾くことに興味がある。

¿**Te pasa** algo? — No, no **me pasa** nada.

どうかしたの？—いや、何でもない。

¿Qué **le parecen** (a Ud.) estos objetos de arte? — (A mí)
me parecen perfectos y **me encantan**.

これらのオブジェをどう思いますか？—よくできていると思うし、とてもすばらしい。

(A mí) **me parece** una tontería gastar tanto dinero en
una maqueta de plástico.

プラモデルにそこまでお金を使うなんて、私は馬鹿げていると思う。

（この文の主語は不定詞 gastar〔費やす、消費する〕です。）

¿**Te duelen** los pies? — Sí, **me duelen** (los pies) de tanto
caminar.

足が痛いの？—歩きすぎて痛いよ。

(A ellos) **les importa** resolver problemas de
matemáticas.

彼らにとって数学の問題を解くことが重要だ。

Nos falta todavía mucho para terminar este trabajo.

私たちのこの仕事はまだまだ終わらない（＝この仕事を終えるにはもっと時間が必要だ）。

（faltar は「欠けている、必要である」という意味。）

Me cae mal [gordo] aquel hombre.　あの人とは馬が合わない。

（"caer bien [mal]" は「馬が合う〔合わない〕」という意味。）

¿Qué **os parece** este vestido? — **Te viene** [sienta] muy
bien (ese vestido).

あんたたち、この服どうかしら？—あんたにぴったりよ。

（sentar は「似合う」という意味。）

Os va [sienta] muy bien el uniforme del colegio.

きみたちには学校の制服がよく似合う。

¿Cuándo **les conviene** tener la entrevista? — **Nos conviene** (tenerla) el próximo viernes.

インタビューはいつがよろしいですか？―私たちは金曜日がよろしいです。

（conviene は convenir〔都合がよい〕の直説法現在・3 人称単数で、主語は tener la entrevista〔インタビューを受けること〕。tenerla の la は entrevista をさします。）

(A Jaime) **le molestan** los ruidos de la calle.

ハイメには通りの雑音がわずらわしい

Me molesta el ruido de los coches en hora punta.

ラッシュ時の車の騒音が私にはわずらわしい。

Me encanta la música de Vivaldi.

私はヴィヴァルディの曲が大好きだ。

6 ■ 人称代名詞の中性形

「**人称代名詞の中性形**」は、「**話し手と聞き手のあいだでの了解事項**」を言い表すときに用います。日本語では「**それ、そのこと**」にあたります。

🔊 051

(1) ello（＝eso）**の用法**

口語では、**ello** の代わりに指示代名詞の中性形 **eso** のほうがよく使われます。（「3 課 3. 指示代名詞の中性形」参照。）

Quiero comprar un coche, pero necesito dinero para **ello**.

私は車を買いたいけど、そのためのお金が必要だ。

Una de mis amigas dice que no hay OVNIS, pero yo sí creo en **ello**.

私の友人（全員女性）の一人は未確認飛行物体など存在しないというけれど、私はそれを信じている。

（"dice que ..." の que は接続詞で、英語の that にあたります。OVNI (= objeto volador no identificado) は「未確認飛行物体」。sí は文意を強調する副詞。）

115

Es un escándalo, pero ahora no quiero hablar de **ello**.

それはスキャンダルだが、今はそのことには触れたくない。

Trato de no pensar en **ello**. 私はそのことを考えないようにしている。

("tartar de ..." は「…しようと努める」という意味。)

Ello me molesta bastante.

私にとってそれはかなりわずらわしいことだ。

(2) lo の用法

(a) 他動詞の直接目的語として

すでに話題に上った話の内容に触れるときに用います。

Lo siento. No tengo medios para ayudarle.

あなたのお力になれず残念です。

（直訳すると「そのことを遺憾に思います。あなたを助けるための手段・経済力を私は持っていません」となります。）

¿Por qué no me **lo** quiere decir?

なぜそのことを私に言いたくないのですか？

(b) 自動詞 ser, estar, parecer の叙述補語として

¿Ustedes son los estudiantes del profesor Jiménez? — Sí, **lo** somos.

あなた方はヒメネス先生の学生ですか？—はい、そうです。

¿Estás contenta? — Sí, **lo** estoy. 嬉しいかい？—もちろんよ。

Ese señor parece muy activo. — Sí, **lo** parece.

かなり積極的な人のようだな。—うん、そうみたいだね。

I. [　] 内の動詞を直説法現在に直しましょう。

1. Mi habitación [dar] al arrozal.　　　　　　　　　[　　　]
   私の部屋は田んぼに面している。

2. Ella siempre [ir] de compras en coche.　　　　　[　　　]
   彼女はいつも車で買い物に出かける。

3. ¿[saber] tocar la trompeta? — Sí, [saber].　　[　　] [　　]
   きみはトランペットを吹けるの？—ああ、吹けるとも。

4. No me [atraer] nada esa película.　　　　　　　[　　　]
   私はその映画にまったく興味がない。

5. Nos [caer] bien el nuevo profesor.　　　　　　　[　　　]
   私たちは新人の先生が気に入っている。

6. ¿Dónde [trabajar]? — [trabajar] en una compañía de
   automóviles.　　　　　　　　　　　　　[　　] [　　]
   きみたちはどこで働いているの？—私たちは自動車会社で働いている。

II. (　) 内に適語を入れ、[　] 内の動詞は直説法現在に直しましょう。

1. ¿[querer] dar un paseo (　　　) ? — No, ahora no [tener]
   ganas de hacer (　　　).　　　　　　　[　　] [　　]
   いっしょに散歩でもしないか？—今は何もしたくないんだ。

2. En esta ciudad [haber] muchos gatos en (　　　) calle.
   　　　　　　　　　　　　　　　　　　　[　　　]
   この町ではどの通りにも猫がたくさんいる。

3. Ya no (　　) [quedar] tiempo para repartir estos informes
   a (　　　).　　　　　　　　　　　　　[　　　]
   全員にこの情報を配布する時間は私たちにはもうない。

4. (　　　　　　) [poder] contestar esas preguntas tan fáciles.
   　　　　　　　　　　　　　　　　　　　[　　　]
   そんな簡単な質問には誰でも答えられる。

第7課

人称代名詞

5. No [conocer] a (　　　) en la capital. Tú, ¿[conocer] a
(　　　)? — Yo [tener] (　　　) amigos. (　　　) de ellos [ser] mi
compañero de clase.

[　　　] [　　　] [　　　] [　　　]

私たちは大都会に知り合いはいない。きみは誰か知り合いはいるのかい？—
私には何人かの友だちがいる。その中の一人は同級生だ。

6. A (　　) (　　) [parecer] muy joven la profesora de arte. En
verdad [tener] 30 años. [　　] [　　]

私には美術の先生（女性）が若く見える。実際は 30 歳だ。

III. (　) 内に適切な人称代名詞を入れ、[ ] 内の動詞は直説法現在に直しましょう。

1. No (　　) [interesar] los programas de la televisión. [　　]
私たちはテレビ番組に興味はない。

2. ¿(　　) [acompañar] hasta la estación del metro? [　　]
地下鉄の駅まで私につきあってくれる？

3. [tener] unos libros (　　). Manaña (　) (　) [devolver].

[　　] [　　]

私はあなたの本を何冊か持っています。明日それらをお返しします。

4. ¿[poder] prestarme tu diccionario? — No. Ahora (　)
[necesitar]. Después [ir] a [prestar/te/lo].

[　　] [　　] [　　] [　　]

きみの辞書を貸してくれないか？—だめだよ、今必要なんだ。あとで貸してあ
げるよ。

IV. スペイン語を日本語に訳してみましょう。

1. De regreso a mi casa casi siempre hay mucho tráfico.
Aunque me gusta conducir, me fastidia el atasco.

118

2. Los demás critican el proyecto de nuestro grupo, pero tú no. Entre nosotros vamos a tratar de solucionar algunos problemas.

Diálogo 2

明日は私の誕生日

◀))052

Ana: Mañana es mi cumpleaños.

Fernando: ¡Qué bien! ¡Felicidades!

Ana: Voy a dar una fiesta y quiero invitar a mis amigos. Tú, ¿quieres venir?

Fernando: Claro que sí. ¿Cuántos años cumples[*1]?

Ana: Cumplo 21 (veintiuno).

Fernando: ¡Qué joven! Yo voy a cumplir 30 (treinta) el próximo mes.

Ana: ¿Tú también tienes el plan de celebrar una fiesta?

Fernando: No sé todavía. Vamos a ver. A propósito, ¿quieres tomar un café? Si quieres[*2], te invito.

Ana: Muy bien. Justamente tengo ganas de tomar café.

[*1] 動詞 cumplir は「～歳になる」という意味。

[*2] "Si quieres, ..." の si は接続詞、英語の if にあたります。この部分は「もしよろしければ」という条件節です。

訳

アナ：明日、私の誕生日なの。

フェルナンド：そりゃいいね、おめでとう。

アナ：パーティーを開いて、友だちを招待しようと思うんだけど、あなたも来てくれる？

フェルナンド：もちろんだとも。何歳になるの？

アナ：21 歳よ。

フェルナンド：若いなあ！　ぼくは来月で 30 になる。

アナ：あなたも何かお祝いを考えてるの？

フェルナンド：今のところはまだだけど、考えてみようと思う。ところで、コーヒーでもどう？　よかったらおごるよ。

アナ：いいわね。ちょうどコーヒーが飲みたかったところなのよ。

再帰動詞／時刻の表現

　「**再帰動詞**」は、「**自分の行為が自分自身に及ぶ**」（再び帰る）ということで、「**主語と目的語が同じ**」になります。すなわち「**自分自身を（に）…する**」という構文です。似たような形ですが、英語にも「再帰用法」として oneself が使われます。

He **takes himself** too seriously.
> 彼は生真面目すぎる。（＝彼は「自分自身を」あまりにも真面目にとらえてしまう。）

She **taught herself** Spanish.
> 彼女は独学でスペイン語を身につけた。（＝彼女は「自分自身に」スペイン語を教えた。）

1 ■ 再帰代名詞

　スペイン語で、この「**自分自身を（に）**」にあたる代名詞を「**再帰代名詞**」と言います。下の「再帰代名詞」の表を、7 課で学んだ「直接目的語」、「間接目的語」の表と見くらべてみると、me, te, nos, os の部分はまったく同じであることがわかります。

■ 再帰代名詞 ■

人称	単数	複数
I	me	nos
II	te	os
III	se	se

人称	単数	複数
I	me levanto	nos levantamos
II	te levantas	os levantáis
III	se levanta	se levantan

2 ■ 再帰動詞の用法（その1）

再帰動詞には以下のような用法があります。

(1) 「再帰代名詞」が動詞の「直接目的語」となる場合　　🔊 053

これはよく使われる用法で、「**直接再帰**」とも呼ばれます。「**自分自身を
…する**」という形です。

Siempre te **levantas** a las siete, ¿verdad?

いつもきみは7時に起きるよね。

（"te levantas" は、直訳すると「（きみは）きみ自身を起こす」となります。）

¿Todos los días se **levantan** (Uds.) a la misma hora?
— No, no siempre nos **levantamos** a la misma hora.

あなた方は毎日同じ時間に起きますか？―いいえ、必ずしも同じ時間とは限り
ません。

（"todos los días" は「毎日」、"no siempre ..." は「いつも…とは限らない」、
"a la misma hora" は「同じ時刻に」という意味。）

Todas las noches me **acuesto** temprano y me **levanto** en la madrugada.　私は毎晩早く寝て、明け方に起きる。

（"todas las noches" は「毎晩」という意味。）

¿Cómo te **llamas**? — Me **llamo** Ricardo.

きみの名前は？―リカルドだ。（＝きみはきみ自身を何て呼ぶの？―私は私自身を
リカルドと呼ぶ。）

（英語式に Mi nombre es Ricardo.〔私の名前はリカルドです〕としても間
違いではありませんが、普通は llamarse を用います。）

¿Cómo se **llama** Ud.? — Me **llamo** Rafael.

お名前は？―ラファエルです。

¿Dónde te **sientas**? — Me **siento** junto a la ventana.

きみはどこに座るつもり？―窓際に座るよ。

("junto a ..." は「…のそばに、…のすぐ近くに」という意味。)

El tren rápido no se **para** en cada parada.

急行列車は各駅に停車しない。

(2) 「再帰代名詞」が動詞の「間接目的語」になる場合

これは「間接再帰」とも呼ばれ、上記の用法にさらに「直接目的語」が加わります。この文型を直訳すると「自分自身に対して・自分自身のために（間接目的語）」「…を（直接目的語）」「～する（動詞）」という、これまた変な日本語になります。

（以下、太字・斜体＝「直接目的語」）

🔊 054

Me **lavo** la *cara* con (el) agua fría.

私は冷たい水で顔を洗う。（＝私は冷たい水で私のために顔を洗う。）

（英語式は誤りです。✗ Lavo mi cara. 私は自分の顔を洗う。）

Ella se **compra** un *abrigo* grueso para **proteger**se del frío. 彼女は寒さから身を守るために厚手のオーバーを買う。

（再帰動詞 protegrse〔身を守る〕の se は「自分を」という意味になります。一方、comprar〔買う〕は普通 se を用いなくてもいいのですが、これが加わることによって文意が強調されます。）

¿Qué te **pones** para la fiesta de esta noche? — Voy a **ponerme** un *vestido* de diseño moderno.

今夜のパーティーには何を着ていくつもりなの？―今風のドレスを着ていくつもりよ。

¿Te **llevas** esos *pañuelos* para tu viaje? — Sí, me *los* **llevo**. (← Sí, me **llevo** estos *pañuelos*.)

旅行にそれらのハンカチを持っていくの？―ああ、持っていくよ。

¿No te **quitas** la *bufanda* dentro de la casa? — No, ahora no me *la* **quito**. (← No, ahora no me **quito** la *bufanda*.)

家の中ではマフラーをとらないの？—今はとらない。

¿Os **cortáis** las *uñas* con ese cortauñas. — Sí, nos *las* **cortamos** con este. (← Sí, nos **cortamos** las *uñas* con este.)

きみたちはその爪切りで爪を切るのかい？—そうだ、これで爪を切るんだ。

（男性名詞 cortaúñas〔爪切り〕は単複同形。）

¿Él mismo se **corta** el *cabello*? — No, no se *lo* **corta** él mismo. Se *lo* **corta** su amigo.

彼は自分で髪を切るの？—いや、自分では切らない。彼の友人が切る。

（"se lo corta su amigo" の主語は amigo です。se〔彼のために〕は「**間接目的語**」で、これは le が se に**変化した形**です。「**再帰代名詞の se**」ではありません。）

(3) 相互再帰

　　これは「**互いに…し合う**」という構文です。ただし、場合によっては普通の再帰用法と混同することもあるので、「**副詞**」など他の語彙を補うことにより相互の意味が明確になります。

（カッコ内の語は省略できます。）

🔊 055

El maestro y los alumnos se **saludan** (mutuamente) al **cruzar**se en el pasillo.

先生と生徒たちは廊下ですれちがうと、互いに挨拶を交わす。

（mutuamente は「互いに」という意味。）

Trabajamos juntos y nos **ayudamos** (unos a otros).

私たちはいっしょに働き、互いに助け合っている。

（"unos a otros" も「互いに」という意味。）

Pedro y Luisa se **quieren** mucho.　ペドロとルイサは相思相愛だ。

Antonio y Merche se **respetan** (mutuamente).

アントニオとメルチェは互いに尊敬し合っている。

¿Por qué siempre os **lleváis** como el perro y el gato?
なぜきみたちはいつも犬猿の仲なんだ？

Mis compañeros y yo siempre nos **llevamos** bien.
私の仲間たちと私はいつもうまくいっている。

(4) se をともない「常に再帰動詞」として使われる動詞　🔊 056
　◉ arrepentirse（後悔する）

Me **arrepiento** de mis errores.　私は自分の失敗を後悔している。
　◉ atreverse（あえて…する）

El señor Vázquez se **atreve** a intentar el parapente.
バスケス氏はあえてパラグライダーに挑戦する。
　◉ condolerse（同情する）

Nos **condolemos** de la desgracia de nuestro amigo.
私たちは友人の不幸に同情する。
　◉ quejarse（不平を言う）

Ellos se **quejan** de su poco sueldo.　彼らは薄給に不平を鳴らす。

(5)「再帰代名詞」の有無によって多少意味の異なる動詞　🔊 057
　◉ ir（…へ行く）／ irse（〔今いるところから〕立ち去る）

¿**Van** Uds. a alguna cafetería? — Sí, **vamos** al café de
enfrente.
あなた方、どこかカフェへでも行かれるのですか？―ええ、私たちは向かいの
カフェへ行きます。

¿Ya te **vas**? — Sí, ya me **voy**.　もう行くの？―うん、行くよ。

¡Ya nos **vamos**!　そろそろおいとましよう！
　◉ comer（食べる）、beber（飲む）／ comerse（平らげる）、beberse（飲
み干す）

Al mediodía ellos **comen** y al mismo tiempo **beben** un
vaso de vino.　正午に彼らは食事をし、同時にワインをコップ1杯飲む。
　　（これは普通に飲食するときの言い方です。"al mediodía" は「正午に」、"al
　　mismo tiempo"は「同時に」、"un vaso de ~"は「コップ1杯の～」という意味。）

Ese joven se **come** toda la comida y además se **bebe** dos botellas de cerveza.

その若者は食事を全部平らげ、そのうえビールを２本も飲む。

（普通以上に飲み食いする場合に se が用いられます。）

(6)「変化・状態を表す再帰動詞」

> "ponerse ..."（…になる）、"hacerse ..."（〜になる）、
> "volverse ..."（…に変わる）、"quedarse ..."（…の状態になる）

◀)) 058

● "ponerse ..."（補語には「形容詞」がきます。）

Los niños se **ponen** contentos al recibir regalos.

子供たちは贈り物をもらって満足している。

Su rostro se **pone** brillante de alegría.　彼の顔が喜びで輝く。

Juan se **pone** nervioso en las entrevistas.

フアンは面接となるとイライラする。

Las hojas de los árboles se **ponen** rojas en este período.

今は紅葉の時期だ。

● "hacerse ..."（補語には「形容詞」、「名詞」がきます。）

No sé si podemos **hacernos** amigos de ellos.

彼らと友だちになれるかどうかわからない。

Aquel actor se **hace** más famoso cada año.

あの俳優は年々有名になっていく。

Mi hermano se **hace** cada vez más diestro en caligrafía.

私の兄〔弟〕は徐々に書の腕を上げてきている。

En el futuro Tomás quiere **hacerse** ingeniero.

トマスは将来エンジニアになりたがっている。

● "volverse ..."（補語には「形容詞」、「名詞」がきます。）

Rosa se **vuelve** loca por culaquier cantante de moda.

ロサは誰であろうと流行歌手には目がない。

第8課

再帰動詞／時刻の表現

127

Parece que Carlos se **vuelve** taciturno antes de los exámenes.　カルロスは試験前になると口数が少なくなるようだ。

Al atardecer el tiempo se **vuelve** peor en la montaña.
夕方になると山の天気は悪化する。

Alfonso quiere **volverse** un hombre altruista.
アルフォンソは他人の幸せを考えられる人間になりたいと思っている。

● "quedarse ..."（補語には「形容詞」などがきます。）

Después de regresar sus amigos, Juan se **queda** solo en el parque para meditar.
友人がみんな帰ったあと、フアンは一人公園に残り瞑想にふける。

Margarita se **queda** tranquila oyendo la música clásica.
マルガリータはクラシック音楽を聴くと心が休まる。

Los niños se **quedan** bien dormidos después de jugar fuera.　子供たちは外で遊んだあと、ぐっすり眠っている。

Manolo se **queda** sin dinero por malgastar.
マノーロは浪費のせいで文無しだ。

Algunos estudiantes se **quedan** en el hotel sin salir todo el día.　何人かの学生たちは一日中外出せず、ホテルにとどまっている。

Nos **quedamos** en casa para cuidar al bebé.
私たちは赤ん坊の世話をするために留守番をする。

¿Tú vas con ellos? — No, me **quedo** contigo.
彼らといっしょに行くのかい？―いや、きみと残るよ。

❖ 以下のような「**人称代名詞（直接目的語）las**」をともなう特殊な形や、morir（死ぬ）を使った特殊な形の構文もあります。

◉ arreglár*selas*（うまく立ちまわる、工夫する、根まわしする）

Jaime se *las* arregla siempre para tener éxito en todo.

ハイメは常にうまく立ちまわり、何事も首尾よく成し遂げる。）

◉ echár*selas*（…を装う、ふりをする）

Juan se *las* echa de saber mucho de arqueología, pero en verdad no sabe nada.

フアンは考古学についてかなりの知識があるような素振りだが、実際には何も知らない。

（"en verdad" は「実際に」という意味。）

◉ morirse de ...（…で死にそうだ）／morirse por ...（…したくて仕方がない）

Ya me **muero** de hambre.　もうお腹がすいて死にそうだ。

Me **muero** por saber el resultado de la elección.

選挙の結果が知りたくてうずうずしている。

3 ■ 再帰動詞の用法（その2）

ここまで主な再帰用法を見てきましたが、今度はそこに少し枝葉をつけてみることにします。構文が以下のような形になると、「**再帰代名詞**」が「**不定詞の語末**」につきます（青色の斜体で表示）。

> 「**主動詞（＋前置詞）＋不定詞〔再帰動詞〕**」
> 「**前置詞＋不定詞〔再帰動詞〕**」
> 「**述部＋不定詞〔再帰動詞〕**」

🔊 059

¿Te **casas**? — Sí, quiero **casar***me* con ella este otoño.

結婚するのかい？—この秋に彼女と結婚したいと思っている。

Yo me **ducho** y me **afeito** al **levantar***me*.

私は朝起きたら、シャワーを浴び、髭を剃ります。

（「al＋不定詞」は「…するとき」という意味。）

¿Vas a **cortar***te* el cabello? — No, ahora no voy a cortár*me*lo.

髪を切るの？―いや、今は切らない。

¿Piensas **llevar***te* esos paquetes a la casa? — Sí, pienso llevár*me*los. (← Sí, pienso **llevar***me* estos paquetes.)

その小荷物を家へ持って帰るつもり？―そうしようと思っている。

Estás greñudo. Es mejor **peinar***te* el cabello. — Sí, es verdad. Voy a **peinár***me*lo bien antes de salir.

きみの髪はボサボサだ。整髪したほうがいい。―確かに。出かける前に髪をきちんと整えるよ。

　（"antes de ..." は「…の前に」という意味。）

🍭 日常よく使われる再帰動詞

acostarse（寝る、横たわる）	afeitarse（ひげを剃る）
arrepentirse（後悔する）	atreverse（あえて…する）
bañarse（入浴する）	casarse（結婚する）
condolerse（同情する）	cruzarse（すれちがう）
detenerse（停止する）	ducharse（シャワーを浴びる）
irse（立ち去る）	lavarse（洗う）
levantarse（起きる）	llamarse（…という名前である）
peinarse（整髪する）	ponerse（着る）
quejarse（不平を言う）	quitarse（脱ぐ）
sentarse（座る）	

4 ■ 時刻の表現

　時刻の表現はさほどむずかしくありません。まずは以下の（1）（2）の「○○時です」という形さえ押さえておけば、あとはそこに「**15分（cuarto: 1/4）**」、「**30分（media: 1/2）**」、「**細かい数字**」を「**プラス（y）**」または「**マイナス（menos）**」するだけです。

(1) 1 時〜〔Es la ...〕

（省略）

Es la una. 1 時です。

(2) 2 時〜 12 時（Son las ...）

Son las dos. 2 時です。

Son las cuatro. 4 時です。

Son las once. 11 時です。

(3)「何分後」を言い表すときは数字を「プラス（y）」する。

Es la una y **cuarto**. 1 時 15 分です。

Es la una y **media**. 1 時半です。

Es la una y **diez**. 1 時 10 分です。

Son las siete y **cuarto**. 7 時 15 分です。

Son las diez y **media**. 10 時半です。

Son las seis y **veinte**. 6 時 20 分です。

Son las ocho y **cinco**. 8 時 5 分です。

(4)「何分前」を言い表すのに数字を「マイナス（menos）」します。

Son las seis menos **trece**. 6 時 13 分前です。

Son las siete menos **cuarto**. 7 時 15 分前です。

Son las once menos **cinco**. 11 時 5 分前です。

Son las doce menos **diez**. 12 時 10 分前です。

(5) 時刻を尋ねる（¿Qué hora es [son]?）

¿Qué hora es? 何時ですか？

¿Qué horas son? 何時ですか？

¿Qué hora tiene (Ud.)? / **¿Qué hora** tienes (tú)?
何時ですか？
（動詞 tener〔持つ〕を使って時刻を尋ねる人もいます。）

第8課 再帰動詞／時刻の表現

(a) 物事が行われる時刻を表す場合：a la ... / a las ... 「…時に」

> ¿**A qué hora** te levantas? — Normalmente (me levanto) **a las siete y media.**　何時に起きるの？―普段は 7 時半に起きる。
>
> ¿**A qué hora** ponemos el despertador? — **A las cinco y cuarto.**　何時に目覚ましをセットしようか？―5 時 15 分にセットしよう。

(b) 「きっかり」など、表現の幅を広げる言葉

> ❖ これらは時刻の後に加えます。
>
> en punto（きっかり）　　de la mañana（午前の）
>
> de la tarde（午後の）　　de la noche（夜の）

> Son las seis **en punto.**　6 時ちょうどです。
>
> Tengo que llegar a la estación a las tres **en punto.**
> 私は 3 時きっかりに駅に行かなければならない。
> （"tener que ..." は「…しなければならない」という意味。）
>
> Son las cinco **de la mañana.**　朝の 5 時です。
>
> Son las tres y media **de la tarde.**　午後の 3 時半です。
>
> Ya son las diez **de la noche.**　もう夜の 10 時です。

(c) 「大まかな時刻」を言い表す

> ❖「おおよそ、だいたい」というニュアンスを加えます。
>
> alrededor de ...　　más o menos
>
> a eso de ...　　aproximadamente

> ¿**A qué hora** cenan ustedes? — Cenamos **alrededor de [a eso de]** las seis.
> あなた方は何時に夕食をとりますか？―だいたい 6 時です。

¿**A qué hora** vienes acá? — Pienso llegar allá **más o menos** en veinte minutos.

何時にこっちへ来るの？―20 分ほどでそっちへ着くと思う。

¿**A qué hora** llegamos a Barcelona? —(Llegamos) **aproximadamente** a las nueve de la noche.

何時にバルセロナに着くの？―夜の 9 時頃かな。

再帰動詞／時刻の表現

ベッケルの『抒情詩集』を味わう

¿Qué **es** la poesía?, **dices** mientras **clavas**

en mi pupila tu pupila azul ...

¿Qué **es** la poesía? ¿Y tú me lo **preguntas**?

Poesía ... **eres** tú.

(太字＝「動詞」)

詩って何なの？　きみはその青い瞳で
ぼくの目を見つめながらこう言う
詩だって？　それをぼくに訊^{たず}ねるのかい？
詩とは…きみのことだよ！

(拙訳／ *Rimas* 『抒情詩集』XXI)

　短い4行詩ですが、ロマンティックなこの詩はグスタボ・アドルフォ・ベッケル（1836-70）という人の詩です。この4行詩では、1行目と3行目、2行と4行がそれぞれ韻を踏んでいます。スペイン語そのものは平易で、なんら問題なく理解できると思います。日本人には少しキザに思われるかもしれませんが、これは恋心を寄せる相手の女性を「詩」に喩えたものです。

　ベッケルはスペインの後期ロマン派を代表する詩人で、存命中ほとんど人々の注目を浴びることはありませんでした。死後ようやく友人たちの尽力により生前の詩が出版され、後世に名を馳せるようになりました。

　彼の詩の特徴は、詩人の内面的な思いが素直に表現されていることから、情感あふれるスタイルで訴えかけてくること、その詩の世界には時代を超えても若者たちの共感を呼ぶ何かがあることです。そこにはホセ・デ・エスプロンセーダ（1808-42）などの前期ロマン主義の詩に見られた、肺腑^{はいふ}を抉^{えぐ}られるような悲しみ、ネガティブで絶望的な感情、奇^きを衒^{てら}った文体、美辞麗句は一切ありません。

　邦訳はすでに2種類あります。詩の内容を味わうにも原文を読み解くにも、比較的とっつきやすいスペイン語で綴られています。

スペイン南部の都市セビーリャに生まれ育ったベッケルは早くに両親と死別し、18 歳のときにマドリードへ出たのですが、苦しい生活を送りながらも、1860 年に『エル・コンテンポラネオ』紙が創刊されると、彼はそこに詩や伝説を寄稿するようになりました。ここで言及した『抒情詩集』は 69 年の 9 月革命勃発のおりに一度紛失したものを、のちに記憶をたどりながら完成させたものです。詩集の題名は『すずめたちの本』でした。しかし、まもなく画家であった兄バレリアーノが 35 歳の若さで亡くなると、その後を追うかのように詩人も 34 歳という短い生涯を閉じました。

　ベッケルは上記の詩集のほかにも、新聞に掲載された物語を集めた散文『伝説集』も残しています。

〈参考文献〉
『世界名詞集大成 11 南欧・南米』（『抒情小曲集』、荒井正道訳）、平凡社、1972 年（6 版）。
G. A. ベッケル『緑の瞳／月影　他 12 篇』、高橋正武訳、岩波文庫、1979 年。
G. A. ベッケル『スペイン伝説集』、彩流社、山田眞史訳、彩流社、2002 年。
G. A. ベッケル『ベッケル詩集』、彩流社、山田眞史訳、彩流社、2009 年。

再帰動詞／時刻の表現

現在分詞・進行形／直説法現在完了・
過去分詞／季節・月・日・曜日

　スペイン語の「**現在分詞**」は、6課でとり上げた「不定詞」や後述する「過去分詞」と同じように「**動詞の非人称形**」です。英語の -ing と考えればよいのですが、スペイン語の現在分詞の用法は英語とまったく同じというわけではありません。

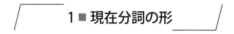

1 ■ 現在分詞の形

　現在分詞を作るとき、「**規則形**」の場合は「**動詞の語幹はそのまま**」で、「**語尾 (-ar, -er, -ir)**」だけを変化させます。「**人称を表さない**」ので、以下の -ando と -iendo だけです。日本語に直すと「**…している、…しながら**」となります。「**単純形**」と「**複合形**」があり、後者は「habiendo ＋過去分詞」の形をとります。

■ 規則形 ■

語尾 -ar	語尾 -er	語尾 -ir
-ando	-iendo	

■ 例 ■

hablar（話す）	comer（食べる）	vivir（住む）
→ hablando	→ comiendo	→ viviendo

　「**不規則形**」は動詞の「**語幹が変わる**」か、「**語尾の -iendo が -yendo に変化**」します（右の「不規則形」参照）。

語幹の変化	例		
$e \rightarrow i$	decir（言う）	→	d*i*ciendo
	pedir（求める）	→	p*i*diendo
	sentir（感じる）	→	s*i*ntiendo
	venir（来る）	→	v*i*niendo
$o \rightarrow u$	dormir（眠る）	→	d*u*rmiendo
	morir（死ぬ）	→	m*u*riendo
-iendo → *-yendo*	creer（信じる）	→	cre*yendo*
	ir（行く）	→	*yendo*
	leer（読む）	→	le*yendo*
	oir（聞く）	→	o*yendo*

2 ■ 現在分詞の用法

「現在分詞」には以下のような用法があります。　　　　　　　◀)) 062

（1）「…しながら」の形

Mis padres cenan viendo la televisión.

私の両親はテレビを見ながら夕食を食べる。

Mi vecino barre la calle canturreando.

隣人は鼻歌をうたいながら通りを掃く。

（2）進行形

基本的に進行形の文は、**estar** や **他の動詞**と組み合わせて作ります。

🍭 進行形の作り方

❖「estar ＋現在分詞」
❖ 他の動詞との組み合わせ

ir	
venir	
seguir	＋　現在分詞
continuar	

第9課

現在分詞・進行形／直説法現在完了・過去分詞／季節・月・日・曜日

062

¿Qué **estás haciendo**? — **Estoy buscando** mi agenda.
何をしているの？―手帳を探しているんだ。

Los músicos **están ensayando** para el festival.
ミュージシャンたちはフェスティバルに向けた練習をしている。

Andrea **sigue leyendo** una serie de novelas policíacas de
A. Christie.
アンドレアはA・クリスティの推理小説のシリーズを読み続けている。

（3）知覚動詞を用いた構文

Me gusta ver los coches viejos **corriendo** por las calles.
私は通りを走る旧車を見るのが好きだ。

Vemos a los muchachos **jugando** al béisbol en el campo.
私たちは子供たちが原っぱで野球をしているのを目にする。

（4）分詞構文

「**現在分詞の主語**」が、「**主節の主語と異なる**」ケースもあります。

Teniendo mucho cuidado al caminar, hay menos riesgo
de tener accidentes.
歩くとき充分に注意を払えば、事故に巻き込まれる危険性は低くなる。

Yendo en coche, podemos llegar allí a tiempo.
車で行けば、私たちは時間に間に合う。

¿**Habiendo trabajado** bastante, nos dan permiso de
tomar vacaciones por una semana.
私たちは充分に働いたので、1週間の休暇がもらえる。
　　（dan は動詞 dar〔与える〕の直説法現在・3人称複数で、行為者が不明の無
　　人称表現。「14 課 2. 無人称文（3）」参照。）

❖「現在分詞」は「目的語を伴う」こともあり、その目的語が代名詞で示される場合、「現在分詞の後ろ」につきます。むろん「活用する動詞の前」に置くことも可能です。なお、「現在分詞の後ろ」につけた場合、音節が一つ増えてもとの現在分詞のアクセントの位置がずれますので、「アクセント符号」が必要となります。

（下線＝「目的語」）

¿Sigues **estudiando** <u>francés</u>? — Sí, sigo **estudiándo<u>lo</u>**. 〔Sí, <u>lo</u> sigo estudiando.〕

まだフランス語の勉強を続けているの？—ああ、続けているよ。

¿Has limpiado la <u>habitación</u>? — Estoy **limpiándo<u>la</u>**. 〔<u>La</u> estoy limpiando.〕　部屋を掃除したの？—今掃除しているところだ。

（"Has limpiado" は動詞 limpiar〔掃除する〕の直説法現在完了・2 人称単数。「本課 4. 直説法現在完了の用法」参照。）

🔊 063

Ramón se siente contento **viviendo** en el campo.

ラモンは田舎暮らしに満足している。

（再帰動詞 "sentirse ..." は「…と感じる」という意味。）

Los ciudadanos protestan la subida del precio de la comida **caminando** por las calles.

市民は食費の値上げに抗議し、通りを練り歩く。

¿De qué estáis **hablando**? — Estamos **hablando** de la excursión de la próxima semana.

きみたち、何の話をしてるんだい？—来週の遠足のことだよ。

El niño viene **corriendo** acá.　子供は走ってこっちへやって来る。

¿Puedes venir pronto? — Voy **volando**.

すぐに来てくれる？—大至急行くよ。

（返事の部分を直訳すると「私は飛んで行く」となります。）

Sigo **buscando** información sobre reptiles **navegando** por Internet.

私はインタネットで爬虫類に関する情報を探し続けている。

Muchas veces conduzco el coche **escuchando** la música.

私はたびたび音楽を聴きながら車を運転する。

No es bueno para la salud comer **leyendo** o **viendo** la tele.

本を読んだりテレビを見たりしながら食事をとるのは健康によくない。

（tele は televisión の略。es〔動詞 ser〕の主語は comer です。）

3 ■ 直説法現在完了の活用

　この構文は以下のように「haber の直説法現在＋過去分詞」の形をとります。「**現在完了**」の文では、「**過去分詞は変化しません**」。また「**haber**」と「**過去分詞**」のあいだに別の語が入ることもありません。

■ 現在完了の形 ■

	人称	haber の直説法現在形	過去分詞（変化しない）
単	I	he	
	II	has	-ado
	III	ha	
複	I	hemos	-ido
	II	habéis	
	III	han	-ido

+

　「**過去分詞**」の作り方は、「**不規則形**」もありますが、「**規則形**」は覚えやすいので、まずはこの形を確認しておきましょう。

■ 過去分詞（規則形）■

語尾 -ar	語尾 -er	語尾 -ir
-ado	-ido	

■ 例 ■

hablar（話す）	comer（食べる）	vivir（住む）
→ hablado	→ comido	→ vivido

4 ■ 直説法現在完了の用法

「現在完了」は、主に以下の二通りの場合に用いられます。

(1)「直近または直前の出来事の完了」を言い表すとき

過去の事象を客観的に表現する「過去形」とは違い、こちらは過去の事象であっても「**現在とのつながりを示唆する**」意味で用いられます。

◀)) 064

¿Ya **ha llegado** Felipe? — No, todavía no **ha llegado**.
フェリペはもう着いた？—いや、まだだけど。

¿**Has aprobado** el examen? — Sí, gracias a Dios lo **he aprobado**.
試験には合格したの？—うん、お陰さまで合格したよ。

A mediodía **ha habido** [ha ocurrido] un terremoto muy grande.
正午にかなり大きな地震があった。

Esta semana **hemos trabajado** muchas horas.
今週、私たちは何時間も働いた。

Los empleados de Correos me **han atendido** amablemente.
郵便局の局員たちはとても親切に応対してくれた。

Hoy **he entrado** en una cafetería lujosa.
今日、私は豪華なカフェテリアに入った。

El mes pasado el tifón **ha pasado** por Japón.
先月台風が日本を通過した。

141

Estos días **ha llovido** bastante.　ここ数日、かなりの雨が降った。

（動詞 llover〔雨が降る〕は自然現象なので無主語です。「11 課 8. 自然現象の表現」参照。）

¿A qué hora **te has acostado** anoche? — A la una de la madrugada.　昨夜は何時に寝たの？—夜中の 1 時だよ。

(2)「これまでの経験」を述べるとき

He estado en los Estados Unidos (= los EE. UU.) dos meses.　私はアメリカ合衆国に 2 か月いたことがある。

He leído unas novelas de Jorge Borges.

私はホルヘ・ボルヘスの小説を今までに何冊か読んだことがある。

Nunca **he comido** un plato tan delicioso como este.

こんなにおいしい料理は食べたことがない。

（nunca は副詞で「決して…ない」、"tan ... como ~" は「～と同じくらい…」という意味。「10 課 1. 比較級の基本的パターン」参照。）

🔍 過去分詞の不規則形

❖「**過去分詞**」にも「**不規則形**」があります。ここではよく使う過去分詞を記しておきます。

abrir（開ける）→ abierto　　cubrir（覆う）→ cubierto

decir（言う）→ dicho　　escribir（書く）→ escrito

hacer（作る、行う）→ hecho　　morir（死ぬ）→ muerto

poner（置く）→ puesto　　proveer（準備する）provisto

resolver（解決する）→ resuelto

satisfacer（満足させる）→ satisfecho

ver（見る）→ visto　　volver（戻る）→ vuelto

❖ 中には「**規則形**」と「**不規則形**」の両方の過去分詞を持つ動詞もあります。

freír（揚げる、炒める、フライにする）→ freído / frito

imprimir（印刷する）→ imprimido / impreso

oprimir（抑圧する）→ oprimido / opreso

prender（捕らえる）→ prendido / preso

142

romper（壊す、破る）→ rompido* / roto

（* rompido はほとんど使われません。）

Me gusta el pescado **frito**.　私は魚のフライが好きだ。

He **freído** los camarones con aceite de olivo.

私はオリーブオイルでエビを炒めた。

El dictador **ha oprimido** a los ciudadanos por largo tiempo.

独裁者は長いあいだ市民を抑圧してきた。

Siento el corazón **opreso** por la angustia.

私は不安で心臓が締めつけられる思いだ。

🔊 065

No **hemos visto** esa película de Almodóvar.

私たちはアルモドバルのその映画を見たことがない。

Por fin Isabel me **ha escrito** una carta.

ようやくイサベルは私に手紙を1通書いてくれた。

（"por fin" は「ようやく、とうとう」という意味。）

¿Quién **ha roto** esta jarra? — No sé.

誰がこの急須を壊したの？―さあね。

Ellos no **han resuelto** todavía sus problemas pecuniarios.

彼らはまだ自身の金銭問題を解決していない。

5 ■「形容詞」としての過去分詞

ここまで「現在完了」を構成する「過去分詞」を見てきましたが、その一方で「**過去分詞**」は「**形容詞**」の役割も果たします。その場合は形容詞と同じように「**性・数の変化**」が起こります。

🔊 066

Ese es un puente **construído** en la época romana.

それはローマ時代に造られた橋です。

Es un gran trabajo recoger todas las hojas **caídas** en el jardín del templo.

寺院の庭の落ち葉をすべて拾い集めるのは大変な仕事だ。

143

Este es el campo deportivo **abierto** al público.

ここは市民に開放された競技場です。

Estos son los documentos **escritos** en inglés.

これらは英語で書かれた文書です。

He dejado **abiertas** todas las ventanas.

私は窓をすべて開けておいた。

Tenemos **reservados** los asientos del concierto.

私たちはコンサートの席を予約しておいた。

---

6 ■ 不定詞の用法（複合形）

「haber ＋過去分詞」（…したこと）という「**不定詞の複合形**」を用いて文を構成することができます。この形の文では「**主動詞が表す時点よりも前に物事が完了している**」ことを表します。

これに「**目的格人称代名詞**」が加わると、「**haber の後ろにつき 1 語**」となります。　　　　　　　　　　　　　　（太字・斜体＝「**目的格人称代名詞**」）

🔊 067

Siento mucho no **haber podido** ayudaros.

きみたちの手伝いができなかったことが残念でならない。

Me arrepiento de no **haber ido** a despedir a Paco al aeropuerto.

パコを見送りに空港まで行かなかったことが悔やまれる。

Me alegro de **haber aprobado** el examen.

私は試験に合格して嬉しい。

Nos da lástima **haber oído** tantas malas noticias.

こうも悪いニュースが多く耳に入ってくると、（私たちは）嘆かわしくなってくる。

¡Qué sorpresa **haber recibido** tantos regalos!

たくさんプレゼントを受けとったことが驚きだ！

Siento **haber*te*** hecho esperar una hora.

1 時間もきみを待たせてしまい申し訳ない。

Gracias por **haber*me* llamado** a pesar de estar ocupada.

忙しいにもかかわらず、電話してくれてありがとう。

（"a pesar de ~" は「〜にもかかわらず」という意味。"estar ocupada" から電話の相手は女性だということがわかります。）

Me extraña **haber*lo* visto** en aquel lugar.

不思議なのは、あの場所で彼を見かけたことだ。

7 ■ 季節・月・日・曜日の表現

次に季節などの基本的な表現を見てみましょう。

🔍 日常よく見聞する語

❖ **四季**

primavera（春）　　verano（夏）　　otoño（秋）　　invierno（冬）

❖ **月**

enero（1 月）	febrero（2 月）	marzo（3 月）
abril（4 月）	mayo（5 月）	junio（6 月）
julio（7 月）	agosto（8 月）	septiembre（9 月）
octubre（10 月）	noviembre（11 月）	diciembre（12 月）

❖ **曜日**

lunes（月曜日）	martes（火曜日）	miércoles（水曜日）
jueves（木曜日）	viernes（金曜日）	sábado（土曜日）
domingo（日曜日）		

　el sábado（決まった土曜日）　(todos) los sábados（毎週土曜日）

❖ **その他の表現**

todos los días / cada día（毎日）　　todo el día（一日中）

cada dos días（一日おき）

esta mañana（今朝）　　toda la mañana（午前中ずっと）

todas las mañanas（毎朝）

esta tarde（今日の午後）　　toda la tarde（午後ずっと）

todas las tardes（毎日午後）

145

esta noche（今夜）　　　　toda la noche（夜のあいだずっと）

todas las noches（毎晩）

la semana pasada（先週）　esta semana（今週）

la próxima semana / la semana que viene（来週）

cada dos semanas（隔週）

el mes pasado（先月）　　　este mes（今月）

el próximo mes / el mes que viene（来月）

cada dos meses（隔月）

el año pasado（昨年）　　　este año（今年）

el próximo año / el año que viene（来年）

todos los años（毎年）　　　todo el año（一年中）

cada año（毎年）　　　　　　cada cuatro años（4年おき）

🔍 数字〈序数〉

❖ **数字〈序数〉（1〜10）**

1 primero* / primera		6 sexto / sexta	
2 segundo /segunda		7 séptimo / séptima	
3 tercero* / tercera		8 octavo / octava	
4 cuarto / cuarta		9 noveno / novena	
5 quinto / quinta		10 décimo / décima	

（* primero と tercero は、「**男性・単数名詞の前で語尾 -o が落ちます**」。ただし、「**男性・単数名詞の後ろでは -o は落ちません**」。）

　el primer día de agosto（8月1日）

　el día primero de agosto（8月1日）

　el tercer vagón/ el vagón tercero（3番目の車両）

　los dos primeros vagones del tren（列車の最初の2両）

　la tercera semana（3週目）

❖ **序数は一般的に 10 番目まで使われ、あとは基数が用いられます。**

siglo X (décimo)（10世紀）

Carlos V (quinto)（カルロス5世）

Felipe II (segundo)（フェリペ2世）

siglo XVII (diecisiete)（17世紀）

siglo XXI (veintiuno)（21世紀）

Alfonso XIII (trece)（アルフォンソ13世）

¿A qué estamos hoy? — Estamos a tres de septiembre.

今日は何日ですか？—9月3日です。

Hoy estamos a primero de enero. Es Año Nuevo.

今日は1月1日、元日です。

（1 日の場合は、uno ではなく、序数 primero にするのが普通です。）

¿Qué fecha es hoy? — Hoy es el (día) diecinueve de julio.　今日は何日ですか？—今日は7月19日です。

¿Qué día es hoy? — Hoy es jueves.

今日は何曜日ですか？—木曜日です。

Yo tengo clase los martes y los miércoles.

私は、毎週火曜日と毎週水曜日に授業があります。

¿Hoy tienes una cita? — Sí, con mi jefe.

今日は約束でもあるの？—上司と会う約束がある。

Hoy es (el) día festivo.　今日は祝日です。

Tenemos que trabajar desde los lunes hasta los viernes.

私たちは毎週月曜日から金曜日まで働かなければならない。

¿Cuándo es tu cumpleaños? — (Mi cumpleaños) es el once de enero.　きみの誕生日はいつ？—1月11日だ。

Tenemos el plan de ver una película de ciencia ficción este sábado.　私たちは今週の土曜日に SF 映画を見に行く予定だ。

Cada año el nuevo curso comienza en abril.

毎年新しい学期は4月に始まる。

¿Cuándo vas a cenar conmigo? — Bueno, este domingo. ¿Está bien?

いつ私と夕食に行ってくれるの？—そうだね、今週の日曜日に行くよ。それでいい？

　　　　　　　　　　　　　🔊 069

Ya estamos en verano, ¿verdad?[*1]　もう夏ですね。

Ya es otoño, ¿no?[*1]　もう秋ですね。

La primavera es agradable, ¿no es así?[*1]

春は心地よいですよね。

　　([*1] いずれも平叙文のあとにつく「付加疑問」です。)

¿Cuál estación le gusta más? — Me gusta más la primavera.　どの季節がお好きですか？―春が好きです。

　　(副詞 más は「より…、いっそう…」という意味。)

En esta estación los cerezos empiezan a florecer.

この季節になると桜が咲き始める。

　　("empezar a ..." は「…し始める」という意味。)

Los cerezos están en plena floración en el Parque Kenrokuen.　兼六園では桜が満開です。

¿Cuándo comienzan las vacaciones de invierno en tu escuela? — Comienzan el (día) veinte de diciembre.

きみの学校の冬休みはいつから？―12 月 20 日からだ。

¿No ha llegado la temporada [el período] de lluvia? — Todavía no.

まだ梅雨に入ってないのですか？―まだです。

¿Cuando termina el período de lluvia según el pronóstico del tiempo? — Termina dentro de poco.

天気予報によると、いつ梅雨が明けるのですかね？―もうすぐです。

I. [　] 内の動詞・再帰動詞を直説法現在または現在完了の形に活用させましょう。動詞によっては不定詞または進行形になる場合もあります。

1 . A veces [despertarse] en la medianoche. 　　　　　　[　　　　]
私は時々真夜中に目が覚める。

2 . Nosotros [sentarse] en una de las primeras filas para [concentrarse] en la explicación del profesor.
　　　　　　　　　　　　　　[　　　　] [　　　　　]
私たちは教授の説明に集中しようと前のほうの席に座る。

3 . León [enojarse] de vez en cuando sin razón. 　　　　[　　　　]
レオンは時々わけもなく腹を立てる。

4 . ¿[acordarse] del nombre de aquel señor? — No, no [acordarse] de su nombre.
　　　　　　　　　　　　　[　　　　] [　　　　]
あの人（男性）の名前を覚えている？—いや、覚えていない。

5 . ¿Ellos [conocerse]? — No [saber], pero [reírse] mucho hablando con gusto. 　　　[　　　] [　　　] [　　　]
彼らは知り合いだろうか？—さあどうだか。でも、楽しそうに話しながら結構笑っているけどね。

6 . ¿Todavía no [vestirse]? Ya tenemos que [marcharse].
　　　　　　　　　　　　　[　　　] [　　　]
きみたち、まだ服を着ていないの？　もう出発の時間だよ。

7 . Me [crecer] el cabello. [pensar] [cortarse/lo] esta noche.
　　　　　　　　[　　　] [　　　] [　　　]
私の髪が伸びてきた。今夜にでも切ろう。

8 . Mi hermano [preocuparse] de cualquier cosa. 　　[　　　]
私の兄〔弟〕はどんなことでも心配する。

9 . Isabel [estar] [escuchar] la música sentada en el sofá. A su
lado dos gatos [estar] [dormir] tranquilos.

[   ] [   ] [   ] [   ]

イサベルはソファーに座って音楽を聴いている。その横では 2 匹の猫が静かに
眠っている。

10. ¿[sentirse] bien? – No. [sentirse] mal desde anoche. Me
[doler] la cabeza. [ir] a [acostarse] un rato.

[   ] [   ] [   ] [   ] [   ]

大丈夫かい？―いや、昨晩から具合が悪いんだ。頭が痛くてね。少し横にな
ろうと思う。

II. スペイン語を日本語に訳してみましょう。

1 . Hoy he trabajado muchísimo y no he tenido tiempo de
comer el almuerzo, de manera que ya me muero de hambre.
("de manera que" は「だから、それゆえ」という意味。)

2 . Está sonando el despertador. Ya son las siete y media.
Tengo que lavarme la cara, desayunar y preparar la lección
de hoy, porque no lo he hecho todavía.

3 . Normalmente salgo de casa como a las nueve menos cuarto.
Tardo aproximadamente quince minutos caminando en
llegar a la universidad.

4 . Juan no está en casa. Ha ido a la oficina de correos para
echar unas cartas. Después piensa visitar a su novia y no
regresar hasta la noche.

5 . He subido a la montaña a una altura de dos mil ochocientos
metros. Me alegro de haber podido llegar sano y salvo a la
cima.

第10課
比較の表現

この課では、人や物事の性質・状態、物事の質・程度・数量などを比較する構文に焦点をあててみましょう。

1 ■ 比較級の基本的パターン

■ 比較級の3種類のパターン ■

más	…	que ~	～よりも…だ（程度の高さ）
menos	…	que ~	～よりも…だ（程度の低さ）
tan(to) *	…	como ~	～と同じくらい…だ（同等）

（* tanto は形容詞・副詞の前では、「**語尾 -to が脱落**」し tan になります。）

🔊 070

（1）原級

Leonardo es alto y gordo.　レオナルドは背が高く太っている。

Margarita y Felisa son altas y flacas.
マルガリータとフェリーサは背が高く痩せている。

Manuel y Margarita son altos y flacos.
マヌエルとマルガリータは背が高く痩せている。
（男女がいっしょになると、形容詞は男性・複数形になります。）

（2）形容詞を用いた比較

Leonardo es **más** alto y gordo **que** Margarita.
レオナルドはマルガリータより背が高く太っている。

Felisa es **menos** alta y gorda **que** Leonardo.
フェリーサはレオナルドより背が低く痩せている。

Felisa es **tan** alta y flaca **como** Margarita.
フェリーサとマルガリータは同じくらい背が高く痩せている。

Elena es **tan** inteligente **como** modesta.
エレーナはとても謙虚であり知的でもある。

(3) 副詞を用いた比較

El helicóptero vuela **más** despacio **que** el avión.
ヘリコプターは飛行機よりも飛ぶのが遅い。

（vuela は動詞 volar〔飛ぶ〕の直説法現在・3 人称単数。）

El tranvía nos lleva al destino **menos** rápido **que** el metro.
地下鉄のほうが路面電車よりも早く私たちを目的地へ連れて行ってくれる。

Jorge vive **tan** lujosamente **como** sus familiares.
ホルヘは家族の者たちと同じように贅沢な暮らしをしている。

(4) 同等比較："tan(to) ... como ~"（～と同じくらい…だ）

Justo es **tan** amable **como** Ernesto.
フストはエルネストと同様にとても親切だ。

María estudia **tanto como** Jaime.
マリアはハイメと同じようによく勉強する。

El plan A es **tan** realizable **como** el B.
プラン A はプラン B と同じように実現可能だ。

Mi hermano ha estudiado en el extranjero **tantos** años
como tú.　私の兄〔弟〕はきみと同じで何年も海外留学をしていた。

(5) 同等比較の否定："no ... tan(to) ... como ~"（～ほど…ではない）

Los japoneses **no** beben **tanto** vino **como** los españoles.
日本人はスペイン人ほどたくさんワインを飲まない。

Los niños de hoy en día **no** juegan afuera **tanto como** los
de antes.　昨今の子供たちは以前の子供たちほど外で遊ばなくなった。

（"hoy en día" は「昨今」という意味。"los de antes" の los は niños をさします。）

No conozco otro hotel **tan** lujoso **como** este.

このホテルほど豪華なホテルは他に知らない。

---
2 ■ 比較級の基本的パターンを使った例文

　上記の基本にもとづき、次にいろいろな例文を見ながら構文を確認していきましょう。

🔊 071

Ellos estudian **menos** horas **que** nosotros.

彼らは私たちよりも勉強時間が少ない。

Eugenia sabe **menos** geografía **que** Luis.

エウヘニアはルイスよりも地理を知らない。

Jaime está **menos** ocupado **que** yo.

ハイメよりも私のほうが忙しい。

Amelia es **menos** simpática **que** Rocío.

アメリアはロシーオよりも愛想が悪い。

Este videojuego es **más** emocionante **que** el tuyo.

このビデオゲームはきみのよりもわくわくする。

（"el tuyo" の el は videojuego をさします。）

Los japoneses beben **menos** vino **que** los españoles.

日本人はスペイン人よりもワインの消費量は少ない。

En invierno los días son **más** cortos **que** en verano.

冬は夏よりも日が短い。

Los estudiantes de esta clase son **más** distraídos **que** los de aquella.

このクラスの学生たちはあちらのクラスの学生たちよりも気が散漫だ。

（"los de aquella" の los は estudiantes、aquella は clase をさします。）

Estamos **más** cansados **que** aburridos.

私たちは退屈というよりも疲れている。

153

Este año tenemos que estudiar **más** seriamente **que** el año pasado para aprobar los exámenes de ingreso a la universidad.

私たちが大学入試に合格するには、今年は昨年よりも真剣に勉強しなければならない。

（seriamente は、形容詞 serio〔本気の、真剣な〕の女性形に、接尾辞 -mente がついた副詞。）

¿Cuál es **más** eficaz para la solución, este método o el que propone él?

この方法と彼が提案する方法では、どちらが効果的でしょうか？

（形容詞節 "el que ..." の el は método をさします。「形容詞節」については 「12 課 1. 関係代名詞（2）」参照。）

/￣￣￣￣ **3 ■ 比較の度合いを示す表現** ￣￣￣￣/

　物事を比較するとき、「**さらに…**」や「**もっと…**」など、**優劣・大小・強弱の 度合いを表現**したければ、先の比較級の形に mucho, un poco, todavía など の副詞をつけ加えます。

🔊 072

（1）「**比較対象とする語の様子・状態**」が「**形容詞・副詞**」で表される場合

mucho / un poco	más	…	que ~	〜よりもさらに…だ／〜よりも少し…だ
	menos		que ~	〜より少しも…ではない／少しだけ…ではない

Los exámenes de este semestre son **mucho menos** difíciles **que** los del semestre pasado.

今学期の試験は前学期に比べるとずいぶんやさしい。

（"los del semestre pasado" の los は exámenes をさします。）

El tren superexprés corre **mucho más** rápido **que** cualquier otro tren.

超特急列車は他のどの列車よりもかなり早く走る。

Esta puerta es **un poco menos** fuerte **que** esa.

> こちらの扉はそちらに比べてやや頑丈さに欠ける。
>
> （esa は puerta をさす指示代名詞。）

La parte segunda del Quijote es **todavía más** interesante **que** la primera.

> 『ドン・キホーテ』の後編は前編よりもさらにおもしろい。
>
> （"la segunda parte" は「第 2 部、続編」という意味。『ドン・キホーテ』は第 1 部〔前編〕が 1605 年に、第 2 部〔後編〕が 1615 年に刊行されました。"la primera" の la は parte〔部分、一部〕をさします。）

(2)「比較対象とする語」が「名詞」の場合

　この場合も比較の度合いを示す語には、mucho, un poco, aún などが使われます。mucho は名詞を修飾するので**「性・数の変化があります」**。

　un poco は "un poco más de ... que ~"（**〜よりも少し多くの…**）、"un poco menos de ... que ~"（**〜よりもやや少ない…**）のように用いられます。

En este parque veo **muchos más** pájaros **que** en otros lugares.

> 他の場所に比べてこの公園にはずいぶん多くの鳥がいる。
>
> （veo は動詞 ver〔見る〕の直説法現在・1 人称単数。）

Este año he escrito aún **más** tarjetas de Año Nuevo **que** el año pasado.

> 今年は昨年よりも多くの年賀状を書いた。

Los coches normales gastan **un poco más** de gasolina **que** los de bajo consumo.

> 普通の車は低燃費の車に比べてガソリンの消費量がやや多い。
>
> （"los de bajo consumo" の los は coches をさします。）

Tenemos **un poco menos** de dinero **que** vosotros.

> 私たちはきみたちよりもやや持ち金が少ない。

上記のほかにも以下の比較級の形があります。

más ← mucho（多い）形	más ← mucho（多く）副
menos ← poco（ごく僅かな、極めて少ない）形	
menos ← poco（ほんの少し／ほとんど〜ない）副	
mayor ← grande（大きい／年上の）形	
menor ← pequeño（小さい／年下の）形	
mejor ← bueno（良い）形	mejor ← bien（上手に、うまく）副
peor ← malo（悪い）形	peor ← mal（悪く）副

（形＝「形容詞」、副＝「副詞」）

🔊 073

Yo estudio más que Luis, pero él sabe más que yo.

私はルイスよりも勉強するが、彼のほうが物事をよく知っている。

El jefe se enoja menos que antes.

上司は以前に比べるとさほど怒らなくなった。
（再帰動詞 enojarse は「怒る」という意味。）

Hoy sale a pasear menos gente que ayer por el frío.

昨日に比べて今日は寒さのせいか人出が少ない。
（この文の主語は gente〔人々〕です。）

Ángela sabe bailar mejor que Lola.

アンヘラはロラよりも踊りが上手だ。

Normalmente yo leo mis libros mejor en una cafetería que en casa.　普段、私は家よりもカフェのほうが本をじっくり読める。

Joaquín es mayor que [menor que][*1] **Fernando.**

ホアキンはフェルナンドよりも年上だ〔年下だ〕。

Joaquín es más grande [menos grande][*1] **que Fernando.**

ホアキンはフェルナンドよりも大柄〔小柄〕だ。

（[*1] 前文の "mayor que ...", "menor que ..." は、年齢など抽象的な事象を表すとき、一方この文の "más grande que ...", "menos grande que ..." は形の大小を表すときに用います。）

He sacado **peores** notas este semestre **que** el pasado.

今学期は前学期に比べて私は成績が悪かった。

〔mejor, peor は名詞を修飾する形容詞として使われるとき、性の変化はないものの数の変化はあります〔mejores, peores〕。"el pasado" の el は semestre〔学期〕をさします。〕

🍭 さまざまな比較の形

❖ **前述した比較の形のほかに比較の表現はいくつもあります。**

◉ 「de ＋定冠詞（el, la, los, las, lo）＋ que」

〔「12 課 1. 関係代名詞（2）（3）」参照。〕

Ella ha gastado **más** dinero **del que** ha ahorrado.

彼女は貯金してきた金額よりも多くのお金を使った。

〔"del que" の el は dinero をさします。動詞 gastar は「使う」、ahorrar は「貯金する」という意味。〕

Él compra **más** comida **de la que** come.

彼は自分が食べる以上に食料を買う。

Las fotos de las que te hablé el otro día son **más** bonitas **que** estas.

先日私がきみに話した写真はこちらの写真よりも美しい。

〔"hablar de ..." は「…について話す」という意味。las は fotos をさします。〕

Él es **más** fiable **de lo que** piensan ustedes.

あなた方が思っている以上に彼は信頼できます。

〔"lo que ..." は「…ということ」という意味。〕

Ese chico trabaja **menos de lo que** se jacta.

その青年の働きぶりは鼻にかけるほどのものではない。

〔"jactarse de ..." は「…を自慢する、鼻にかける」という意味。〕

◉ "cuanto más [menos] ..., (tanto) más [menos] ~"

（…すればするほど～だ）

Cuanto **más** te rascas, (tanto) **más** te da comezón.

掻けば掻くほど痒くなるぞ。

Cuanto **más** comes, (tanto) **más** engordas.

食べれば食べるほど太るよ。

Cuanto **más** pienso en ello, **(tanto) más** me preocupo.

それを考えれば考えるほど心配になってくる。

Cuanto **más** gritas, **(tanto) menos** te escuchan.

叫べば叫ぶほど聞き入れてもらえなくなるよ。

（escuchan は動詞 escuchar〔聞く〕の直説法現在・3人称複数で、行為者が不明の無人称表現。「14課 2. 無人称文（3）」参照。）

◉ "cuanto mejor ..., (tanto) mejor ~"; "cuanto peor ... menos ~"
（…すればするほど～だ）

この形の文にはほとんど「接続法」が使われますので、接続法の課で少し取り上げることにします（18課 1. 接続法現在・現在完了（副詞節）🖘「比較の形」参照）。

◉ "no ... más que ~"（～以上に…ない、～だけ…）

A mi alrededor **no** se ven **más que** los huertos.

私の周りには果樹園しか見えない。

Roberto **no** tiene **más que** 25 años.　ロベルトはちょうど25歳だ。

Ellos **no** hacen **más que** comer y dormir.

彼らは食べることと寝ること以外、何もしない。

◉ "superior a ..."（…より優れた、上級の）／ "inferior a ..."（…より劣った、下級の）

Esta cama es de calidad **inferior a** esa.

このベッドはそれに比べて質が悪い。

Estas perlas son **inferiores a** esas.

こちらの真珠はそちらのと比べると質が悪い。

Alfredo está tomando un curso de gramática **superior al** del semestre anterior.

アルフレードは前学期よりも上級の文法の授業をとっている。

◉ "más bien ... que ~"（～というよりむしろ…だ）

A él le gusta **más bien** tocar el piano **que** la guitarra.

彼はギターよりもむしろピアノを弾くのが好きだ。

Ricardo **más bien** brinca **que** baila.

リカルドは踊るというよりはむしろ飛び跳ねている。

Fernando es **más bien** simpático **que** guapo.

フェルナンドはハンサムというよりは愛想がいい。

● "preferir ... a [antes que] ~" / "preferible ... a [antes que] ~"
（〜よりもむしろ…がよい）

Yo **prefiero** el café **al** té.　私はお茶よりもコーヒーがいい。

Preferimos el calor **al** frío.　私たちは寒いよりは暑いほうがいい。

Es **preferible** el calor **al** frío.　寒いよりは暑いほうがいい。

¿Qué **prefieres**, carne o pescado? — **Prefiero** el pescado.
　肉か魚かどっちがいい?―魚がいいな。

Para nosotros es **preferible** afrontar los peligros **a [antes que]**
no hacer nada como cobardes.
　私たちは、臆病者のように何もしないよりは危険に挑むほうがましだ。

Es **preferible** ir en tren bala **a** ir en tren normal.
　普通列車で行くよりも超特急（新幹線）で行くほうがいい。

Prefiero oír directamente lo que quiere decir ella **antes que [a]**
saberlo de segunda mano.
　彼女の言い分は、人から聞くよりも直接本人から聞くほうがいい。
　　（"de segunda mano" は「間接的に」という意味。）

Este reloj no funciona, pero **prefiero** repararlo **a [antes que]**
comprar uno nuevo.
　この時計は動かない。でも、新しいのを買うよりは修理するほうがいい。
　　（uno は reloj〔時計〕をさします。）

🍭 因果関係を表す接続詞

❖ "... tanto que ~", "tan(to) ... que ~"（**あまり…なので〜だ**）

これは同じ tanto でも「**比較ではなく**」、「**結果の接続詞**」です。

El café se ha enfriado **tanto que** no me dan ganas de tomarlo.
　コーヒーが冷めきってしまい、飲む気になれない。
　　（"dar a ... ganas de ~" は「…は〜したくなる」という意味。dan は動詞
　　dar の直接法現在・3 人称複数。これは自動詞〔起こる、感じられる〕で、
　　ganas〔欲望〕が主語です。me は間接目的語。直訳すると、「コーヒーを
　　飲みたい気持ちが私には起こらない」となります。）

Maribel se asustó **tanto** viendo la película de terror **que** se le
pusieron los pelos de punta.
　マリベルはホラー映画を見て怯え、身の毛がよだった。
　　（"ponerse los pelos de punta" は「（恐怖のあまり）髪の毛が逆立つ」
　　という意味。le は間接目的語で、Maribel をさします。）

He corrido **tanto que** me ha dado mucha sed.

　私は走りすぎてとても喉が渇いた。

Esta maqueta plástica de avión es **tan** complicada **que** no la puedo armar.

　この飛行機のプラモデルはむずかしすぎて、私には組み立てられない。

Tengo **tantas** tareas **que** no puedo acabarlas hoy.

　あまりにも宿題が多いので、今日中に終わりそうにない。

　　（tanto は名詞を修飾する形容詞として「性・数の変化」をします。
　　"acabarlas" は動詞 acabar に代名詞 las=tareas がついた形です。）

Hacía **tanto** frío **que** no podía dormir bien.

　寒すぎてぐっすり眠れなかった。

---

5 ■ 最上級

「**最上級**」には、「**形容詞**」と「**副詞**」の最上級があります。

🔊 074

(1) 形容詞を用いた最上級

定冠詞	más	…	(de ~)	**〜の中で最も…だ** （程度の高さ）
(el, la, los, las)	menos		(en ~) (que ~)	**〜の中で最も…だ** （程度の低さ）

Este reloj es **el más** caro de la tienda. [Éste es el reloj **más** caro de la tienda.] 　この時計は店の中で一番高価だ。

　（「**定冠詞＋名詞＋** más [menos] **＋形容詞＋** de」の形にもなります。）

Victoria y Jaime son **los más** inteligentes de la escuela. [Victoria y Jaime son **los** estudiantes **más** inteligentes de la escuela.]

　ビクトリアとハイメは学校で一番頭がよい。

Vicente es **el más** idealista de sus compañeros.

　ビセンテは仲間たちの中で一番の理想主義者だ。

Las pulseras de esta vitrina son **las más** bellas y caras **que** las de cualquier otra.

こちらのショーケースにあるブレスレットはどれも、ほかのショーケースのものに比べると最も美しく一番高価だ。

〔otra は vitrina〔ショーケース〕をさします。〕

Elvira es **la más** lista **de** su clase.

エルビーラはクラスの中で一番賢い。

Es **el** tipo **más** desagradable **que** he conocido en mi vida.

これまで知り合った人の中で一番不愉快なやつだ。

Ellos son **los mejores** jugadores **del** equipo.

彼らはチームの中で最も優れた選手だ。

Ernesto es **el peor** político **de** todos.

エルネストは皆の中で最悪の政治家だ。

Lo más importante **de** todo es el proceso, no el resultado.　一番大切なことは結果ではなくそのプロセスだ。

(2) 副詞を用いた最上級

Cristina es **la que**[*2] canta **mejor de** todas.

クリスティーナはほかのどの女性よりも歌が上手だ。

Mis padres son **los que**[*2] me comprenden **mejor**.

私を一番よく理解してくれるのは両親だ。

〔[*2] 上記 2 例の "la que ...", "los que ..." は「…という人」という意味で、関係詞を使った最上級です。"la que ..." は主語の Cristina「女性・単数」に、"los que ..." は主語の padres「男性・複数」に性・数が合致します。「12 課 1. 関係代名詞（2）」参照。〕

Tratamos de despachar el trabajo **lo más pronto posible**.

私たちはできるだけ早く仕事を片づけようと思っている。

〔これは「lo más [menos] ＋副詞＋ posible」〔できるだけ…〕の形です。〕

El chocolate con almendras es **el que más** me encanta.

アーモンド・チョコレートは私の大好物だ。

❖ 比較対象に「否定語」(nunca, nadie, ninguno, nada) がくると最上級
になる形

La situación económica está **peor que nunca**.

　経済状況はかつてないほど悪化している。

Julio se porta **mejor que nadie**.　フリオは誰よりも行儀がよい。

　　（再帰動詞 portarse は「振る舞う」という意味。）

Nadie pinta **mejor que** Sara.　サラよりも絵が上手な人はいない。

Ninguno de nosotros trabaja **tanto como** Gabriel.

　ガブリエルは私たちの誰よりも働く。

Para mí **nada** es **más** divertido **que** conducir (el coche).

　私にとって、ドライブより楽しいものはない。

Estos niños alborotan **más que nadie**.

　ここにいる子供たちは誰よりも騒がしい。

Nadie canta **tan** divinamente **como** aquel cantante.

　あれほど素晴らしい歌を聞かせてくれる歌手はほかにいない。

Nada detesto **tanto como** los gritos de los vecinos.

　近所の人たちの叫び声ほど嫌なものはない。

　　（detestar は「我慢できない、嫌う」という意味。）

---

6 ■ 絶対最上級

　ここまでの相対的な比較以外にも、単独で形容詞や副詞の意味合いを強める
「**絶対最上級**」があります。下の表のように「**形容詞・副詞の語末に -ísimo**」
をつけます。形容詞の場合、「**性・数の変化があります**」。これらは「muy ＋形
容詞・副詞」よりも意味合いを強めます。

■ 基本的な絶対最上級の形 ■

母音で終わる 形容詞	母音をとり除き -ísimo を追加	mucho → muchísimo （極めて多くの） triste → tristísimo （とても悲しい）
子音で終わる 形容詞	形容詞にそのまま -ísimo を追加	natural → naturalísimo （ごく自然な） fácil → facilísimo （とても簡単な）

075

Muchísimas gracias por su amabilidad.
ご親切にしていただき、感謝の気持ちでいっぱいです。

Mi sobrino está **tristísimo** porque ha reprobado uno de sus exámenes.
私の甥はテストで1科目不合格になりとても悲しんでいる。

Son **dificilísimos** estos problemas de álgebra.
これら代数学の問題はむずかしすぎる。

🔍 その他の形

その他、「**特殊な絶対最上級**」の形があります。いずれも形容詞です。
poquísimo ← **poco**（わずかの）　　larguísimo ← **largo**（長い）
amabilísimo ← **amable**（親切な）　felicísimo ← **feliz**（幸せな）
buenísimo / óptimo ← **bueno**（良い）
malísimo / pésimo ← **malo**（悪い）
paupérrimo ← **pobre**（貧しい）
máximo ← **grande**（大きな）　　　mínimo ← **pequeño**（小さな）

(075)

Mi amigo está **malísimo** del estómago.
私の友人はかなり胃が悪い。

Esta ensalada está **buenísima**.
このサラダはとても新鮮でおいしい。

Es **pésima** la condición de nuestro trabajo.
私たちの労働条件は最悪だ。

Es **óptima** la calidad de mi motocicleta.
私のバイクは極めて質がよい。

La gente de aquel barrio **paupérrimo** no dispone de lo necesario para vivir satisfactoriamente.
極貧にあえぐあの地区の人たちは、満足な生活を送るのに必要なものを持ち合わせていない。

第10課 比較の表現

163

El límite **máximo** de peso de cada elevador es de 500 (quinientos) kilos.

各エレベーターの最大積載量は 500 キロです。

La cantidad **mínima** de este producto para vender es una docena.

この商品の最低販売数は 1 ダースです。

Diálogo 3

1限目の授業に間に合うの？

Rocío: ¿A qué hora te levantas?

Elvira: Me levanto a las siete, porque tengo mucho qué hacer[*1] antes de ir a la universidad: me ducho, desayuno y plancho mi ropa.

Rocío: ¿A qué hora sales de tu casa?

Elvira: Salgo a las ocho y pico[*2] para coger el autobús.

Rocío: ¿Así llegas a tiempo para tu clase de la primera hora?

Elvira: Sí, llego cinco minutos antes, pero a veces llego tarde de cinco a diez minutos. ¿A tí te gusta el ambiente escolar?

Rocío: Por supuesto. Estoy contentísima de estudiar en esta universidad.

Elvira: ¡Qué bien! A mí me encantan todas las clases. Perdona[*3], ya es hora de marcharme. Hasta luego.

[*1] "qué hacer" は「疑問詞＋不定詞」の形で、「すること」という意味。
[*2] "... y pico" は数を表す表現で、「…と少し」という意味。
[*3] perdona は、動詞 perdonar〔許す〕の命令法（2人称・単数）。「19課 2. 肯定命令」参照。

訳

ロシーオ：何時に起きるの？

エルビーラ：7時よ。大学へ行く前にすることがたくさんあってね。シャワーを浴びたり、朝ごはんを食べたり、アイロンがけをしたりね。

ロシーオ：で、何時に家を出るの？

エルビーラ：バスに乗るので8時すぎに家を出るわ。

ロシーオ：それで1時間目の授業に間に合うの？

エルビーラ：もちろん、5分前に着くわ。でも、時々5分から10分遅れることもある。あなた、学校の雰囲気は気に入ってる？

ロシーオ：もちろん。この大学で勉強できることに大満足よ。

エルビーラ：そりゃよかった！　私だってどの科目も気に入ってるんだから。あっ、ごめん、もう行かなきゃ。また、あとでね。

比較の表現

165

第11課
直説法点過去と線過去／自然現象の表現

1 ■ 点過去

　スペイン語の「**過去時制**」には二通りあります。「**点過去**」と「**線過去**」です。書物によってはそれぞれ「単純完了過去」と「未完了過去」、あるいは「完了過去」と「不定過去」などという呼び方をしていますが、本書では「完了」という言葉を使うと「○○完了」の用法もあって紛らわしいので、「**点**」と「**線**」で区別することにします。実際、両者の区別は「**話し手／書き手の主観**」によるものです。いわば、**どのように過去の出来事をとらえるか**によって決まります。

🍭　「点と線」のとらえ方

> ❖「点」
>
> 　ほんの一瞬の時間帯という「**小さな点**」から、まとまった時間帯を表す「**大きな点**」まで、その中間には「さまざまな大きさの時間帯」が無限に存在します。「**点過去**」は、かいつまんで言えば「**話し手／書き手**」がこうした時間帯で起こった事象を、感情や思いの余韻を残さず「**客観的に表現**」した形です。
>
> 　日本語にはスペイン語のように過去の時制を「点」と「線」で区別する文法的機能がないため、文全体から時間的経過や状況、「話し手／書き手」の意図を汲みとるしかありません。
>
> 　そこでまずは日本語の文で確認してみましょう。例文の「太字」はスペイン語でいう「**点過去**」に相当し、「下線の語」は「**時間帯**」を表すと思ってください。
>
> 　（例）
> 　今しがた彼女を**見かけた**。／先月彼はスペイン語検定に**合格した**。／私たちは去年スペインへ**行った**。／5年前にタバコを**やめた**。／2年間スペインに**住んでいた**。

こちらも同じように「**長い線**」（時の経過）もあれば、「**短い線**」もあります。要は「**話し手／書き手**」がどのような感覚・意識で過去の事象を描くかによります。次の例文の「ルビ入りの太字」は「**線過去**」、「下線の語」は「**時間帯**」と考えてみてください。

　（例）<u>あのとき</u>美しい虹を**見ていた**。／<u>学生時代</u>はよく**勉強したものだ**。
　　　／<u>５年前まで</u>タバコを**吸っていた**。

「**点過去**」は言及する時間帯で起こったことを「**客観的事実**」として述べるのに対し、「**線過去**」は「**話し手／書き手**」の過去の事象に対する「**思い、感慨、その時の印象**」が表出します。

動詞の活用については、現在形と同じように点過去や線過去にも「**規則変化**」と「**不規則変化**」があります。

2 ■ 点過去の規則活用と用法

「**規則活用**」では「**語幹は変化せず**」、「**語尾のみ変化**」します。

■ 規則活用 ■

	人称	hablar（話す） 語尾 -ar	beber（飲む） 語尾 -er	vivir（生きる） 語尾 -ir
単	I	hablé	bebí	viví
	II	hablaste	bebiste	viviste
	III	habló	bebió	vivió
複	I	hablamos*	bebimos	vivimos*
	II	hablasteis	bebisteis	vivisteis
	III	hablaron	bebieron	vivieron

（* hablamos, vivimos は「直説法現在・１人称複数」と形が同じです。）

まずは、下の例文に注目し、そこに表れる「**完了した動作**」および「**時間帯**」をあえて図で描いてみることにします。文は、常に「**現在にいる話し手／書き手から発せられます**」ので、ここを基準にして時制をイメージしていきましょう。

Ayer **tomamos** café con el profesor de español.

昨日私たちはスペイン語の先生とコーヒーを飲んだ。

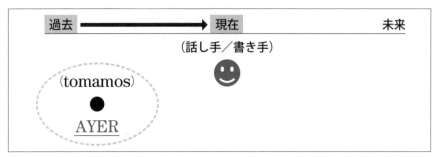

（以下、☺は「**現在にいる話し手／書き手**」、●は「**点過去**」、青色の輪は「**時間帯**」を表します。）

　ここからの例文には「**時を表す語**」が示されているものと、そうでないものがありますが、いずれも「**話し手／書き手**」は物事が終了・完了したことを念頭に置き、「**客観的事実**」として表現しています。

🔊 077

¿A quién **escribiste**? — (**Escribí**) a mis abuelos.

誰に手紙を書いたの？―私の祖父母に書いた。

¿Quién **se olvidó** de apagar la luz? — Quizá Juan.

電気を消し忘れたのは誰ですか？―たぶんフアンかも。

（"olvidarse de ..." は「…を忘れる」という意味。）

¿Qué **compraste** en el almacén? — **Compré** unos guantes.　デパートで何を買ったの？―手袋を買った。

Llevé un café a Antonio, pero no lo **quiso**.

私はアントニオにコーヒーを持って行ったが、彼は欲しがらなかった。

El año pasado **viajé** solo por Portugal.

私（男性）は昨年一人でポルトガルを旅行した。

（「私」が女性であれば、形容詞 solo〔一人で〕は sola となります。）

Uno de los guías nos **habló** en japonés.

ガイドの一人（男性）が私たちに日本語で話しかけてきた。

Esta mañana **me desperté** a las cinco.　今朝私は5時に目が覚めた。

Toda la mañana la **pasé** escribiendo las cartas electró-
nicas.　午前中ずっとメールを書いて時間を過ごした。

　　("la pasé" の la は "toda la mañana"〔午前ずっと〕をさします。)

Anoche **preparé** la lección de hoy.

昨晩、私は今日のレッスンの準備をした。

Hace dos años Gerardo **se casó** con Pilar.

2年前にヘラルドはピラールと結婚した。

Felipe IV (cuarto) **gobernó** el Imperio desde 1621
(mil seiscientos veintiuno) hasta 1665 (mil seiscientos
sesenta y cinco).

フェリペ4世は1621年から1665年まで帝国を統治した。

　　("desde ... hasta ~" は「…から~まで」という意味。数字については「付録 3.
数詞」参照。)

En el siglo XIX (diecinueve) muchos escritores **imitaron**
el estilo romántico.

19世紀には多くの作家がロマン主義のスタイルを模倣した。

En el camino a la estación **me encontré**[*1] por casualidad
con Jorge.　駅へ向かう途中、私は偶然ホルへに会った。

　　("encontrarse con ..." は「…に会う」、"por casualidad" は「偶然」とい
う意味。)

Hace rato **me acordé**[*1] de eso.　今しがたそれを思い出した。

　　([*1] 上記の二つの例文では、encontrar と acordar はどちらも不規則動詞で
すが、直説法点過去の時制では規則変化します。"acordarse de ..." は「…
を思い出す」という意味。)

直説法点過去と線過去／自然現象の表現

3 ■ 点過去の不規則活用と用法

「**点過去**」でも「**不規則動詞**」といえば現在形と同じように**語幹の一部が変化**します。ただし、「**不規則動詞**」だからといって、すべての人称が変化するとはかぎりません。時制によっては規則活用する場合もあります。

　不規則活用のパターンはいくつかあります。以下の活用表にある動詞は任意で選んだ使用頻度の高い動詞です。

(1)「1人称・単数」の「不規則な形」にならった活用①

（活用語尾：-*e*, -iste, -*o*, -imos, -isteis, -ieron）

	人称	hacer （行う）	tener （持つ）	poder （できる）	estar （いる、ある）
単	I	hic*e*	tuv*e*	pud*e*	estuv*e*
	II	hiciste	tuviste	pudiste	estuviste
	III	hiz*o*	tuv*o*	pud*o*	estuv*o*
複	I	hicimos	tuvimos	pudimos	estuvimos
	II	hicisteis	tuvisteis	pudisteis	estuvisteis
	III	hicieron	tuvieron	pudieron	estuvieron

	人称	querer （欲する）	poner （置く）	venir （来る）
単	I	quis*e*	pus*e*	vin*e*
	II	quisiste	pusiste	viniste
	III	quis*o*	pus*o*	vin*o*
複	I	quisimos	pusimos	vinimos
	II	quisisteis	pusisteis	vinisteis
	III	quisieron	pusieron	vinieron

(2)「1人称・単数」の「不規則な形」にならった活用②

（活用語尾：-e, -iste, -o, -imos, -isteis, -eron）

	人称	decir （言う）	traer （持って来る）	traducir （翻訳する）
単	I	dij*e*	traj*e*	traduj*e*
	II	dijiste	trajiste	tradujiste
	III	dij*o*	traj*o*	traduj*o*
複	I	dijimos	trajimos	tradujimos
	II	dijisteis	trajisteis	tradujisteis
	III	dij*eron*	traj*eron*	traduj*eron*

(3)「3人称・単数／複数」の「語幹の母音変化」（*e → i*）

	人称	pedir （来る）	sentir （感じる）
単	I	pedí	sentí
	II	pediste	sentiste
	III	p*i*dió	s*i*ntió
複	I	pedimos	sentimos
	II	pedisteis	sentisteis
	III	p*i*dieron	s*i*ntieron

(4)「3人称・単数／複数」の「語幹の母音変化」（*o → u*）

	人称	dormir （眠る）	morir （死ぬ）
単	I	dormí	morí
	II	dormiste	moriste
	III	d*u*rmió	m*u*rió
複	I	dormimos	morimos
	II	dormisteis	moristeis
	III	d*u*rmieron	m*u*rieron

(5) その他の「不規則動詞」

	人称	dar （与える）	ser （〜である）	ir （行く）
単	I	d*i*	fui	
	II	diste	fuiste	
	III	d*io*	fue	
複	I	dimos	fuimos	
	II	disteis	fuisteis	
	III	dieron	fueron	

◀)) 078

¿Ayer Pedro **estuvo** en la oficina toda la tarde?

昨日の午後ペドロはずっとオフィスにいた。

Con la ayuda financiera **pudieron** vacunar a los niños necesitados.

経済的支援のおかげで、必要とする子供たちが予防接種を受けられた。

（pudieron は動詞 poder の直説法点過去・3人称複数で、行為者が不明の無人称。）

Manuel **vino** con su novia al festival de verano.

マヌエルは恋人といっしょに夏祭りにやってきた。

¿Quién **dijo** eso?　誰がそんなことを言ったの？

¿Con quién **salisteis** anoche? ─ (**Salimos**) con nuestros amigos.

昨夜きみたちは誰と外出したの？─友だちと外出した。

Ayer **nos quedamos** sin gasolina al regresar a casa.

昨日、帰宅途中でガソリンがなくなってしまった。

（「al + 不定詞」は「…するとき」という意味。）

¿Cuándo **perdiste** la cartera? ─ No sé. No **me di** cuenta.

いつ財布をなくしたの？─さあ、全然気づかなかった。

（"darse cuenta de ..." は「…に気づく」という意味。）

172

En los últimos años de su vida mi abuelo **fue** a Segovia para ver el Acueducto.

祖父は晩年水道橋を見にセゴビアへ行った。

Fuimos estudiantes de esta universidad hace diez años.

10 年前、私たちはこの大学の学生だった。

¿Qué te **dijo** tu amigo? — En verdad, no me **dijo** nada.

きみの友だちに何を言われたの？―実際、何も言われなかった。

Me **sentí** triste al oír tantas noticias desagradables.

たくさんの不快なニュースを聞いて、私は悲しかった。

（再帰動詞 "sentirse ..." は「…に感じる」という意味。）

¿Dónde **pusiste** mi libro? — Lo **puse** encima del escritorio.

私の本をどこに置いたの？―机の上に置いた。

Ellos **tuvieron** que tomar varios cursos para sacar el título de maestro.

彼らは教員免許を取得するためにいろいろな科目を履修しなければならなかった。

Hasta marzo de este año **trabajé** casi 15 años en el banco. Y después **empecé** a trabajar en otra compañía.

私は今年の 3 月までほぼ 15 年間銀行に勤めていたが、それからは別の会社で働き始めた。

（trabajar〔働く〕は規則動詞です。）

Anoche **llegué** a casa a las nueve de la noche. Después de cenar **leí** un poco y me **dormí**.

昨晩、私は 9 時に家に着き、夕食をすませたあと、少し読書をしてから寝た。

（llegar は「到着する」、leer は「読書する」という意味。）

En la casa de mi amiga **hicimos** una tarta. Como le **echamos** mucha azúcar, **salió** muy dulce. Ella la **probó** primero y le **gustó** mucho.

私の友人（女性）の家で、私たちはケーキを作った。砂糖をたくさん入れたせいか、とても甘くなった。最初に彼女が味見をし、とても気に入ったようだ。

（接続詞 como は「…なので」、副詞 primero は「最初に、まずは」という意味。"le echamos" の le〔ケーキに〕と "la probó" の la〔ケーキを〕はいずれも torta をさします。なお、echar〔入れる〕と gustar〔気に入る〕は規則動詞です。）

4 ■ 線過去

　「話し手／書き手」が「線過去」を用いる場合、過ぎ去った事象を思い浮かべるのは点過去と同じですが、点過去のように「すでに過ぎた出来事」として客観的に扱うのではなく、そこに「**話し手／書き手**」の「**思い、感慨、そのときの印象**」が含まれます。そのため、「**いつからいつまで**」という開始・終了の概念は考慮されず、ちょうど絵画を眺めるような感覚で「**そのときのイメージ**」**が脳裏に映し出されます**。要するに、「**あの時～だったんだなあ**」という「**回想的イメージ**」として表現されるのです。したがって、「話し手／書き手」の思いの中では「**懐かしい記憶、忌々しい記憶**」などとして残ることになります。

5 ■ 線過去の活用と用法

　「**規則形**」は下の表のとおりです。

■ 規則活用 ■

	人称	hablar（話す） 語尾 -ar	beber（飲む） 語尾 -er	vivir（生きる） 語尾 -ir
単	I	hablaba	bebía	vivía
	II	hablabas	bebías	vivías
	III	hablaba	bebía	vivía
複	I	hablábamos	bebíamos	vivíamos
	II	hablabais	bebíais	vivíais
	III	hablaban	bebían	vivían

（語尾 -er, -ir で終わる動詞の語尾活用は同じです。）

「線過去の不規則活用」は、下記の表に見られる「ser, ir, ver の３語のみ」です。

■ 不規則活用 ■

	人称	ser（〜である）	ir（行く）	ver（見る）
単	I	era	iba	veía
	II	eras	ibas	veías
	III	era	iba	veía
複	I	éramos	íbamos	veíamos
	II	erais	ibais	veíais
	III	eran	iban	veían

では、「線過去の用法」をいくつかのケースにわけて考えてみましょう。

🔊 079

(1)「話し手／書き手」が「回想的なイメージ」で過去を描くとき

　これは、よくも悪くも「**あの時…していたんだなあ**」…という一種の回想、追憶です。「接続詞」や「時を表す副詞」とともに用いられることもあります。

　わかりやすくするために、「**線過去**」を用いた（a）と「**点過去**」を用いた（b）の例文を図式化し、両者のとらえ方の違いを見てみることにしましょう。

(a) Cuando (yo) **estaba** en España, **compraba** muchos libros y los **mandaba** a Japón.

　　私はスペインに滞在中、本をたくさん買い日本へ送っていました。

　　（"Cuando [yo] estaba en España"〔私はスペインに滞在中〕の箇所は、限定された期間という「一つの大きな点」ですが、「話し手／書き手」の思いは、時の枠に縛られることなく、「あの時はスペインにいて、たくさんの本を買い、そして日本へ送っていたんだなあ」という感覚なので、「回想として線過去」になっています。なお、comprar〔買う〕という行為は不定期であっても、数回、数十回であってもよいのです。）

(a)

（以下、◆━━▶ は「線過去」を表します。）

　一方、この文を「**点過去**」で表現してみると、(b) のようになります。そう
なると、「…していたんだなあ」という感慨はなくなり、むしろ「**過去の事象と
して淡々と述べている**」という印象を受けます。

(◀)) 079)

(b) Cuando (yo) **estuve** en España, **compré** muchos
libros y los **mandé** a Japón.

　　私はスペインに滞在中、本をたくさん買い日本へ送った。

　　（こちらは点過去ですが、「買う」という行為は不定期であっても、複数
　　回であってもかまいません。）

(b)

Mientras (yo) **tomaba** café, **llovía** a cántaros afuera.

コーヒーを飲んでいるあいだ、外は土砂降りの雨だった。

（tomaba も llovía も「いつからいつまでコーヒーを飲んでいた」とか「いつからいつまで雨が降っていた」という「時の枠」を意識するというよりは、「感慨深げに」あるいは「何気なく」そのときの状況を表現しています。）

En aquel entonces **teníamos** poco dinero y **comíamos** solo una vez al día.

あの当時、私たちはほとんどお金がなくて、食事は一日に一食だけだった。

（"en aquel entonces" は「あの当時、あの頃」という意味。solo は「唯一、…だけ」という副詞。）

En el parque **cantaban** los ruiseñores.

公園ではウグイスが鳴いていた。

En los días festivos mucha gente **paseaba** por las calles y algunos **bailaban** en la plaza.

祝日になると多くの人が通りを散歩し、広場で踊っている人も何人かいた。

Cuando **era** niña, **quería** ser enfermera.

私（女性）は子供の頃、看護師になりたかった。

Aunque **hacía** mucho calor, los niños **jugaban** en la calle.

とても暑かったにもかかわらず、子供たちは通りで遊んでいた。

(2)「過去の習慣」を表すとき

これはまさに「**あのとき…したものだ**」というイメージです。

080

Todas las tardes **dábamos** un paseo en la playa.

私たちは毎日午後になると海岸を散歩したものだ。

En España (yo) **escribía** mi diario todos los días.

スペインで私は毎日日記をつけていた。

De joven yo **pintaba** cuadros.　私は若い頃、よく絵を描いたものだ。

（"de ..." は、主語の性・数と一致した形で、副詞句を作ります〔= Cuando era joven ...〕。）

第11課　直説法点過去と線過去／自然現象の表現

En aquel pueblo el cartero **venía** dos veces a la semana para repartir las cartas.

あの村では郵便配達人は週に2度配達に来ていた。

Solía dar un paseo por la Alhambra después de cenar.

夕食のあと、よくアルハンブラ宮殿を散歩したものだ。

（soler は「よく…する」という意味。）

Nos reuníamos en casa de Alejandro cada dos sábados.

私たちは隔週土曜日にアレハンドロの家に集まったものだ。

Cuando **era** estudiante, frecuentemente **faltaba** a clase.

私は学生の頃、よく授業をさぼったものだ。

(3)「**接続詞 que**」をともなう複文

「**時制の一致**」として「**従属節**」で用いられます。

◀》081

Ella me dijo que **iba** a comprar los billetes para la función teatral.

彼女は芝居のチケットを買いに行くと言った。

Ellos nos dijeron que **querían** acompañarnos al aeropuerto.

彼らは私たちに空港まで同伴したいと言った。

Alicia me avisó que su amigo **vendía** un ordenador a buen precio.

アリシアは彼女の友人が手ごろな価格でパソコンを売ると私に知らせてくれた。

El encargado me notificó que no **había** suficientes sillas para todos los invitados.

担当者は、招待客全員分の椅子が足りないと私に知らせてくれた。

(4)「婉曲表現」

はっきりとした言い方を避け、**物事を遠回しに表現**する方法です。

🔊 082

¿Qué deseaba Ud.? — **Quería** comprar unos pantalones.

何にいたしましょうか？ーズボンが欲しいのですけど。

（普通に表現すると "¿Qué desea Ud.? — Quiero comprar ..." となります。）

Quería preguntarle una cosa. ¿Está bien? — Claro que sí.

一つお伺いしたいのですが、よろしいですか？ーもちろんです。

（これも単刀直入に言うと、"Quiero preguntarle una cosa." となります。）

---

6 ■ 点過去と線過去の併用

次に点過去と線過去を併用したとき、どのような文のイメージが「**話し手／書き手**」の脳裏に思い浮かぶのか考えてみましょう。その前に復習のつもりで(a)と (b) の例文を見比べてみてください。

🔊 083

(a) En el invierno del año pasado **escribí** la tesina de graduación.

昨年の冬、卒業論文を書いた。　　　　　　　　　　　　　　　（点過去）

(b) En el invierno del año pasado **escribía** la tesina de graduación.

昨年の冬、卒業論文を書いていた。　　　　　　　　　　　　　（線過去）

二つの例文には「**昨年の冬**」という「**時を表す大きな点**」が記されています。その時間帯の中で、（a）の文では「**話し手／書き手**」が**書き終えたという事実を淡々と述べている**のに対し、（b）の文では当時の状況を**感慨深く、特別な思いを込めて**、あるいは**何気なく**述べています。そのため「**書き終わった事実**」よりも「**その時の行為・心境が前面に押し出される**」形となります。

くり返しになりますが、「**線過去**」のイメージの特徴は**そのときの行動や事象に初めと終わりを感じさせないこと**です。図で示すと下のようになります。（a）は「**点過去**」、（b）は「**線過去**」です。

(a)

(b)

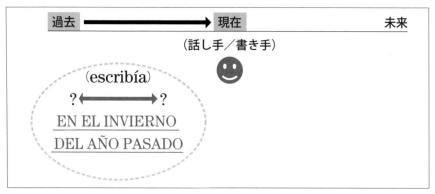

では、ここからは「**点過去**」と「**線過去**」が混ざり合った例文を見てみることにします。これまでと同様に「**話し手／書き手**」は「**現在の視点から**」表現しています。

(🔊 083)

Cuando (yo) estudiaba, me llamó por teléfono Ramón.

勉強していると、ラモンから電話がかかってきた。

(estudiaba〔勉強していた〕からは、「いつからいつまで勉強した」という客観的事実の伝達ではなく、「あのとき勉強していたんだなあ」という「主観的イメージ」が伝わってきます。そしてそのどこかの時点で電話があったということになります。)

180

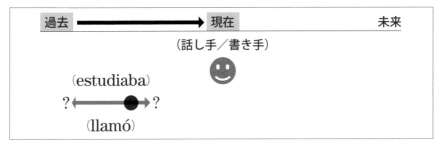

Mientras que **esperaban** el autobús, yo **fui** a comprar una bebida para ellos.

彼らがバスを待っているあいだ、私は彼らのために飲み物を買いに行った。

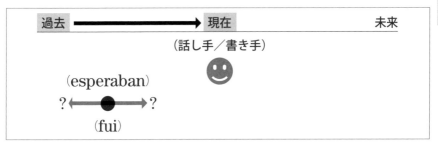

Anoche me **dolía** mucho una muela y no **pude** dormir bien.　昨晩は奥歯がとても痛くて眠れなかった。

（「話し手／書き手」は、歯が痛くてしばらく眠れなかったとしても、「眠れなかった」という状態を「点過去」として淡々と述べています。しかし、「痛すぎて眠れなかった」という状態を「そのときの思い」として表現するならば、「線過去」でも可能です。"... y no **podía** dormir bien."）

181

Cuando **comíamos**, alguien **tocó** el timbre de la puerta.

私たちが食事をしていると、誰かがドアのベルを鳴らした。

Como **sonaba** el teléfono, **me desperté**.

電話が鳴っていたので私は目が覚めた。

Yo **iba** a regar las flores, pero ya lo **hiciste**.

私は花に水をやろうと思っていたが、きみに先を越された。

Cuando **íbamos** a cenar, **hubo** un apagón.

夕食をとろうとしていたところ停電になった。

（hubo は動詞 haber の直説法点過去・3 人称単数〔hube, hubiste, **hubo**, hubimos, hubisteis, hubieron〕）。

---

7 ■「時の経過」を表す動詞 hacer

「時の経過」を表す場合、動詞 hacer（**3 人称・単数**）を使います。これは「**行為者が不明の無人称文**」となります。"hace ... que ~" のタイプの構文では、**que 以下の従属節（名詞節）が動詞 hacer の主語**になります。

> hace ... que ~ （…前に~した、~して…になる）
> hace ... （…前に）
> desde hace ... （…前から）

🔊 084

Hace mucho tiempo **que** vi esa película.

その映画を見たのはずいぶん前だ。

Hace mucho tiempo **que** no voy al cine.

私はずいぶん長いこと映画に行っていない。

Hace mucho **que** no te veía. 久しぶりだね。

（これは相手に面と向かっていうときに使います。）

Hace mucho **que** no te veo. 久しく会ってないね。

（こちらは相手に面と向かってではなく、相手と電話で話をしているときや、あるいは手紙を書いているときに使います。）

Hace un mes **que** le mandé una carta a Juan.

私は 1 か月前フアンに手紙を送った。

（間接目的語 le は "a Juan" をさす重複表現。）

Hace ocho años **que** vivo en Barcelona.

私はバルセロナに住んで 8 年になる（＝今も住んでいる）。

Hace ocho años **que** viví en Barcelona.

私は 8 年前にバルセロナに住んでいた（今はもう住んでいない）。

Hace mucho tiempo **que** llueve poco en esta región.

この地域では長いあいだ雨がほとんど降っていない（＝今もほとんど降っていない）。

Hace un año **que** no llovía en esta región.

この地域ではこの 1 年間雨が降らなかった。

¿Cuántos años **hace que** te hiciste fotógrafo? — **Hace** ya más de doce años.

きみは写真家になって何年になるの？―もう 12 年以上になる。

（「hacerse ＋名詞・形容詞」は「…になる」という意味。）

Hace poco mis padres vinieron a visitarme de repente.

ちょっと前に突然両親が私を訪ねてきた。

（"de repente" は「急に、突然」という意味。）

Ellos llegaron aquí **hace** quince minutos. [**Hace** quince minutos **que** llegaron aquí.]

彼らは 15 分前にここに着いた。

Mi padre me escribió una carta hace muchos días. [**Hace** muchos días **que** mi padre me escribió una carta.]

何日も前に父は私に 1 通の手紙を書いてくれた。

¿**Desde cuándo** empezaste a trabajar en esa compañía? — (Empecé a trabajar) **desde hace** seis meses.

いつからその会社で働き始めの？―6 か月前からだよ。

（この質問は次のようにも言えます。¿Cuándo empezaste a trabajar en esa compañía? その会社で働き始めたのはいつ頃なの？）

Estudio español **desde hace** cuatro años cuando entré en la universidad.

私は大学に入った4年前からスペイン語を勉強している（＝4年前に大学へ入ったが、その頃からスペイン語を勉強している）。

El otro día me encontré con mi antigua profesora. **Hacía** mucho tiempo **que** no la veía.

先日、私は恩師（女性）にお目にかかった。久しぶりのことだった。

（「話し手／書き手」は「現在の時点」に立っていますが、「会った」のは「過去の時点」です。「その時点を軸」にして「…前」となるので、hace が過去形 hacía になります。）

---

8 ■ 自然現象の表現

この表現に用いられる動詞はいずれも「**3人称・単数**」であり、「**無人称文**」です。

◀》 085

(1) 動詞 hacer を使って

¿Qué tiempo **hace** hoy?　今日の天気はどうですか？

Hace buen [mal] tiempo.　よい天気です〔天気が悪いです〕。

Hace calor [frío; fresco].　暑い〔寒い；涼しい〕。

Hace mucho calor [frío].　とても暑い〔寒い〕。

Hace bastante calor [frío; fresco].　かなり暑い〔寒い；涼しい〕。

Hace poco calor [frío].　ほとんど暑く〔寒く〕ありません。

Hace un poco de calor [frío].　少し暑い〔寒い〕です。

Hace sol [viento].　日が照っています〔風が吹いています〕。

¿Qué tiempo **hizo** anteayer?　一昨日の気候はどうでしたか？

Hizo fresco [bochorno].　涼しかった〔蒸し暑かった〕。

(2) その他の動詞を使って

Ayer **llovió** bastante y hoy todavía **sigue lloviendo**.

昨日かなりの雨が降り、今日もまだ降り続いている。

(「seguir ＋現在分詞」は「…し続ける」という意味。)

Hoy **salió** el sol a las cinco.　今日は5時に朝日が昇った。

Esta mañana **ha nevado** un poco.　今朝少し雪が降った。

En Hokkaido **está nevando**.　北海道では雪が降っている。

En Japón **hay** una temporada de lluvia.　日本には梅雨がある。

Hay luna llena [muchas estrellas].

満月の夜だ〔多くの星が見える〕。

Hay niebla [nubes].　霧が出ている〔雲が出ている〕。

Empezó a relampaguear.　稲妻が光り始めた。

Esta tarde **tronó** a lo lejos.　今日の午後、遠くで雷鳴がした。

En esta estación **llovizna** de vez en cuando.

この季節には時々霧雨が降る。

🔍 自然現象を表す動詞に「主語」が伴う場合

❖ 上記の例文のように、自然現象を表すときは「無人称文」となるのですが、場合によっては「主語」（行為者）が伴うこともあります。

Todavía no **ha amanecido**.　まだ夜が明けていない。　（無人称文）

Amanecí en un pequeño pueblo pintoresco.　（主語＝私）

趣のある村で私は朝を迎えた。

Ha dejado de llover.　雨が止んだ。　（無人称文）

Este año me **ha llovido** mucho trabajo.　（主語＝仕事）

今年は多くの仕事が舞い込んだ。

直説法点過去と線過去／自然現象の表現

185

I.（　　）内に適語を入れましょう。

1. Yo tengo la (　　　) edad (　　　) usted.
   私はあなたと同い年です。

2. Julio es cinco años (　　) (　　) Carmen.
   フリオはカルメンよりも五つ年上だ。

3. Mari Carmen es (　) (　　) lista (　) la clase.
   マリ・カルメンはクラスで一番賢い。

4. Jaime y Manolo son (　) (　) comen (　) rápido
   (　) todos.
   ハイメとマノーロは皆の中で一番早く食べる。

5. A ellos les gusta (　) (　) dar un paseo (　) quedarse en
   casa.
   彼らは家にいるよりはむしろ散歩するほうが好きだ。

6. Ricardo (　) tiene (　) (　) treinta años.
   (= Ricardo solo tiene treinta años.)
   リカルドはちょうど30歳だ。

7. El automóvil de mi sobrino es (　) moderno (　)
   (　) (　) yo imaginaba.
   私の甥の車は想像していた以上に先端的だ。

8. Los niños del vecino son (　　　　).
   隣人の子供たちは腕白盛りだ。（travieso　やんちゃな）

9. El examen de química (　) era (　) difícil (　)
   el de física.
   化学のテストは物理のテストほどむずかしくなかった。

10. (　　　) (　　　) se pinta ella, (　　) (　　) ridícula parece.
    彼女は化粧をすればするほど滑稽に見える。

11. Había (　　) gente en la venta especial (　　) no podíamos escoger bien la ropa.

特別セールは黒山のような人だかりで、私たちはじっくり服を選ぶことができなかった。

12. Tengo (　　) cosas que hacer (　　) no sé por dónde empezar.

私はすることが山ほどあって、どこから手をつけてよいのかわからない。

II. （　）内の主語に留意し、〔　〕内の動詞を点過去または線過去に活用させたあと、日本語に訳しましょう。

1. Cuando (yo) [despertarse], ya no [estar] nadie en casa.

[　　　　] [　　　　]

2. De joven, (nosotros) [soler] jugar al béisbol después de la clase.

[　　　　]

3. Ayer, ¿(vosotros) [divertirse] con la película?

[　　　　]

4. Cuando (nosotros) [visitar] a Ángel hace una hora, [estar] repasando la lección de hoy.

[　　　　] [　　　　]

5. [Ser] las doce cuando (tú) [acostarse], ¿verdad?

[　　　] [　　　　]

6. Siendo estudiantes, a ellas les [interesar] aprender varias cosas.

[　　　　]

7. Cuando (yo) [llegar] a la estación, ya [estar] esperándome mis compañeros.

[　　　] [　　　　]

III. スペイン語を日本語に訳してみましょう。

1 . Al parecer Ricardo estudia menos de lo que debe, por eso, aunque escucha la explicación del profesor, no entiende casi nada.

2 . Javier siempre tiene más trabajo del que puede realizar. Sin embargo, se esfuerza más de lo que parece y lo acaba dentro del plazo determinado.

3 . Estábamos de acuerdo con lo que nuestro jefe nos propuso. La única objeción era no tener suficiente tiempo para terminar todo hasta la fecha fijada.

4 . Acabé de leer una novela de Dickens. Y quería contarle a Juan el resumen de lo leído, pero no me dio tiempo de hacerlo, pues yo tenía un compromiso con otra persona.

5 . Total, disfruté de la fiesta, porque ahí me encontré con unos amigos de hace mucho tiempo. Lo único que no me gustó era la gente maldiciente.

〈98 年世代〉の作家バローハと線過去の多用例

Era una excursión que María Luisa **hacía** todos los años a principios de otoño. Cuando su marido **marchaba** con algún amigote a Biarritz o a San Juan de Luz, ella **tomaba** la diligencia que va recorriendo los pueblecitos de la costa de Guipúzcoa, y en uno de ellos **se detenía**.

Aquel viaje **era** para ella una peregrinación al santuario de sus amores, lugar donde su espíritu **se refrescaba** con las dulces memorias de lo pasado, y **descansaba** un momento de la fiebre de una vida ficticia. （太字＝「直説法線過去」）

　毎年、秋の初めになるとマリア・ルイサは決まって旅に出た。夫がどこかの遊び仲間とビアリッツまたはサン・フアン・デ・ルスに出かけると、彼女はギプスコアの海岸に点在する村を走る乗合馬車に乗り、とある村に降り立つのだった。
　この旅は彼女にとって愛の聖地への巡礼であった。そこに足を踏み入れると過去の心地よい思い出がよみがえり、爽快な気分になって、少しのあいだ慌ただしい偽りの生活を忘れることができた。(拙訳)
（*Playa de otoño*『秋の浜辺』）

　これは〈98 年世代〉の作家ピオ・バローハ（1872-1956）が書いた『秋の浜辺』という短編です。この作品にはかなりの頻度で「線過去」が使われています。引用文は出だしの部分ですが、この場面だけでも全体の予測がつくかと思います。「線過去」が多い理由は、主人公マリア・ルイサが毎年秋になると、夫の留守中に、日々の喧騒を逃れてかつての恋人が眠る墓地のある村へ行き、乳母の家に寝泊りし、周囲の海岸や山など自然に溶け込みながら心地よい時間を過ごす様子を、作者が回想するかのような口調で語っているからです。これは 10 年前の出来事で、彼女が 28 歳のときの瑞々しい思い出なのですが、物語は清々しい過去の描写に終わらず、彼女を待ち受けるこれか

第 11 課

直説法点過去と線過去／自然現象の表現

らの老年期の無味乾燥な生活をほのめかすことで、題名の「秋の浜辺」と重ね合わせています。作品全体で見ると「線過去」が84か所、「点過去」が34か所で用いられています。なお、本作品は、バローハの文体の特徴ともいえますが、一文がいろいろ装飾されていて長くなっています。この作品にはずいぶん昔の邦訳があります。

　ピオ・バローハはバスク地方のサン・セバスティアン出身です。若い頃にバスク地方の小さな町ヘストーナで医者として働いていたのですが、やがて嫌気がさして医学の世界から身を引き、マドリードで文筆家として身を立てる決心をしました。

　代表作の一つに『知恵の木』(1911)があり、この作品には主人公をとおしてバローハの人生観（厭世観）が如実に反映されています。ほかにも、『完成の道』(1902)、『探索』(1904)などがあります。

〈参考文献〉
ピオ・バローハ『バスク牧歌調』、笠井鎮夫訳、春陽堂（世界名作文庫）、1933年。
ピオ・バローハ『知恵の木』、前田明美訳、水声社、2009年。

第12課
関係詞

「**関係詞**」は、主節に置かれる語（先行詞）と従属節を結びつける役割を果たし、これを用いることによって名詞の持つ意味内容が膨らみます。「**関係詞**」には「**関係代名詞**」、「**関係形容詞**」、「**関係副詞**」があります。以下、順を追ってそれぞれの用法を見てみましょう。

1 ■ 関係代名詞

「**関係詞**」を介して「**先行詞**」と「**従属節**」が結ばれると、先行詞を修飾する「**従属節**」はその役割上「**関係節（形容詞節）**」となります。このとき「**先行詞**」は、従属節の動詞の「**主語**」となるか、「**直接目的語**」となります。

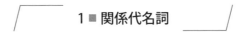

（修飾）　　　　　関係節（形容詞節）　　　　（下線＝「先行詞」、太字・斜体＝関係詞）

el <u>coche</u> *que* gasta mucha gasolina　ガソリンをよく食う車
　　　（関係詞）　　　　　　　　　　　　　　　　　（先行詞＝主語）

Benjamín se atrevió a comprar el <u>coche</u> *que* gasta mucha gasolina.
　ベンハミンはあえてガソリンをよく食う車を買った。

（修飾）　　　　　関係節（形容詞節）

la <u>película</u> *que* vimos antes　私たちが以前見た映画
　　　（関係詞）　　　　　　　　　　　　　　　（先行詞＝直接目的語）

La <u>película</u> *que* vimos anteayer fue muy divertida.
　一昨日、私たちが見た映画はとてもおもしろかった。

(1) que

この que は関係詞の中でも頻繁に用いられ、「**先行詞**」には「**人や物事**」がきます。que には「**性・数の変化はありません**」。

（）） 087

La chica **que**[*1] lleva el vestido negro es una actriz famosa.

黒い服を着ている女性は有名な女優だ。

¿Quién es aquella señora **que**[*1] habla mucho?

よく喋るあの夫人は誰ですか？

El alumno **que**[*1] está sentado a mi lado izquierdo es

canadiense.　私の左横に座っている生徒はカナダ人です。

（[*1] 上記の三つの例文では「先行詞」は「人」ですが、英語の who にあたる quien は使えません。つまり、「関係節の主語」として用いることはできないということです。

　　✕ "La chica **quien** lleva ...",

　　✕ "... aquella señora **quien** habla ...",

　　✕ "El alumno **quien** está ...".）

Vamos a coger el tren **que** sale a las ocho de la mañana.

午前 8 時発の列車に乗りましょう。

La pintura **que** estamos contemplando es del estilo

barroco.　私たちが鑑賞してる絵はバロック様式です。

¿Ya has usado el diccionario **que** compraste en España?

— Sí, lo usé varias veces.

スペインで買った辞書はもう使った？―ああ、何度も使ったよ。

¿Quién es el autor de esa novela **que** estás leyendo?

きみが読んでいるその小説の作者は誰なの？

¿Qué tal fue el concierto **que** oyeron Uds.?

あなた方が聴いたコンサートはどうでしたか？

（que を用いたここまでの例文は、どれも関係節が先行詞〔名詞〕を修飾し、先行詞の意味を限定（制限）することから「**限定用法**」または「**制限用法**」と言います。**関係詞の前にコンマは置かれません**。）

El conde-duque de Olivares, **que** fue el valido de Felipe IV,*² mandó construir el palacio del Buen Retiro para el rey.

フェリペ4世の 寵 臣であったオリバーレス伯侯爵は、国王のためにブエン・レティーロ宮の建設を命じた。

El Museo del Prado, **que** es uno de los museos más importantes del mundo,*² posee muchas obras maestras de los grandes pintores.

世界屈指の美術館の一つであるプラド美術館は、偉大な画家たちの数多くの傑作を所蔵している。

（*² 先の「**限定用法**」「**制限用法**」に対して、上記の二つの例文には「**コンマが置かれ**」、「que 以下の関係節」が先行詞の「**補足説明**」になっていることから「**説明用法**」と言います。）

(2) el que, la que, los que, las que / el cual, la cual, los cuales, las cuales

「**先行詞**」には「**人・物事**」がきます。「**定冠詞**」はそれに合わせて「**性・数の変化をします**」。また、cual には「**数の変化**」があります。「**定冠詞＋que**」と「**定冠詞＋cual(es)**」はほぼ同じ働きをします。

◀》088

Aquí hay cinco libros. ¿Cuál es **el que** te gusta más?

ここに5冊本があるけど、きみの好きな本はどれ？

Llegaron las tarjetas de Año Nuevo. **La que** te mandó tu amigo está en la mesa.

年賀状が届いた。きみの友人が送ってくれた年賀状は机の上にある。

¿Quiénes son **los que** no asistieron a mi clase de la mañana?

午前中の私の授業に出席しなかった人は誰と誰ですか？

La que está hablando con el rector es la nueva profesora.

学長と話をしているのは新任教員（女性）です。

No sé quién fue **el que** rompió la taza.

誰が茶碗を割ったのか私は知らない。

Los que vinieron temprano escogieron los mejores lugares.

早く来た人たちはよい場所をとることができた。

🔊 089

(a)「先行詞を明白に」したい場合

Las que tienen billetes pueden entrar ahora al campo de béisbol.

チケットを持っている人たち（全員女性）は、今から野球場に入れます。

La hija de Paco, **que [la cual]** vive en Roma, me llamó por teléfono anoche.

パコの娘でローマ在住の彼女が、昨晩私に電話をしてくれた。

（私に電話してきたのがパコの娘だということはわかりますが、que の場合だとローマに住んでいるのが父親のパコなのか娘なのか紛らわしいため、はっきりさせる意味で la cual が適しています。）

(b)「関係節の動詞」が「前置詞」をともなう場合

El joven **al que** se refieren (Uds.) es muy inteligente.

あなた方の口に上る若者は、とても聡明な人です。

（"al que se refieren" の al は "a+el (joven)" です。"referirse a ..." は「…に言及する」という意味。前置詞 a は referirse に付随するので省略できません。例文をあえて前から訳してみると、「若者／その若者に／あなた方は言及する【ここまでが主部】／〔その若者は〕とても聡明だ」となります。慣れてくるとこのように前からイメージできるようになります。）

El piso **en el que** viven ellos da al mar.

彼らが住んでいるマンションは海に面している。

（"en el que" の el は piso〔マンション〕をさします。"dar a ..." は「…に面している、…に向いている」という意味。これも前から訳してみると、「マンション／そのマンションに／彼らは住んでいる【ここまでが主部】／〔そのマンションは〕海に面している」となります。）

¿Quién es la muchacha **con la que** fuiste al cine anoche?

昨晩きみといっしょに映画に行った女の子は誰なの？

Ellas son unas amigas mías **con las que** fui de compras hace una semana.

彼女たちは私の友人で、1週間前いっしょに買い物に行った人たちだ。

Compré la revista **de la que** me hablaste.

きみが話していた雑誌を買ってきた。

("hablar de ..." は「…について話す」という意味。)

Este es el camino **por el que** vamos a casa.

これは私たちが家に帰るときに通る道だ。

Las estanterías **sobre las cuales** [las que] puse unas cajas son de madera y hierro.

私が箱をいくつか乗せておいた本棚は木と鉄でできている。

Allí está el árbol grande **contra el cual** [el que] chocó el automóvil.　車がぶつかったという大きな木はあそこにある。

(3) lo que, lo cual

「前の文全体を受ける」場合と、関係節全体が「…ということ、…なもの」という「独立用法」になる場合があります。

🔊 090

(a)「前の文全体を受ける」場合

Llegó tarde el autobús que (yo) iba a tomar, **lo que** [lo cual] me puso nerviosa.

乗る予定のバスの到着が遅れた。そのことが私（女性）をイライラさせた。

Mis colegas me elogiaron por mi trabajo, **lo que** [lo cual] me estimuló más.

私は同僚たちに仕事を褒められたので、さらにやる気が出た。

Perdió el juego nuestro equipo favorito, **lo que** [lo cual] nos disgustó.

ひいきのチームが試合に負けたので、私たちは不愉快だった。

Dijo un sinfín de disparates, **lo que** [lo cual] le hizo desacreditarse.

彼はいい加減なことを並べ立てたので、とうとう信用を落としてしまった。

(b) 「独立用法」：「…ということ、…なもの」

No entiendo bien **lo que** nos explicó el jefe.

上司の説明は、私にはよく理解できていない。

No me acuerdo de **lo que** pensaba hacer.

自分がしようと思っていたことを忘れてしまった。

（"acordarse de ..." は「…を覚えている、思い出す」という意味。）

Ricardo ya no es **lo que** fue antes.

リカルドはもう以前のリカルドではない。

Lo que me molesta mucho en verano son los mosquitos.

夏に不快きわまりないのは蚊がいることだ。

Todo **lo que** gana Paco al mes, lo gasta en unos días.

パコは1か月で稼いだ金を数日で使いきってしまう。

（"lo gasta" の lo は "Todo lo que gana"〔稼いだ金すべて〕をさします。）

Lo que estás diciendo no tiene sentido en este caso.

きみの言っていることは、今回のケースでは意味がない。

Para preparar la cena es suficiente con **lo que** tienes en el frigorífico.

夕食の準備をするには冷蔵庫の中にあるもので充分だ。

🔊 091

(4) quien, quienes

(a) この関係詞には「**数の変化があります**」。「que の用法」とさほど変わりませんが、「**先行詞は人に限られます**」。que と同じく「**前置詞をともなう場合**」もあります。

Miguel Delibes es un famoso escritor español, **quien** [el que] escribió varias novelas interesantes.

ミゲル・デリーベスはおもしろい小説を何作も書いた有名なスペイン人作家だ。

（**主格**としては「**説明用法のみ**」に用いられます。）

Hoy me han visitado dos estudiantes, **a quienes** [a los que] recibí con gusto.

今日二人の学生が私を訪ねてきたので、快く迎え入れた。

El señor Machado **a quien [al cual]** saludé me reconoció inmediatamente.

私が挨拶したマチャード氏はすぐに私だとわかってくれた。

A quienes [a los que] conducen los aviones los llamamos aviadores.　飛行機を操縦する人たちを私たちはパイロットと呼ぶ。

（"los llamamos" の los は、"los que conducen los aviones"〔飛行機を操縦する人たち〕をさします。）

¿La persona **a quien [a la que]** saludaste es española? — Sí, lo es.

きみが挨拶した人はスペイン人（女性）かい？—そうだ。

（lo は人称代名詞で、"ser, estar, parecer の叙述補語として用いられます。「7 課 6. 人称代名詞の中性形（2）」参照。）

Estos son mis compañeros **con quienes [con los cuales]** juego al tenis.　この人たちは私のテニス仲間です。

(b)「独立用法」：「…という人」

Quien [El que] siembra vientos, recoge tempestades.

風をき散らす者は、嵐をとり込む（＝身から出た錆／自業自得）。

Quien [El que] realizó el descubrimiento de América fue Cristóbal Colón.

アメリカの発見を実現したのはクリストバル・コロンだった。

---

2 ■ 関係形容詞

以下の関係詞は、**関係節の中**で「**形容詞の役割**」を果たします。

(1) cuyo, cuya, cuyos, cuyas　🔊 092

「**先行詞**」には「**人・物事**」がきますが、「**先行詞**」の性・数によって変化するのではなく、「**後続の名詞（イタリックの部分）の性・数によって変化**」します。「**前置詞をともなう場合**」もあります。

Juan tiene un hermano, **cuyo** *nombre* es Javier.
フアンにはハビエルという名の兄〔弟〕が一人いる。

David, **cuya** *madre* es inglesa, sacó una nota excelente en la gramática de inglés.
英国人の母親を持つダビッドは、英文法ですぐれた成績をおさめた。

Compré el periódico de hoy, **cuyos** *artículos* me interesaban mucho.
私は今日の新聞を買った。どの記事も大変興味深かったからだ。

En esa casa, **cuyas** *paredes* están desmoronadizas, vive una anciana.
その家の壁は壊れやすく、中に老婆が一人住んでいる。

La casa de mi amigo, **en cuyo** *jardín* hay muchos árboles, está al pie de la montaña.
庭木の生い茂った、私の友人の家は山の麓にある。

(2) **cuanto, cuanta, cuantos, cuantas** 🔊 093

この関係詞は「…のすべて」という意味になり、「**人・物事**」にあてはまります。「**性・数の変化があります**」。

En el futuro te devolveré **cuanto** [todo lo que] has hecho por mí.
私のためを思ってきみがしてくれたことに対し、将来きっと恩返しをするからね。

（devolveré は動詞 devolver〔返却する〕の直説法未来・1人称単数。「13課 2. 直説法未来の活用と用法」参照。）

Todo cuanto [Todo lo que] pasó me dio un susto.
一連の出来事は私には驚きだった。

Cuantos [Todos los que] participaron en el programa recibieron una gratificación.
プログラムに参加した人たちは皆、特別手当を受けとった。

Ahora mismo te devuelvo **cuanto** dinero [todo el dinero que] me prestaste.　きみに借りた金は今すぐに全額返すよ。

Les dieron **cuanta** ayuda [toda la ayuda que] necesitaron.

彼らが必要としていた援助はすべて与えられた。

（dieron は動詞 dar〔与える〕の直説法点過去・3人称複数で、行為者が不明の無人称表現。）

El abogado ya ha leído **cuantos** documentos [todos los documentos que] estaban en su escritorio.

弁護士は自分の机に置かれていた書類をもう全部読んでしまった。

Ella encendió **cuantas** luces [todas las luces que] había en la sala.

彼女は大広間の明かりをすべて灯した。

---

3 ■ 関係副詞

「副詞」ということで「**性・数の変化はありません**」。先行詞とのかかわりで「**前置詞がつく場合**」もあります。特に donde を使う際、「**前置詞＋定冠詞＋** que [cual]」に置き換えることもできます。

 094

(1) donde

Aquel es el pueblo **donde** [en donde; en el que; en el cual] viven mis padres.

あれは私の両親が住んでいる村です。

（"en donde" の前置詞 en は省略できますが、以下の例文に見られるように、それ以外の前置詞は省略できません。）

Vamos al aeropuerto **de donde** [del que] sale el avión para Madrid.

私たちはマドリード行きの飛行機が出発する空港へ行く。

Ya partió el autobús hasta el lugar de veraneo **a donde** [al que] vamos.

私たちの向かう避暑地行きのバスはすでに出てしまった。

Está bastante lejos la región **por donde** [por la que, por la cual] pensamos viajar.

私たちが旅行しようと考えている地域はかなり遠い。

Esa casa **donde** [en que; en la que; en la cual] vivíamos está en venta.

私たちが以前住んでいたその家は、今売りに出されている。

Iremos contigo **a donde** van tus amigos.

きみの友人たちが向かう場所へ私もきみと同行しよう。

（iremos は動詞 ir〔行く〕の直説法未来・1 人称複数。「13 課 2. 直説法未来形の活用と用法」参照。）

(2) cuando

¿Recuerdas **cuando** fuiste de vacaciones a Australia?

きみが休暇でオーストラリアへ行った時のことを覚えているかい？

El año pasado fue **cuando** conocí al señor Rodríguez.

ロドリゲス氏を知ったのは昨年のことだった。

(3) como

No sé la manera **como** lo realizaron ellos.

彼らがそれを実現した方法を私は知らない。

Me da risa la manera **como** actúan los comediantes.

役者たちの演技には笑える。

第 13 課
直説法過去完了／直説法未来／直説法過去未来／直説法未来完了／直説法過去未来完了

　本書では「**過去完了**」という言葉を使いますが、「大過去」とも呼ばれます。「現在完了」は、「現在に視点」をおき「その時点ですでに終了・完了している事象」を言い表すのに対し、「**過去完了**」は「**過去のある出来事よりもさらに前の事象**」に言及します。

――― 1 ■ 直説法過去完了の活用と用法 ―――

　「**過去完了**」は以下のような形を用いて表現しますが、その前に参考までに「現在完了」の活用も併記しておきます。

■ 過去完了の形 ■

「haber の線過去＋過去分詞（-ado, -ido）」

例

	人称	直説法現在完了		人称	直説法過去完了
単	I	he hablado	単	I	había hablado
	II	has hablado		II	habías hablado
	III	ha hablado		III	había hablado
複	I	hemos hablado	複	I	habíamos hablado
	II	habéis hablado		II	habíais hablado
	III	han hablado		III	habían hablado

（haber は**複合時制の助動詞**にあたります。）

（1）まずは「現在完了」と「過去完了」の簡単な比較をしてみます。

🔊 095

（a）「現在完了」

Ya **he acabado** mi tarea.　私はもう宿題をし終えた。

（b）「過去完了」

Ya **había acabado** mi tarea para esa hora.
その時間には私は宿題をし終えていた。

（b）の文には「**話し手／書き手**」が言及する「**過去の時点が二か所**」あります。一つは「**その時間（esa hora）**」で、もう一つは「**終えた時間帯（había acabado）**」です。いわば、「終えた時間帯」のほうが「その時間」よりも過去になります。このように「**過去から遡ったもう一つの過去**」を表すのが「**過去完了**」です。（a）と（b）の時間軸を図で表すと下のようになります。

（a）

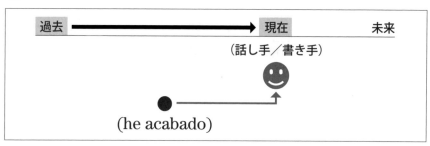

（b）

202

(2) 次に主節と従属節から成る「複文」を見てみましょう。

096

Cuando **llegamos** a la estación, ya **había salido** el tren.

私たちが駅に着いたとき、汽車はすでに出発したあとだった。

（前例と同様に、ここでも「話し手／書き手」が言及する「過去の時点は二か所」あります。つまり「私たちが着いた（llegamos）時間帯」と「汽車が出た（había salido）時間帯」で、「汽車が出た」時間帯のほうが先になります。）

| 過去 ━━━━━━━━━━▶ | 現在 | 未来 |

（話し手／書き手）

（había salido）

（llegamos）

（以下、━ ＝「過去の一時点よりも前の事象」）

096

Él me **dijo** que **había estado** en Alemania.

彼はドイツにいたことがあると私に言った。

（「言った（dijo）」よりも「滞在したことがある（había estado）」時期の方が先になります。）

Ella me **avisó** que ya **habían vacunado** a su hijo.

彼女はすでに息子の予防接種を終えたと私に知らせてくれた。

（"habían vacunado" は "vacunar〔予防接種をする〕の直説法過去完了・3人称複数で、行為者が不明の無人称表現。）

Le **pregunté** a Armando si **había sacado** el carné de conducir.　私はアルマンドに車の免許をとったかどうか尋ねた。

Cuando **llegué** a casa, ya **había empezado** la telenovela que me gusta.

家に着いたときには、好きなテレビドラマがすでに始まっていた。

Cuando **telefoneé** a mi hermana, ya **se había acostado**.

姉〔妹〕に電話したときには、彼女はもう寝ていた。

第13課

直説法過去完了／直説法未来／直説法過去未来／直説法未来完了／直説法過去未来完了

Me encontré por casualidad con Carmen y me contó que se había casado.

私は偶然カルメンに出会い、すでに結婚したことを知らされた。
（"encontrarse con ..." は「…に出会う」、"por casualidad" は「偶然に」という意味。）

2 ■ 直説法未来の活用と用法

「未来形」は「現在から見た未来の事象」を言い表すときや、「命令」や「推量」などにも用いられます。

（1）規則活用

直説法未来の作り方は下記の通りですが、これまでの活用方法と異なる点は、「動詞」（不定詞）のあとに「未来形の活用語尾」をつけることです。むろん、「規則活用」のほかに「不規則活用」もあります。

直説法未来形の活用語尾 （この「1種類のみ」です。）
-é, -ás, -á, -emos, -éis, -án

■ 規則活用 ■

	人称	hablar （話す）	beber （飲む）	vivir （住む）
単	I	hablaré	beberé	viviré
	II	hablarás	beberás	vivirás
	III	hablará	beberá	vivirá
複	I	hablaremos	beberemos	viviremos
	II	hablaréis	beberéis	viviréis
	III	hablarán	beberán	vivirán

204

（2）不規則活用

以下のような不規則なパターンがあります。

■ 不規則活用① ■

	人称	tener* （持つ）	poner* （置く）	venir* （来る）	salir* （出る）
単	I	ten*d*ré	pon*d*ré	ven*d*ré	sal*d*ré
	II	ten*d*rás	pon*d*rás	ven*d*rás	sal*d*rás
	III	ten*d*rá	pon*d*rá	ven*d*rá	sal*d*rá
複	I	ten*d*remos	pon*d*remos	ven*d*remos	sal*d*remos
	II	ten*d*réis	pon*d*réis	ven*d*réis	sal*d*réis
	III	ten*d*rán	pon*d*rán	ven*d*rán	sal*d*rán

（* 不定詞の「**最後の母音**」が *d* に変わる形。）

■ 不規則活用② ■

	人称	haber*	poder* （できる）	querer* （欲する）	saber* （知る）	caber* （入る）
単	I	habré	podré	querré	sabré	cabré
	II	habrás	podrás	querrás	sabrás	cabrás
	III	habrá	podrá	querrá	sabrá	cabrá
複	I	habremos	podremos	querremos	sabremos	cabremos
	II	habréis	podréis	querréis	sabréis	cabréis
	III	habrán	podrán	querrán	sabrán	cabrán

（* 不定詞の「**最後の母音**」が脱落する形。haber は**複合時制の助動詞**で、「**直説法未来完了**」を作るときに用いられます。）

直説法過去完了／直説法未来／直説法過去未来／直説法未来完了／直説法過去未来完了

■ 不規則活用③ ■

	人称	hacer* (行う)	decir* (言う)
単	I	haré	diré
	II	harás	dirás
	III	hará	dirá
複	I	haremos	diremos
	II	haréis	diréis
	III	harán	dirán

(* その他の形)

◀)) 097

(1)「現在」から見た「未来の行為・事象」を表すとき

En cuanto a ese problema **hablaremos** mañana con el responsable.

その問題については明日責任者と話をしよう。

("en cuanto a ..." は「…について」という意味。)

Está nevando mucho, pero **visitaré** el castillo.

かなり雪が降っているけれど、城へは行こうと思う。

No he preparado la lección, pero no **faltaré** a clase.

予習はしていないが、授業は欠席しないつもりだ。

¿Crees que **parará** de llover pronto? — Yo creo que sí.

すぐに雨がやむと思う？―やむと思うよ。

El año que viene **iré** a la universidad.

来年私は大学へ行こうと思う。

Quizá mañana **hará** sol.　たぶん明日は晴れるかも。

Este miércoles **habrá** una reunión especial a las cinco de la tarde.

今週の水曜日午後５時から特別会議が開かれるだろう。

(2)「勧誘」、「命令」、「忠告」のニュアンス

Nos veremos el próximo lunes, ¿no?　来週の月曜日に会おうよ。

Dentro de dos horas **saldremos** de aquí.
２時間以内にここを出ましょう。

Limpiaremos esta habitación para recibir a los invitados.
招待客を迎え入れるために、この部屋を掃除しておこうよ。

Votaremos por el mejor candidato.
最良の候補者を選ぼうではないか。

¿Me **acompañarás** hasta el ayuntamiento?
市役所までいっしょに来てくれる？

Me **avisarás** después, ¿eh?　あとで知らせてよね。

¿Te **callarás** de una vez?　うるさい！
（callarse〔黙る〕は再帰動詞。"de una vez" は「一度に」という意味。）

¡Me las **pagarás**!　覚えていろよ！
（pagar は「支払う」という意味で、この文を直訳すると、「きみは私にそれ
ら　の支払いをするだろうよ！」となり、そのうち報いを受けるであろうこ
とを示唆しています。）

(3)「推量」、「可能性」のニュアンス

Ese señor **tendrá** sesenta años.　その男性は 60 歳くらいだ。

¿Quién **será** a estas horas?　こんな時間に誰だろう？

3 ■ 直説法過去未来の活用と用法

「未来形」と「過去未来形」との違いは、「**未来形**」のほうは「**話し手／書き手**」
が「**現在に視座**」をおき「**未来のことを語ったり、推測したりする**」のに対し、
「**過去未来**」は「**現在に視座**」をおくのは同じですが、「**過去の一時点に注目**」し、
「**そこから見た未来の事象**」を言い表します。
　「**過去未来**」の活用は、「**未来形**」と同じく「**動詞（不定詞）**」に直接「**活用語尾**」
をつけます。その「**活用語尾**」ですが、11 課で学んだ -er, -ir で終わる動詞の「線

207

過去の活用語尾」を用います。また「**不規則活用**」については、「**未来形の不規則活用**」の形にならいます。

直説法過去未来形の活用語尾 （この「**1種類のみ**」です。）
- ía, - ías, - ía, - íamos, - íais, - ían

■ 規則活用 ■

	人称	hablar （話す）	beber （飲む）	vivir （住む）
単	I	hablaría	bebería	viviría
	II	hablarías	beberías	vivirías
	III	hablaría	bebería	viviría
複	I	hablaríamos	beberíamos	viviríamos
	II	hablaríais	beberíais	viviríais
	III	hablarían	beberían	vivirían

■ 不規則活用 ■

	人称	haber	hacer （行う）	querer （欲する）	poder （できる）
単	I	habría	haría	querría	podría
	II	habrías	harías	querrías	podrías
	III	habría	haría	querría	podría
複	I	habríamos	haríamos	querríamos	podríamos
	II	habríais	haríais	querríais	podríais
	III	habrían	harían	querrían	podrían

（haber は**複合時制の助動詞**で、「**直説法過去未来完了**」を作るときに用いられます。
「本課 5. 直説法過去未来完了」参照。）

(1)「過去の一時点」から見た「未来の事象」

　　ここでも時間軸がわかりやすいように、従属節に「**未来形**」を用いる(a)と「**過去未来形**」を用いる（b）を比べてみましょう。

　　　　（以下、カッコ内の説明は「**従属節の動詞の時制**」を表します。）

(a) Antonio **dice** que me **visitará** mañana.

アントニオは明日私を訪ねるだろうと言う。 **(未来)**

(b) Antonio **dijo** que me **visitaría** al día siguiente.

アントニオは翌日私を訪ねるだろうと言った。 **(過去未来)**

〔(b)の文では「過去」に言及しているため mañana〔明日〕は使えません。
そのため "al día siguiente"〔次の日〕に置き換えます。〕

(a)

（▲は未来の行為・事象をさします。）

(b)

(◍) 098

Ellos **dicen** que **tomarán** los cursos de formación
pedagógica el próximo año.

彼らは来年教職課程を履修するだろうと言っている。 **(未来)**

Ellos **decían** que **tomarían** los cursos de formación
pedagógica al año siguiente.

彼らは次年度、教職課程を履修するだろうと言っていた。 **(過去未来)**

（この文では、主節の動詞が線過去 decían になっているので、「あのとき〜と
言っていたんだなあ」という感じになります。むろん、点過去〔dijeron〕にす
ることも可能です。いずれにせよ、「過去」に言及しているため、"el próximo
año"〔来年〕は使えず、"al año siguiente"〔次の年〕に置き換えます。〕

Ella me **pregunta** cuándo yo **iré** a Salamanca.

彼女は私がいつサラマンカへ行くのか尋ねる。 （未来）

Ella me **preguntó** cuándo yo **iría** a Salamanca.

彼女は私がいつサラマンカへ行くのか尋ねた。 （過去未来）

Adela **dudaba** si el medicamento nuevo **sería** eficaz para la gripe.

アデーラは新薬が風邪に効くかどうか疑っていた。 （過去未来）

Ellos me **prometieron** que **harían** todo lo posible.

彼らは全力を尽くすと私に約束した。 （過去未来）

(2)「過去・現在の事象」に対する「推量」

Sería[*1] bien guapa cuando **era** joven.

彼女は若い頃かなり美人だったようだ。

Haría[*1] mucho frío en esa región montañosa.

山間部ではかなり寒いだろうな。

Sería[*1] la una de la madrugada cuando **volvió** a casa mi esposo.

私の夫が帰宅したのは午前1時だったかしら。

　　（[*1] 上記の3例では、「その時の状況」を「話し手／書き手」が自身の目で確認していないことになります。）

Tendría aproximadamente veinte años cuando la **vi**.

彼女に会ったとき、彼女は二十<ruby>歳<rt>はたち</rt></ruby>くらいだったと思う。

Sería difícil cargarlo tú solo.

きみ一人でそれを抱えるのはむずかしいだろう。

(3)「婉曲表現」または「丁寧な表現」

¿Te **gustaría** acompañarme?　いっしょに行ってくれるかな？

Deberías llevar el impermeable porque va a llover.

雨が降るのでレインコートを持って行ったほうがいいかもね。

Preferiríamos pasar un día en una isla.

一日どこかの島で過ごしたいものだ。

210

¿Os **importaría** esperarnos aquí? — Absolutamente no.
> ここで私たちを待っていてもらえるかな？―もちろんだとも。

Desearía hablar una vez con tus padres.
> 一度きみの両親と話がしたいんだけど。

Querría reservar una habitación para el día 10 de este mes.
> 今月10日に部屋を予約したいのですが。

(4) 現在における仮定

以下の例文に、「帰結節」はあるものの「**sí を用いる条件節がない形**」です。かりに「条件節」が置かれるとしたら、「もし…ならば〜なのに」というような構文になります。

Con mejores condiciones que las de ahora, todos **trabajaríamos** contentos.
> 今よりもよい条件であれば、みんな喜んで働くのに（＝条件が悪いので、喜んで働いていない）。

Sin la recaudación de donativos no **podrían** seguir socorriendo a los damnificados.
> 義援金がなければ、被災者の救援を続けるのは無理だろう（＝義援金があるから被災者を救済できているが、それがないとこの先続けられないだろう）。
>
> （podrían は動詞 poder の3人称複数で、行為者が不明の無人称表現。）

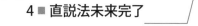

4 ■ 直説法未来完了

この未来完了には二通りの用法があります。

(1)「話し手／書き手」が「現在」という視点から、「未来の一時点」を定め、行為・物事が「その時点までに完了していることを予測する」ときに用います。（多くの場合、「未来の一時点」が明記されます。）

「haber の未来形＋過去分詞（-ado, -ido）」

◀)) 099

(a) Manuel **llegará** a su casa a medianoche.
　　マヌエルは夜半には自宅に到着するだろう。　　　　　　　**（未来）**

(b) Manuel **habrá llegado** a su casa a medianoche.
　　夜半にはマヌエルは自宅に到着しているだろう。　　　　**（未来完了）**

　（(a) の「**未来形**」では、「**話し手／書き手**」が「**現在に立って未来の事象を推測する**」のに対し、〔b〕の「**未来完了**」では同じようなことであっても、「**話し手／書き手**」は「**未来の一時点に視線を向け、それまでに行為は完了していると睨んだ発言**」です。）

(a)

(b)

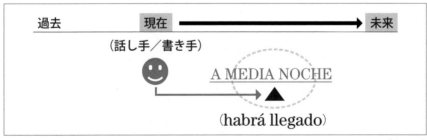

（◀)) 099）

Pasado mañana **habré llegado** a Lima.
明後日には私はリマに着いているだろう。

El mes que viene ya **nos habremos mudado** de casa.

来月にはもう引っ越しを終えているだろう。

（mudarse は「移転する、引越しする」という意味。）

¿**Habrán acabado** de confirmar el contenido de estos documentos hasta mañana? — No estamos seguros, pero lo trataremos.

あなた方はここにある文書の内容を明日までに確認し終えることができますか？—自信はありませんが、努力はしてみます。

(2)「話し手／書き手」が「現在」という視点から「**過去の出来事、これまでの状況・行為を推量する**」ときに用います。

（🔊 099）

Ellos ya **habrán visitado** el Museo del Prado.

彼らはすでにプラド美術館を訪れていることだろう。

Habrá ocurrido algún suceso, pues hay muchos policías.

何か事件でもあったのだろう。多くの警察官がいる。

¿Qué **habrá sido** de mi amigo Luis? Ya no me ha vuelto a escribir desde hace mucho tiempo.

友人のルイスはどうしているのだろうか？　手紙をよこさなくなってからもうずいぶん経つけど。

（この文は、「未来」のことではなく、目の前に本人がいないために、相手の安否がわからず、それを気遣うという表現です。）

5 ■ 直説法過去未来完了

この用法には三通りあります。(1)「話し手／書き手」が「現在」という視点から「**過去の一時点に注目し、そこから見た未来の事象を推測**」するとき、(2)「**過去の一時点までに完了していると思われる事象**」を言い表すときに用いられます。さらに (3)「**事実に反する条件文の帰結節**」にも用いられますが、こちらは接続法がともなうので、ここでは省略します（「20 課 6. 非現実的な条件文」参照）。

■ 直説法過去未来完了の形 ■

「haber の過去未来＋過去分詞（-ado, -ido）」

🔊100

(1)「過去の一時点」に注目し、そこから見た「未来の事象を推測」

Emilio **dijo** que **habría leído** ese libro difícil antes de dos días.

エミリオはそのむずかしい本を二日以内に読んで見せると言った。

Ana me **prometió** que ya **habría terminado** su trabajo antes de las cinco y vendría a recogerme.

アナは、5時には仕事を終えられるだろうから、そのあと私を迎えに来てくれると言った。

Ella me **dijo** que **habría obtenido** su pasaporte antes de las vacaciones.

彼女は、休暇前にはパスポートを手に入れられると私に言った。

Ellos me **informaron** que su amigo ya **habría sacado** el carné de conducir para fines de este mes.

彼らは、自分たちの友人が今月末までに運転免許を取得するだろうと私に知らせてくれた。

(2)「過去の一時点までに完了していると思われる事象」

まずは、従属節に見られる（a）「過去完了」と（b）「過去未来」を見比べてみてください。（b）の文の主節には、わかりやすいように「話し手／書き手」の「不確かな気持ち」を表す動詞を用いました。

214

(a) **Estoy** seguro que ya **había salido** el tren cuando mis amigos **llegaron** a la estación

友人たちが駅に着いたとき、間違いなく列車は出発したあとだった。

（過去完了）

(b) **Supongo** que ya **habría salido** el tren cuando mis amigos **llegaron** a la estación

友人たちが駅に着いたのは、列車が出発したあとだったんじゃないかなあ。

（過去未来）

(a)

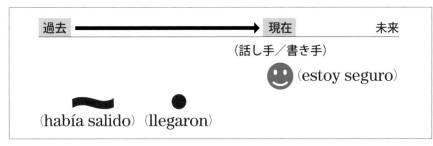

(b)

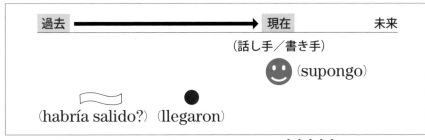

（〰 ＝「過去の一時点までに完了していると推測される事象」）

Los niños **se habrían cansado** de tanto jugar, por eso **regresaron** temprano.

子供たちは遊び疲れたのだろう。だから、早く帰ってきたのだ。

（"por eso" は「それゆえに、だから」という意味。）

Anoche a esa hora ya **me habría acostado**.

昨夜のその時間なら、私はすでに床についていたと思う。

Yo **imaginé** que hasta aquel entonces Pepe **habría ahorrado** bastante dinero.

私は、ぺぺがあの時までに大金を貯め込んでいたものと踏んでいた。

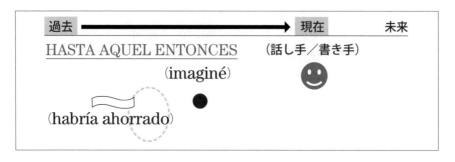

I. ( ) 内に適切な関係詞を入れましょう。必要であれば前置詞、定冠詞もつけてください。( ) 内は 1 語とは限りません。

1. La sardana es un baile en círculo formado por más de dos personas (　　　) se cogen de las manos.

   サルダーナは、二人以上の人が手をつなぎ輪になって踊る民族舞踏だ。

2. La familia vecina tiene un chalet (　　　) pasa los veranos.

   近くに住む家族は、毎年夏に過ごす別荘を持っている。

3. No tiene ningún sentido (　　　) nos está diciendo él.

   彼が私たちに言っていることは、まったく意味がない。

4. Éstos son lo libros (　　　) cité algunos párrafos para mi tesis.

   私はこれらの本から論文に必要なパラグラフを引用した。

5. Mi amiga, (　　　) escribí, vive en Austria.

   私が手紙を書いた友人（女性）はオーストリアに住んでいる。

6. El camino (　　　) hemos pasado era estrecho y oscuro.

   私たちが通ってきた道は狭くて暗かった。

7. La chica (　　　) jugaba de niño contrajo matrimonio con uno de mis compañeros de la compañía.

   私（男性）が幼い頃いっしょに遊んだ女性は、会社の仲間の一人と結婚した。

8. En la asamblea había mucha gente desconocida, (　　　) me puso nervioso.

   集会には知らない人がいっぱいいたので、気持ちが落ち着かなかった。

9. El domingo pasado estuvimos en un pueblo pequeño (　　　) pasamos un tiempo agradable.

   先週の日曜日、私たちは小さな村で心地よい時間を過ごした。

10. Se me antojó visitar la playa (　　　) nos conocimos.

    私は、かつて私たちが知り合った海岸へふと行ってみる気になった。

11. Me llevé (   ) libros quería leer durante mi viaje.
　　私は旅のお供に読みたい分だけ本を持って行った。

II. [　] 内の動詞を適切な時制に変化させましょう。

1 . [querer] trabajar en una compañía prestigiosa y ganar
　　mucho dinero.　　　　　　　　　　　　　　　[　　　]
　　私は有名企業に勤めてたくさんのお金を稼ぎたいんだけどな。

2 . Mañana [venir] a visitarnos nuestra hija.　　　　[　　　]
　　明日は娘が私たちを訪ねてくるだろう。

3 . [ser] las ocho cuando [pasar] una ambulancia por aquí.
　　　　　　　　　　　　　　　　　　　[　] [　　　]
　　救急車がこのあたりを通ったのは 8 時ごろだったかな。

4 . Manuel me [decir] que [regresar] lo antes posible.
　　　　　　　　　　　　　　　　[　　　] [　　　]
　　マヌエルはできるだけ早く戻ってくると私に言った。

5 . Yo [creer] que ya [terminar] tu trabajo a esas horas.
　　　　　　　　　　　　　　　[　　　] [　　　]
　　その時刻にはきみは仕事を終えているだろうと思った。

6 . Hace unos días Andrés y Emilia nos [escribir] que [nacer] su
　　bebé el mes pasado.　　　　　　　　　[　　　] [　　　]
　　数日前、アンドレスとエミリアは私たちに手紙で先月子供が生まれたこと
　　を知らせてきた。

7 . Tal vez él [querer] ir con nosotros.　　　　　　[　　　]
　　彼はたぶん私たちといっしょに行きたいのだろう。

8 . No [saber] que ella ya [encontrar] lo que [buscar].
　　　　　　　　　　　　　[　] [　　　　] [　　　]
　　私は、彼女の探し物がすでに見つかったことを知らなかった。

II. スペイン語を日本語に訳してみましょう。

1. Como Teresa me devolvió el libro que le había prestado, le presté otro. No sé para cuándo lo leerá.

2. Serían las cuatro de la madrugada cuando ocurrió un terremoto. Y entonces pensé que le seguiría otro temblor en poco tiempo.

3. Los señores Sánchez habían ahorrado suficiente dinero, por eso salieron de viaje a África la semana pasada. Imagino que ahora estarán gozándolo. A más tardar para fines de este mes ya habrán regresado.

4. Cuando llegamos a la cafetería, ya nos estaban esperando nuestros amigos para charlar un poco sobre la actividad voluntaria en la que ibamos a participar. Pero no había llegado todavía el que nos iba a guiar.

Diálogo 4

祖父は映画館で居眠り

Joaquín: El otro día fui al cine con mis abuelos.

Mercedes: ¿Qué película visteis?

Joaquín: Vimos una película vieja de Chaplin.

Mercedes: A mí me encantan las[*1] de los años 20 o 30 del siglo pasado.

Joaquín: Pero, ¡fíjate![*2] Cuando comenzó, mi abuelo se quedó dormido y no se despertó.

Mercedes: ¿Hasta el final?

Joaquín: Exacto. Y además murmuraba con los ojos medio abiertos en algunas escenas interesantísimas.

Mercedes: Tal vez se divertiría mezclando su sueño con las imágenes de la pantalla.

Joaquín: Debe de ser así. A propósito, ¿no tienes hambre?

Mercedes: No mucha. Si quieres podemos comer tapas[*3] con cerveza.

Joaquín: Muy bien. Vamos.

[*1] las は、películas〔映画〕をさします。

[*2] "fíjate" は再帰動詞 fijarse（注目する）の命令法（2人称単数）。「19課 2. 肯定命令」参照。

[*3] tapa は「酒のつまみ」のこと。

ホアキン：先日、祖父母と映画を見に行ったんだ。

メルセデス：どんなの映画を見たの？

ホアキン：チャップリンの古い映画だよ。

メルセデス：私は 1920 年代とか 30 年代の映画は大好きだけど。

ホアキン：ところがだよ、映画が始まったとき祖父は船を漕ぎ始め、ずっと目を覚さなかったんだ。

メルセデス：おしまいまで？

ホアキン：そうなんだよ。そのうえ、ものすごくおもしろい場面になると、半分目を開けたままぶつぶつ言っていた。

メルセデス：たぶん映画のシーンと夢とがごっちゃになって楽しんでいたんじゃないの。

ホアキン：そうかもね。ところで、お腹空かない？

メルセデス：そんなに空いてないけど。もしよかったら、何かつまんでビールでも飲みましょう。

ホアキン：そりゃいいや。じゃ、行こう。

受動文（受け身）／無人称文／時制の一致

1 ■ 受動文

　この課で扱う「受動文」および「無人称文」には、それぞれいくつかのパターンがあるので、主な形を一つずつ見ていきましょう。

(1)「ser ＋過去分詞」

　この受動文の形ですが、ここで使用される「**過去分詞**」は「**形容詞**」として「**性・数の変化をします**」。しかし、使用頻度は後述する「**se を使った表現**」に比べると高くありませんし、口語ではあまり用いられません。

　しかしそうは言うものの、まずはこの形から見ていくことにします。「**能動文**」では「**主語＋他動詞＋目的語**」の形をとるのに対して、「**受動文**」では「**能動文の目的語**」が「**主語**」となり、「**主語＋ ser［estar］＋他動詞の過去分詞 ＋ por**」の形をとります。

🔊 102

(a) 能動文

Uno de los compañeros de la clase **invita** a Pablo a una fiesta.

　クラスメイトの一人がパブロをパーティーに招待する。

El profesor **ha examinado** a los estudiantes.

　先生は学生たちに試験をした。

Los fascistas **asesinaron** al poeta.　ファシストたちは詩人を暗殺した。

El sindicato **rechazará** la negociación.

　組合は交渉を拒否するだろう。

(b) 受動文

Pablo **es invitado** a la fiesta **por** uno de los compañeros de la clase.

　パブロはクラスメイトの一人からパーティーに招待される。

Los estudiantes **han sido examinados por** el profesor.

学生たちは先生によって試験された。

El poeta **fue asesinado por** los fascistas

詩人はファシストたちによって暗殺された。

La negociación **será rechazada por** el sindicato.

交渉は組合によって拒否されるだろう。

(2)「estar ＋過去分詞」

　この形にすると**受動文**は「**状態・状況**」を表します。ここでも「**過去分詞**」は（1）と同じく「**性・数の変化をします**」。ただし、この受け身の形はしばしば用いられます。

🔊 103

El camino hacia el monte **está cerrado** en invierno **por** la nieve.　登山道は雪のため冬は閉鎖されている。

¿A qué hora **estará abierto** el supermercado? — A las diez.

スーパーマーケットの開店時間は何時でしょうか？—10時開店です。

次に示す二文は、同じ「**受動文**」ですが、（a）では看板の状態を言い表しているのに対し、（b）では過去の出来事として看板が倒された理由が por によって示されています。

(a) El letrero **está tumbado** en el camino.

看板が道に倒れている。

(b) El letrero **fue tumbado** en el camino **por** la borrasca.

道にある看板が突風によって倒された。

Las puertas **están abiertas**.　どの扉も開いている。

Estamos acostumbrados a tomar café con el desayuno.

朝食にコーヒーを飲むのが私たちの習慣だ。

Todas las paredes **están pintadas** de color verde.

全部の壁が緑色に塗られている。

❖「quedar(se), hallarse, encontrarse ＋過去分詞」（…の状態・状況にある）

Quedó destruído todo el ecosistema por el desastre.
　大災害によってすべての生態系が破壊された。

Se quedó desolado el pueblo después de la guerra.
　戦争が終わり、村は荒廃した。

Las tiendas en la región montañosa se hallan [se encuentran] cerradas por la fuerte nevada.
　山岳地方では豪雪のため店が閉まっている。

❖ "verse obligado a ..."（…せざるを得ない）

Nos vemos obligados a regresar a nuestro país por la crisis económica de aquí.
　当地の経済危機によって私たちはやむなく帰国しなければならない。

(3)「se ＋他動詞（3人称複数）」

　この構文は頻繁に目にしたり耳にしたりする形ですが、注意したいのは「**主語が物事に限られる**」ことです。「**人が主語になることはありません**」。なお、「**主語**」は主に「**動詞の後ろ**」に置かれますが、「**動詞の前**」に置かれることもあります。

🔊 104

En Suiza **se hablan** alemán, francés e italiano.
　スイスではドイツ語、フランス語、イタリア語が話される。

Se venden bebidas en el quiosco.
　キオスクには各種飲み物が売られている。

¿Cómo **se traducen** estos modismos al japonés?
— **Se traducen** "......".
　これらの慣用句は日本語でどのように訳しますか？—「……」と訳します。

Se suspendieron todas las competiciones deportivas por el nuevo coronavirus (covid-19).
　新型コロナウィルスにより、すべてのスポーツ競技が中止となった。

(4)「se ＋他動詞（3人称単数）」

この構文についても、（3）と同じように解釈できますが、その一方で後述する「**無人称**」であるとも考えられます（「本課 2. 無人称（4）」参照）。

Se vende un diccionario de vocablos específicos en esta librería.
この書店には専門語の辞書が売られている。

Se habla japonés en esta tienda.　この店では日本語が通じる。

¿Cómo **se traduce** esta frase al japonés? — **Se traduce** así "......".
この文は日本語でどのように訳しますか？—「……」と訳します。

¿Cómo **se llama** la nueva panadería del centro? — Se llama "Panda".
繁華街にある新しいパン屋さんの名前は何ですか？—「パンダ」です。

¿Cómo **se dice** esto en español? — Se dice "pila" (en español).
これはスペイン語で何と言いますか?—「（スペイン語で）乾電池」と言います。

Se ve vagamente a lo lejos el arco iris.
遠くのほうでかすかに虹が見える。

Se asoma la luna entre las nubes.
雲のあいだから月が顔を出している。

Antes **se usaba** un texto muy difícil, pero ahora ya no.
以前は難解なテクストが使われていたが、今はもう使われていない。

Se ha aplazado la excursión por la lluvia.
雨のため遠足が延期された。

(5)「se ＋人称代名詞（間接目的語）＋動詞（3人称単数・複数）＋名詞」

この構文の発想はスペイン語独特です。「**うっかり…してしまった**」という「**責任回避的なイメージ**」や、「**…が思い浮かんだ**」という「**突如浮上するイメージ**」、あるいは「**何かの結果を招くイメージ**」などを表現するときに用いられます。

（太字・斜体＝「**人称代名詞（間接目的語）**」）

第 14 課

受動文（受け身）／無人称文／時制の一致

225

Se *me* cayó un plato.　お皿が一枚割れた（＝私からお皿が一枚落ちた）。

Se *me* cayeron unos platos.　お皿が数枚割れた。

¿Qué se *te* olvidó? — Se *me* olvidó traer mi móvil.
何を忘れたの？—携帯を持ってくるのを忘れた。

Se *nos* ocurrió una buena idea.　私たちにいい考えが浮かんだ。

Se *les* escaparon los criminales a los policías.
警察が犯人をとり逃してしまった（＝警察から犯人が逃げた）。
（les は "a los policías"〔警官たち〕をさす重複表現。）

Por fin **se *le* cumplió** su deseo a la muchacha.
ようやく少女の願いがかなった。
（le は "a la muchacha"〔少女〕をさす重複表現。）

Se *nos* han acabado los recursos para continuar con el
programa.　計画を続行するための資金が尽きた。

2 ■ 無人称文

「無人称文」とは、「主語（行為者）が不明の文」や、「主語そのものに関心を
寄せない文」をさします。

(1)「自然現象」、「時刻」

「自然現象」を言い表すとき、「主語」は「3 人称単数」で構成されます（「11
課 8. 自然現象の表現」参照）。また「何時何分です」という言い方（「8 課 4.
時刻の表現」参照）、「時の経過」の表現（「11 課 7.『時の経過』を表す動詞
hacer」参照）でも「無人称」の形が用いられます。

(2)「hay que ＋不定詞」（…しなければならない）

この形は「義務」を表すときに用いますが、「主語が明示されない」ため、「人
は、私たちは」という一般的な言い方になります。haber の活用は常に 3 人
称単数です。

Hay que estudiar mucho para ser abogado.
弁護士になるには猛勉強する必要がある。

Hay que tener mucho cuidado al conducir.
運転するときは充分注意しなければならない。

No hay que perder la esperanza en cualquier situación.
どんな状況にあっても希望を失わないことだ。

No hay que darse prisa.　急ぐ必要はない。

Había que entregar la tarea ayer antes de las cinco.
宿題は昨日の5時までに提出しなければならなかった。

¿Habrá que hacer una reservación en el restaurante?
— No creo.
そのレストランは予約が必要だろうか？―その必要はないと思う。

◉ 同じように「**義務**」を表す場合でも、"tener que ..." や "deber (de) ..." では「**主語が明示**」され、**無人称文ではなくなります**。

Tienen que levantarse temprano mañana.
あなた方は明日早く起きなければならない。

Debes de regresar inmediatamente el dinero que pediste prestado.　きみは借りた金をすぐに返すべきだよ。
　　（"pedir prestado ..." は「…を借りる」という意味。prestado は形容詞なので、借りる物の「性・数に合わせて変化」します。）

(3)「動詞（3人称複数）」
　この形は、動詞の「3人称複数」を用いますが主語は明示されず、「**行為者が不明の無人称文**」となります。ただし、すぐ下の例文のように「主語」（下線の語）を置けば無人称文ではなくなります。

108

<u>Ellos</u> dicen que pagarán los gastos del hotel con tarjeta de crédito.　彼らはホテル代をカードで支払うと言っている。

Dicen que Pablo pagará los gastos del hotel en efectivo.

パブロはホテル代を現金で支払うそうだ。

Construyeron una torre altísima en el centro de la ciudad.

町の中心部にものすごく高い塔が建てられた。

En muchas partes de los Estados Unidos **hablan** español.

アメリカ合衆国の多くの場所でスペイン語が話されている。

Llaman a la puerta.　誰かドアをノックしている（＝表で呼んでいる）。

Cuidan con esmero a los ancianos en este centro geriátrico.

この老人ホームでは細心の注意を払い高齢者を介護している。

(4)「se ＋動詞（3人称単数）」

　この構文での se は「無人称能動文の主語」として機能します。この場合、se は「人は、人々は」という意味で「不特定の行為者」を表します。

❖ 注意点

Se busca[*1] un chófer.　タクシーの運転手を一人募集している。

Se alquila[*1] este coche.　この車はレンタカーだ。

　([*1] これら二つの例文のように、「**動詞が3人称単数**」で、「**目的語が単数**」の場合、se は「**無人称能動文の主語**」として機能します。しかしその一方で、この「**目的語**」が「**主語として機能する受け身**」であるという風にも解釈できます。「本課 1. 受動文（4）」参照。)

Se busca chóferes.　タクシーの運転手を募集している。

　(この場合の se は、上記の二文とは異なり、「**特定されない人**」という意味で「**無人称能動文の主語**」にあたります。chóferes は busca の「直接目的語」ということです。しかし、「主語」を chóferes と考えれば、se は「受け身の se」となり、動詞は主語の人称・数に一致します。**Se buscan** chóferes.)

🔊 109

Se ve muy bien desde aquí.　ここからだと見晴らしがよい。

Se dice que José se graduará de la universidad el próximo año.

ホセは来年大学を卒業するだろうと言われている。

Se **cree** que cambiará la situación económica con el nuevo presidente.

新しい大統領になると経済状況が変わるだろうと思われている。

No **se sabe** hasta cuándo podrá sobrevivir la raza humana en el globo terráqueo.

地球上で人類がいつまで生き延びられるのか誰にもわからない。

En aquella ciudad **se vive** tranquila y cómodamente.

あの町では静かで快適な生活ができる。

（形容詞に -mente のついた副詞が、接続詞をはさんで二つ以上続くとき、最後以外は -mente を省略できます。）

Aquí **se prohíbe** sacar fotos.　ここでは撮影が禁止されている。

¿Por dónde **se entra** en el jardín botánico? — **Se entra** por esa puerta de hierro.

植物園はどこから入るのですか？—その鉄の扉のところから入ります。

¿Por dónde **se va** a la estación del metro? — **Se va** por esta calle todo recto.

地下鉄の駅へはどうやっていけばいいのですか？—この通りをまっすぐに行けばよろしいです。

Se **trabaja** mucho en esta compañía.　この会社では皆よく働く。

En avión **se viaja** más deprisa que en tren.

飛行機で旅するほうが汽車よりも早い。

¿Cuánto tiempo **se tarda** de aquí a Correos? — **Se tarda** unos diez minutos a pie.

ここから郵便局までどれくらいかかりますか？—歩いて 10 分ほどです。

Se **come** bien en este restaurante.

このレストランの食事はおいしい（＝このレストランではおいしく食事ができる）。

Se **prohíbe** fumar en este edificio.　この建物は禁煙です。

No **se permite** entrar aquí sin mascarilla.

マスクないしではここには入れません。

受動文（受け身）／無人称文／時制の一致

¿Se puede? – ¡Adelante! 入ってもよろしいですか？―どうぞ。

En la reunión de hoy **se trata** de la sobrealimentación de los niños. 今日の会議の議題は子供たちの栄養過剰についてです。

(5)「se ＋動詞（3人称単数）＋直接目的語（人）」

　この構文の「**行為者は不明**」です。「**直接目的語**」には「**人**」がきます。また「**直接目的語**」を人称代名詞で置き換えると「se ＋人称代名詞（直接目的語）＋動詞（3人称単数）」の形になります。なお、直接目的語が「**男性名詞**」であれば lo (los) の代わりに le (les) が用いられます。

（太字・斜体＝「**人称代名詞（直接目的語）**」）

🔊 | | 0

Se reprende a los niños cuando hablan en la clase.
　→ Se *les* **reprende** cuando hablan en la clase.
　子供たちは授業中に話をすると叱られる。

Se atiende muy bien a los clientes en ese almacén.
　→ Se *les* **atiende** muy bien en ese almacén.
　そのデパートの接客はとてもすばらしい。

Aquí no **se permite** la entrada a los que no llevan corbata.
　→ Aquí no **se** *les* **permite** la entrada sin corbata.
　ネクタイをしていない人はここには入れない。

(6) その他の無人称文

　不定代名詞 uno(una), todo el mundo, cualquiera, gente, tú などを用いる方法で、「**一般的に人**」をさします。中でも uno (una) の場合は暗に「**自分自身のことも含めた一般的な物言い**」となります。

🔊 | | |

Normalmente **uno** se familiariza con las costumbres de otros países. 普通、（人は）他国の習慣に馴染むものだ。

Una se enfada con las expresiones discriminatorias hacia las mujeres. 女性蔑視の発言には腹が立つ。

Teniendo que trabajar **uno** se acostumbrará a cualquier ambiente laboral.

働かなければならないとなると、どのような労働環境にも慣れるだろう。

En la escuela en la que se respeta la dignidad humana **uno** podrá dedicarse con esmero a sus estudios.

人間の尊厳を尊ぶ学校では、腰を据えて勉学に勤しむことができよう。

Todo el mundo sabe que ella es una supermodelo famosa.

彼女がスーパモデルだということはみんな知っている。

Cualquiera puede armar fácilmente este rompecabezas.

このジグソーパズルは、誰でも簡単に完成させられる。

La gente de este barrio es de bajos ingresos.

この地区の人たちは所得が低い。

Ya me cansé de limpiar aquí. **Limpias** y **limpias** y vuelven a ensuciar.

もうここを掃除するのは疲れた。どれだけきれいにしても、また汚されるんだから。

---

3 ■ 時制の一致（直説法）

英語にもあるように、スペイン語にも「**時制の一致**」があります。これは「**主節の動詞の時制**」によって、「**従属節の動詞の時制**」が決まるというものです。

(1)「**主節の動詞**」が「**現在形**」、「**現在完了形**」、「**未来形**」の場合

（カッコ内＝「**従属節の動詞の時制**」）

🔊112

（a）主節＝「現在形」

Parece que **estás** muy ocupado.　とても忙しいようだね。　**（現在）**

Parece que **has estado** muy ocupado.

とても忙しかったようだね。　**（現在完了）**

Parece que **estarás** muy ocupado.　とても忙しくなりそうだね。

（未来）

231

Parece que **estuviste** muy ocupado.　とても忙しかったようだね。

（点過去）

Parece que **estabas** muy ocupado.　とても忙しかったようだね。

（線過去）

Parece que **habías estado** muy ocupado antes de las vacaciones.

休暇の前はとても忙しかったようだね。　　　　　　　　（過去完了）

（この文は、"antes de las vacaciones" の語句があることにより、「忙しかった」のはそれよりも「前の過去」になります。）

(b) 主節＝「現在完了形」　　　　　　　　　　　　　（◀)）112)

Me **han dicho** que José **está** en Buenos Aires.

ホセは今ブエノス・アイレスにいるそうだ。　　　　　　（現在）

Me **han dicho** que José **ha estado** en Buenos Aires.

ホセはブエノス・アイレスにいたことがあるそうだ。　　（現在完了）

Me **han dicho** que José **estará** en Buenos Aires.

どうやらホセはブエノス・アイレスにいるらしい。　　　（未来）

Me **han dicho** que José **estuvo** en Buenos Aires.

ホセはブエノス・アイレスにいたそうだ。　　　　　　　（点過去）

Me **han dicho** que José **estaba** en Buenos Aires.

ホセはブエノス・アイレスにいたそうだ。　　　　　　　（線過去）

Me **han dicho** que José **había estado** en Buenos Aires antes de la bancarrota de su compañía.

ホセは自社が倒産する前、ブエノス・アイレスにいたそうだ。　（過去完了）

(c) 主節＝「未来形」
（🔊 112）

Será cierto que Andrés **quiere** ser rico.

アンドレスが金持ちになりたいのは本当かも。 **（現在）**

Será cierto que Andrés **ha querido** ser rico.

アンドレスが金持ちになりたがっていたというのは本当かも。 **（現在完了）**

Será cierto que Andrés **querrá** ser rico.

アンドレスが金持ちになりたいというのは本当かも。 **（未来）**

Será cierto que Andrés **habrá querido** ser rico en aquella época.

そういえばあの当時アンドレスは金持ちになりたがっていたのかも。 **（未来完了）**

（従属節の動詞が「未来完了形」になっているのは、「その当時のことを軸」として「そのから見た未来のことを推量」しているからです。）

Será cierto que Andrés **quiso** ser rico.

アンドレスが金持ちになりたかったのは本当かも。 **（点過去）**

Será cierto que Andrés **quería** ser rico.

アンドレスが金持ちになりたがっていたのは本当かも。 **（線過去）**

Será cierto que Andrés **había querido** ser rico en aquel entonces.

あの当時アンドレスが金持ちになりたがっていたのは本当かも。 **（過去完了）**

（この文では、"en aquel entonces" が「過去の一時点」となります。）

(2)「主節の動詞」が「過去形（点過去／線過去）」の場合 🔊 113
(a) 主節＝「過去形（点過去）」

José **dijo** que ellas **estaban** contentas.

彼女たちは幸せだったとホセは言った。 **（線過去）**

José **dijo** que una ola de frío **había azotado** el norte de Europa.

ヨーロッパ北部が寒波に見舞われたとホセは言った。 **（過去完了）**

José **dijo** que ellas **saldrían** de viaje este verano.

ホセによれば、この夏彼女たちは旅に出るだろうとのことだ。 **（過去未来）**

José **dijo** que en dos años su hermano ya **habría terminado** de estudiar derecho.

> 兄〔弟〕はあと2年もすれば法律の勉強を修了しているだろう、とホセは言った。

（過去未来完了）

(b) 主節＝「過去形（線過去）」

Clara **escribía** en su carta que toda su familia **tenía** buena salud.

> クラブの手紙によれば、彼女の家族は全員元気だとのことだ。 （線過去）

Clara **escribía** en su carta que sus padres **habían salido** de veraneo.

> クラブの手紙によれば、彼女の両親はすでに避暑に出かけたとのことだ。

（過去完了）

Clara **decía** que **compraría** un coche deportivo.

> クラブはスポーツカーを買うだろうと言っていた。 （過去未来）

Clara **decía** que **habría comprado** un coche deportivo dentro de un año.

> クラブは1年以内にはスポーツカーを買っているだろうと言っていた。

（過去未来完了）

I. [ ] 内の動詞を変化させましょう。再帰動詞もある場合は、二通りの表現を考えて
みましょう。

1. No [haber] que contestar tales encuestas.   [   ]
そのようなアンケートには答える必要はない。

2. [dejar/ dejarse] entrar solamente a los relacionados
con la construcción.   [/   ]
工事関係者のみ立ち入りを許可する。

3. Gloria [ser elegir] jefa.   [   ]
グロリアは長に選出された。

4. Uno no [aguantar] el frío sin abrigo.   [   ]
オーバーがないとこの寒さには耐えられない。

5. [creer/ creerse] que la economía caerá en decadencia
si no se toman medidas válidas.   [/   ]
効果的な手段を講じなければ、経済は衰退するだろうと思われている。

II. 必要に応じて人称代名詞を加え、[ ] 内の動詞を変化させましょう。

1. ¿Por dónde [irse] al ayuntamiento?   [   ]
市役所へはどう行けばよろしいですか？

2. ¿Cómo [escribirse] la palabra" otoño" en Kanji?
    [   ]
"otoño" は漢字でどう書くのですか？

3. En Canadá [hablar/ hablarse] inglés y francés.
    [/   ]
カナダでは英語とフランス語を話します。

第14課

受動文（受け身）／無人称文／時制の一致

4. En el cielo [verse] cumulonimbos.　　　　[　　　]
　　空に入道雲が見える。

5. En esta universidad [respetar/ respetarse] más a los estudiantes que en otras.　　　　[　　　/　　　]
　　この大学では他大学よりも学生たちに敬意を表している。

6. En algunas tiendas no [permitir/ permitirse] entrar sin mascarilla.　　　　[　　　/　　　]
　　店によってはマスクをしないと入れないところも数件ある。

7. ¿No [olvidarse] traer la bolsa de compras? [　　　]
　　買い物袋を忘れてないよね？

8. Hoy en día [viajarse] más cómodo en coche que en tren o autobús.　　　　[　　　]
　　今日旅をするのに汽車とかバスを使うよりも車のほうが快適だ。

9. [construir/ construirse/ ser construir] aquel hotel hace un año.　　　　[　　　/　　　/　　　]
　　あのホテルは1年前に建てられた。

10. [invitar, nos / invitarse, nos / ser invitado] a la inauguración del museo.　　[　　　/　　　/　　　]
　　私たちは美術館の落成式に招かれた。

III. スペイン語を日本語に訳しましょう。

1. En la reunión internacional los representantes de cada país han discutido en torno al problema de energía, a pesar de lo cual no se sabe si pueden llegar a un acuerdo.

2. Recientemente se ha aumentado el número de los accidentes de tráfico, de manera que hay que cuidarse mucho, sobre todo, al conducir en la noche, al doblar en las esquinas, etc.

3 . Desde 1900 hasta ahora ha subido gradualmente el nivel del mar y especialmente en las últimas dos décadas se ha acelerado el ascenso debido al calentamiento global causado por el cambio climático.

受動文（受け身）／無人称文／時制の一致

接続法の活用

1 ■ 動詞の活用リズム

14課までは、「**直説法**」のいろいろな時制を見てきました。ここからは「**接続法**」といって「**話し手／書き手**」の「**主観（価値判断・思い・心情）**」と深くかかわる表現方法について学びます。

接続法とは何かについては 16 〜 18 課に譲るとして、この課では「**接続法現在の活用（規則形・不規則形）**」について見ておきましょう。

接続法の動詞活用は、直説法の活用形をしっかり身につけていれば、その「**リズム**」を応用すればよいだけです。とりわけ「**不規則形**」は一見複雑そうに見えますが、活用形を眺めながら軽く発音してみれば、そこにもそれなりの「**リズム**」があることに気づきます。その意味では音を口に出すことはとても大事だと思います。かつては筆者も、そのようにしてスペイン語のリズムを身につけていました。ただ、日常頻繁に登場する ser, estar, ir, poder, querer, ver などは、早めに覚えてしまうほうが後々楽だと考え、理屈抜きで暗記した記憶はあります。しかし、それ以外の動詞については無理をせず、活用のリズムを体感しながら、会話や文章の中で触れたときにその都度辞書などで確認していました。確かに覚えてしまうほうが手っとり早いのですが、筆者のようにそれが苦手であれば、徐々に慣れていくという手もあります。

2 ■ 接続法現在（規則活用）

まずは、「**接続法現在の規則活用**」ですが、これは基本中の基本となりますのでしっかり身につけておきましょう。

	人称	hablar (話す)	beber (飲む)	vivir (生きる、住む)
単	I	hable	beba	viva
	II	hables	bebas	vivas
	III	hable	beba	viva
複	I	hablemos	bebamos	vivamos
	II	habléis	bebáis	viváis
	III	hablen	beban	vivan

　上の活用表を見てすぐに気づかれた方もおられると思いますが、覚え方としては、以下のように考えるとよろしいでしょう。

● **「語尾 -ar」で終わる動詞**
　「直説法現在」では語尾が「**-a 系**」の活用パターンでしたが、**「接続法現在」**では語尾が「**-e 系**」の活用になります。
● **「語尾 -er, -ir」で終わる動詞**
　「直説法現在」ではそれぞれ「**-e 系**」、「**-i / e 系**」の語尾でしたが、「**接続法現在**」ではどちらも「**-a 系**」となります。

---

3 ■ 接続法現在（不規則活用）

「**不規則動詞**」の活用形にはいくつかの決まったパターンがあります。

(1)「正字法の注意」を要する動詞
動詞の規則活用の「**発音**」を維持するために「**文字が変わる動詞**」のことです。

- *c* → *qu*: buscar（探す）、sacar（とり出す、獲得する）など
  bus*qu*e, bus*qu*es, bus*qu*e, bus*qu*emos, bus*qu*éis, bus*qu*en
- *g* → *gu*: pagar（支払う）、llegar（到着する）など
  pa*gu*e, pa*gu*es, pa*gu*e, pa*gu*emos, pa*gu*éis, pa*gu*en,
- *gu* → *g*: distinguir（区別する）、extinguir（消す）など
  distin*g*a, distin*g*as, distin*g*a, distin*g*amos, distin*g*áis, distin*g*an
- *g* → *j*: coger（つかむ、とる）、dirigir（導く）など
  co*j*a, co*j*as, co*j*a, co*j*amos, co*j*áis, co*j*an,
- *c* → *z*: vencer（負かす）、ejercer（及ぼす）など
  ven*z*a, ven*z*as, ven*z*a, ven*z*amos, ven*z*áis, ven*z*an,
- *z* → *c*: gozar（楽しむ）、cazar（狩る）など
  go*c*e, go*c*es, go*c*e, go*c*emos, go*c*éis, go*c*en
- 文音符（ ¨ ）が加わる：averiguar（調べる）、fraguar（鍛える）など
  averi*gü*e, averi*gü*es, averi*gü*e, averi*gü*emos, averi*gü*éis,
  averi*gü*en
- アクセント符号が加わる：enviar（送る）、continuar（続ける）など
  env*í*e, env*í*es, env*í*e, enviemos, enviéis, env*í*en
  （1 人称複数だけアクセント符号がつきません。）

(2)「**不規則動詞**」の「**直説法現在・1 人称単数**」の形（6 課）にならった活用

	人称	conocer （知る） (cono*zc*o*)	decir （言う） (di*g*o*)	hacer （行う） (ha*g*o*)	poner （置く） (pon*g*o*)	salir （出る） (sal*g*o*)
単	I	cono*zc*a	di*g*a	ha*g*a	pon*g*a	sal*g*a
	II	cono*zc*as	di*g*as	ha*g*as	pon*g*as	sal*g*as
	III	cono*zc*a	di*g*a	ha*g*a	pon*g*a	sal*g*a
複	I	cono*zc*amos	di*g*amos	ha*g*amos	pon*g*amos	sal*g*amos
	II	cono*zc*áis	di*g*áis	ha*g*áis	pon*g*áis	sal*g*áis
	III	cono*zc*an	di*g*an	ha*g*an	pon*g*an	sal*g*an

	人称	tener (持つ) (ten*g*o*)	traer (持ってくる) (tra*ig*o*)	venir (来る) (ven*g*o*)	ver (見る) (v*e*o*)
単	I	ten*g*a	tra*ig*a	ven*g*a	v*e*a
	II	ten*g*as	tra*ig*as	ven*g*as	v*e*as
	III	ten*g*a	tra*ig*a	ven*g*a	v*e*a
複	I	ten*g*amos	tra*ig*amos	ven*g*amos	v*e*amos
	II	ten*g*áis	tra*ig*áis	ven*g*áis	v*e*áis
	III	ten*g*an	tra*ig*an	ven*g*an	v*e*an

(*「直説法現在・1 人称単数」の活用形。)

(3)「語幹の母音」が変化する動詞

「**不規則動詞の直説法現在の活用形**」には、「**語幹の母音**」が変化するケースがいくつかありましたが、「**接続法**」でも同じように「**語幹の母音**」が変化する動詞があります。ただし、どれも同じような形で変化するのではなく、以下のようにパターンが何種類かあります。

（a）「語幹」の母音変化「*e → ie*」

	人称	p*e*nsar (思う、考える)	qu*e*rer (欲する)
単	I	p*ie*nse	qu*ie*ra
	II	p*ie*nses	qu*ie*ras
	III	p*ie*nse	qu*ie*ra
複	I	p*e*nsemos	qu*e*ramos
	II	p*e*nséis	qu*e*ráis
	III	p*ie*nsen	qu*ie*ran

241

(b)「語幹」の母音変化「$o \rightarrow ue$」

	人称	contar （数える、語る）	poder （できる）
単	I	c*ue*nte	p*ue*da
	II	c*ue*ntes	p*ue*das
	III	c*ue*nte	p*ue*da
複	I	contemos	podamos
	II	contéis	podáis
	III	c*ue*nten	p*ue*dan

(c)「1, 2 人称複数」で「語幹」の母音が、「直説法現在の活用」とは異なる特殊な形に変化 *

	人称	dormir （眠る） $o \rightarrow ue$	sentir （感じる） $e \rightarrow ie$	servir （仕える） $e \rightarrow i$	reír （笑う） $e \rightarrow i$
単	I	d*ue*rma	s*ie*nta	s*i*rva	ría
	II	d*ue*rmas	s*ie*ntas	s*i*rvas	rías
	III	d*ue*rma	s*ie*nta	s*i*rva	ría
複	I	d*u*rmamos*	s*i*ntamos*	s*i*rvamos*	riamos*
	II	d*u*rmáis*	s*i*ntáis*	s*i*rváis*	riáis*
	III	d*ue*rman	s*ie*ntan	s*i*rvan	rían

（*「**直説法現在・1, 2 人称複数**」の活用は、dormimos, dormís; sentimos, sentís; servimos, servís; reímos, reís です。）

(d)「語幹」の母音変化「$i \rightarrow ie$」

	人称	adquirir （獲得する）
単	I	adqu*ie*ra
	II	adqu*ie*ras
	III	adqu*ie*ra
複	I	adquiramos
	II	adquiráis
	III	adqu*ie*ran

(e)「語幹」の母音変化「$e \rightarrow ye$」

	人称	errar （間違える）
単	I	*ye*rre
	II	*ye*rres
	III	*ye*rre
複	I	erremos
	II	erréis
	III	*ye*rren

（f）「**語幹**」の母音変化「$u \rightarrow ue$」

	人称	jug**ar** （遊ぶ）
単数	I	j**ue**g**u**e
	II	j**ue**g**u**es
	III	j**ue**g**u**e
複数	I	jug**u**emos
	II	jug**u**éis
	III	j**ue**g**u**en

4 ■ その他のパターン

「**直説法現在・1人称単数**」が -o で終わらない動詞（6 語のみ）

	人称	dar (doy*)	estar (estoy*)	haber (he*)	ir (voy*)	saber (sé*)	ser (soy*)
単	I	dé	esté	haya	vaya	sepa	sea
	II	des	estés	hayas	vayas	sepas	seas
	III	dé	esté	haya	vaya	sepa	sea
複	I	demos	estemos	hayamos	vayamos	sepamos	seamos
	II	deis	estéis	hayáis	vayáis	sepáis	seáis
	III	den	estén	hayan	vayan	sepan	sean

（*「**直説法現在・1人称単数**」の活用形。**haber** は**複合時制の助動詞**で、「**接続法現在完了形**」を作るときに用います。「16 課 2. 接続法現在完了の活用」参照。）

　なお、「接続法過去の活用形および用法」については、20 課でとり上げることにします。

第 16 課
接続法（名詞節）

1 ■ 接続法とは

「**直説法**」は多種多様な事象に関する「**話し手／書き手**」の客観的描写でしたが、「**接続法**」は「**話し手／書き手**」の**主観**（価値判断・考え・心情）の表れです。

　新聞・雑誌・論文などを読むと時折接続法を見かけますが、それと同等またはそれ以上に接続法の使用頻度が高いのは、人間感情を克明に描こうとする文学作品においてではないでしょうか。むろん、会話にも頻繁に使われます。

　「**接続法の時制**」は、主に以下の四つです。ほかにも「接続法未来」や「接続法未来完了」があり、スペイン中世・黄金世紀の文学作品を読むと時折出てきますが、現代スペイン語では特殊なケースを除き、使われることはありません。

> ◉ 接続法現在　　◉ 接続法現在完了
> ◉ 接続法過去　　◉ 接続法過去完了

　本書では、16~18 課まで「**接続法現在・現在完了**」に焦点をあて、「**名詞節**」、「**形容詞節**」、「**副詞節**」を個別に見ながら、接続法とは何かを探ってみたいと思います。これによって「接続法」の仕組みが理解できれば、「接続法過去」は学習した内容に照らし合わせて応用すればよいので、20 課でとり上げることにします。

　一般的に「**接続法**」は文の「**従属節（名詞節、形容詞節、副詞節）**」に使われますが、「**独立文（願望文、疑惑文）**」や「**仮定文**」でも使われます。

　主節と従属節で構成される「**複文**」の場合、下の②のように**主節の動詞と従属節の動詞の主語が異なる**のが特徴です。

🔊 114

① Quiero visitar a Ricardo.　私はリカルドを訪問したい。　　**（単文）**

② Quiero que *visites* a Ricardo.　　　　　　　　　　　　　**（複文）**
　　私はきみにリカルドを訪ねてもらいたい。

①の単文では、Quiero〔欲する〕と visitar〔訪問する〕の「**行為者**」はいずれも「**私**」ですが、②の複文では Quiero の「**行為者**」は「**私**」で、visitar の「**行為者**」は「**きみ**」です。日本語に直すときは「…**に**〜**して欲しい**」とすれば、わかりやすいと思います。

2 ■ 接続法現在完了の活用

接続法現在完了は、「**話し手／書き手**」が「**現在の時点**」に立ち、「**すでに完了した事象**」、「**現在までの経過および継続**」を表すときに用いられます（「9課4. 直説法現在完了の用法」参照）。

活用は以下の形となります。

■「haber の接続法現在＋過去分詞」■

	人称	haber の接続法現在	過去分詞（変化しない）	
単	I	haya		-ado
	II	hayas	+	
	III	haya		-ido
複	I	hayamos		
	II	hayáis		-ido
	III	hayan		

3 ■ 接続法現在・現在完了（名詞節）

「**名詞節**」ということは、名詞と同じように（1）「**目的語**」、（2）「**主語**」になり、さらに（3）前置詞をともない「**補語**」の役割も果たします。

（1）「名詞節」＝「目的語」

もう一度、前述の②の文を例に引いてみましょう。ここではわかりやすくするために、**名詞節に下線を施すことにします**。

（以下、太字・立体＝「**直説法**」、太字・斜体＝「**接続法**」）

Quiero <u>que *visites* a Ricardo</u>.　私はきみにリカルドを訪ねてもらいたい。

この文では、「**名詞節**」（従属節）が主節の動詞 Quiero の「**目的語**」になります。そして「主節の動詞」に込められた「**私の願い（主観）**」が、「名詞節」に色濃く反映されます。ここで、**名詞節の内容がまだ実現されていないこと（非現実的要素）**に注目してください。だからこそ「話し手／書き手」は他者に求めるわけです。

(2)「名詞節」＝「主語」

　以下の例文ですが「話し手／書き手」は、名詞節の内容がまだ**実現されていない（非現実的要素）**と捉えています。言い換えれば、「話し手／書き手」の「**価値判断（主観）**」が強く働くとき、「名詞節」の動詞は「**接続法**」になります。そして「名詞節」は「**主語の役割**」を果たします。

🔊 115

Es conveniente <u>que *acabemos* la tarea</u>.
　私たちは宿題を終えてしまうほうがよい。

　（「Es〔動詞 ser〕の主語」は「que 以下の名詞節」です。"Es conveniente"〔都合がよい〕は「話し手／書き手」の「思い・考え」を表していること、「従属節の内容がまだ成就していない」ことから「接続法」（acabemos）になっています。詳細は「本課 4. 接続法の用法　🔖意思表示（価値判断）②」参照。）

Me gusta <u>que me *visiten*</u>.　彼らが私を訪ねてきてくれると嬉しい。
　（喜怒哀楽については「本課 4. 接続法の用法　🔖感情表現①」参照。）

Hagan la cola aquí <u>los que *hayan rellenado* el papel</u>.
　書類を記入し終えた人はこちらに並んでください。

　（対象となっている人たちの中には、すでに書類を記入した人がいても、「話し手／書き手」にしてみれば「確証が得られない」ため、「接続法」となります。"hacer la cola" は「列を作る、並ぶ」という意味。hagan は動詞 hacer の命令形・3 人称複数。「19 課 2. 肯定命令」参照。）

(3)「名詞節」＝「補語」

　この「名詞節」は、「**前置詞**」をともない「**名詞、形容詞、動詞**」の「**補語**」の役割を果たします。

（a）「名詞の補語」として

Ya es la hora de <u>que *nos despidamos*</u>.[*1]　もうお<ruby>暇<rt>いとま</rt></ruby>する時間だ。

（「本課 4. 接続法の用法　🔍『名詞＋ de que』の形」参照。）

（b）「形容詞の補語」として

Estamos satisfechos de <u>que *se haya terminado* la construcción</u> de nuestra casa.[*2]

私たちの家が完成したことに満足している。

（c）「動詞の補語」として

Nos alegramos de <u>que te *haya gustado* nuestra casa</u>.[*2]

わが家を気に入ってもらえて私たちは嬉しい。

　[*1] の文では「暇乞いの行為は実現していない」のに対し、[*2] の二文では従属節の内容はすでに「実現しています」。そうなるとここまでの説明とは食い違うように思われますが、なぜそうなるかについては後述する「感情表現①」で解説するとして、ここで留意すべきは「主観を重んじる接続法」であっても、「名詞節」の内容が「実現している場合」と「実現していない場合」の二通りのケースが考えられるという点です。

　では、どのようなときに「接続法」が使われるのかを見る前に、「直説法／接続法」の特徴を簡単に整理してみましょう。

🔍 直説法と接続法の特徴

　「話し手／書き手」が身の回りに起こってくるさまざまな出来事に直面し、それを言葉で表現するとき、その事象に対して「**独自の価値判断**」を下すことによって、「**従属節に置かれる動詞**」が「**直説法**」になったり「**接続法**」になったりします。

❖ 直説法
　◉「話し手／書き手」が身のまわりに起こる事象を「**客観的**」に捉える場合。
　◉「話し手／書き手」が身のまわりに起こる事象に対して「**確信の持てる価値判断**」を下す場合。

❖ 接続法

◉ 「話し手／書き手」が身のまわりに起こる事象を「**主観的**」な判断によって表現する場合。

◉ 「話し手／書き手」が身のまわりに起こる事象に対して、「**認められない、確信が持てない、まだ実現されていない**」（非現実的要素）との判断を下す場合。

以下の各例文は、「話し手／書き手」が「**納得・肯定・承認**」の意を示す○印の文と、「**不認可・否定**」の意を示す□印の文を並べたものです。○印の場合、「**話し手／書き手の信念・思惑から外れていない**」ことで「名詞節」には「**直説法**」が用いられますが、□印の文では「**話し手／書き手の信念・思惑から外れている**」ことで「名詞節」の動詞は「**接続法**」になっています。いわば「**半信半疑、確信がない、認められない**」となると「**接続法**」が用いられます。

ただし、下記の例文で「名詞節」に「直説法」が使われている×印の文は文法的に**誤り**です。　　　　　　　（カッコ内＝「**名詞節**」の動詞の法・時制）

🔊 116

○ Estoy seguro de <u>que nuestro equipo ganará el campeonato</u>.　間違いなく私たちのチームは優勝するだろう。

（直説法未来）

□ No estoy seguro de <u>que nuestro equipo *gane* el campeonato</u>.　私たちのチームが優勝するとは思わない。　（接続法現在）

× No estoy seguro de <u>que nuestro equipo ganará el campeonato</u>.

（直説法未来）

○ Creo <u>que Gerardo irá a trabajar en Alemania</u>.
私はヘラルドがドイツへ出稼ぎに行くと思う。　（直説法未来）

□ No creo <u>que Gerardo *vaya* a trabajar en Alemania</u>.
ヘラルドがドイツへ出稼ぎに行くとは思わない。　（接続法現在）

× No creo <u>que Gerardo irá a trabajar en Alemania</u>.

（直説法未来）

○Me parece <u>que te invitarán</u>. きみは招待されると思うよ。

（直説法未来）

（invitarán は動詞 invitar〔招待する〕の 3 人称複数で、行為者が不明の無人称表現。）

□No me parece <u>que te *inviten*</u>.
私はきみが招待されるとは思わない。 （接続法現在）

×No me parece <u>que te invitarán</u>. （直説法未来）

○Dicen <u>que eso **es** la verdad</u>. それは本当のことだそうだ。

（直説法現在）

（dicen は動詞 decir〔言う〕の 3 人称複数で、行為者が不明の無人称表現。）

□No digo <u>que eso *sea* verdad</u>. それが本当だとは言えない。

（接続法現在）

×No digo <u>que eso es [será] verdad</u>. （直説法現在〔未来〕）

4 ■ 接続法の用法

ここからは、「**接続法の用法**」について個別に見ていきたいと思います。細分化されていますが、基本的な考え方は共通しています。くり返しになりますが、「**接続法**」が使われるということは、「**話し手／書き手の主観**」が深くかかわっていることを意味します。

🍭 感情表現①

あたり前のことですが、人の心に湧いてくる「**喜び、怒り、悲しみ、感謝、遺憾、不安、心配**」などの原因となる「**事象**」は、前もって予測できる場合もありますが、大半は突然であったり、不本意であったりします。こうしたさまざまな事象に対して、「**話し手／書き手**」がどのような「**価値判断**」を下すかにより、「**喜怒哀楽**」などの感情と「**その要因となる事象**」がそれぞれ「**主節**」と「**従属節**」に表出されます。

❖「喜び・満足・感謝」

最初に、喜びや満足につながる事象の表現から見てみましょう。

① Estoy contento de que por fin él *tenga* novia.

　　彼にようやく恋人ができて私は満足している。

①' Me da gusto que *hayas aprobado* el examen.

　　きみが試験に合格したことが私は嬉しい。

② Me da gusto que *apruebes* el examen.

　　きみが試験に合格してくれると私は嬉しい。

　①①' の二文では、「彼に恋人ができた」こと、「きみが試験に合格した」ことを喜んでいるのに対し、②の文では「きみはまだ試験に合格していないので、この先合格すると嬉しい」という気持ちを表しています。いわば、②の従属節の内容は「**まだ実現していない**」（**非現実的要素**）のに対し、①①' の従属説の内容は、「**すでに実現した事象**」（**現実的要素**）を表しています。では、なぜ①①' の「**名詞節**」の動詞が「**接続法**」（tenga, hayas aprobado）になっているのかといえば、「**話し手／書き手**」にとって「**想定外の事象、不意の出来事**」だからです。

🔊 117

Estoy contento de que *esté* bien de salud mi hermana que vive en el extranjero.

　外国に住んでいる私の姉〔妹〕が元気でいてくれて私は嬉しい。

Me alegro de que me *visiten* ustedes cada fin de semana.

　週末のたびにあなた方が私を訪ねてきてくれることが嬉しい。

Me alegro de que me *hayan visitado* ustedes.

　あなた方が私を訪ねてきてくださったことが嬉しい。

Me alegra que *haya recuperado* la salud.

　私は、あなたが健康をとり戻したことが嬉しい。

Les agradezco mucho que me *hayan ayudado*.

　皆さんにお手伝いしていただきとても感謝しています。

Celebramos que te *hayan promocionado* a director
del departamento. きみが部長に昇進して私たちは嬉しい。

（"hayan promocionado" は、動詞 promocionar〔昇進させる〕の接続法
現在完了・3人称複数で、行為者が不明の無人称表現。）

Estamos contentos de que nos *haya tocado* la lotería.
宝くじが当り私たちは満足だ。

Me dará gusto que me *llames* este fin de semana.
今週末に電話してくれるとありがたいんだけど。

🍭 感情表現②

❖「怒り・悲しみ・遺憾・恐れ・心配・不満・後悔」
　では、怒りや悲しみなど、避けて通りたいような感情の場合はどうでしょ
うか。こうしたケースでは、ネガティブな感情を引き起こす要因となる出
来事がたとえ「**事実**」であろうとも、「**話し手／書き手**」には、あって欲し
くない「**想定外の事象、不意の出来事、目をつむりたい出来事**」として映
ります。言うなれば「**非現実的要素**」として認識されるわけです。

① Siento que *esté* enferma tu madre.
　　お気の毒にきみの母親は病気なんだってね。

② Temo que ellos no *lleguen* a tiempo a la boda.
　　彼らが結婚式に間に合うかどうか、私は心配だ。

　①の文では、「きみの母親は実際に病気である」のに対し、②の文では「彼
らの到着はまだ実現していません」。しかし、いずれの場合も「**話し手／書
き手**」からすれば「**想定外（不意）の事象、あって欲しくないこと**」であり、
「**主観的価値判断の表れ**」ということになります。

🔊 118

Es una pena que no *tengas* tiempo para acompañarme.
私につき合ってくれる時間がきみになくて残念だ。

Siento que todos tus esfuerzos *hayan resultado* en
vano.　きみのあらゆる努力が水泡にしてしまい遺憾に思う。

（ただし、同じ sentir でも「予感がする」という意味で使われる場合は、
名詞節の動詞は「直説法」になります。〔例〕Siento que **cambiará** el
tiempo de repente.　天気が急変するような予感がする。）

第16課

接続法（名詞節）

251

Es una lástima que *se haya roto* el reloj que me costó
bastante.　かなり高価な時計が壊れてしまい悔しい。

Lamento que *te hayas divorciado*.
きみが離婚したことを遺憾に思う。

Me da miedo que *se desborde* el río por el tifón.
台風によって川が氾濫するのが怖い。

Me da mucha tristeza [Me siento muy triste de] que
haya fallecido mi antiguo profesor.
恩師が亡くなりとても悲しい。

Es de temer que la economía no *marche* bien por la
pandemia.
世界的な流行病によって経済が立ち行かなくなることが危惧される。

Me da mucho coraje que siempre *se porte* descor-
tésmente conmigo.
私に対するあの人のいつもの無礼な態度が 癪(しゃく) にさわる。

Me molesta que él *sea* tan egoísta.　彼の身勝手さが鼻につく。

Me irrita que no *expresen* nada de lo que piensan.
彼らは自分の考えを何も言わないことが私には歯がゆい。

Me preocupa que él *pierda* su trabajo.
彼が失職しないか心配だ。

Ella se queja de que *hayamos rehusado* su invitación.
私たちが先方からの招待を断ったことが、彼女には不満だ。

No estamos contentos de que nos *hayan rechazado*
nuestra propuesta.
私たちには自分たちの提案が拒否されたことが不満だ。

　（"hayan rechazado" は、rechazar〔拒否する、拒む〕の現在完了・3人称
複数で、行為者が不明の無人称表現。）

Me arrepiento de que *hayamos participado* en
aquella manifestación.
私たちがあのデモに参加したことを私は後悔している。

Deploramos que ellos *se hayan enemistado* con nosotros por un malentendimiento.
ちょっとした誤解によって彼らが私たちと敵対したことは残念だ。

🍭 感情表現③

❖「驚嘆・不思議・偶然」

　今度は、驚きを感じたり不思議に思われたりする事象を考えてみましょう。これは明らかに「想定外（不意）の出来事」として突如起こるわけですから、**名詞節の内容が現実であろうとなかろうと、「話し手／書き手の価値判断」**という篩を介せば**「普通では考えられないこと、ありえないこと」**（非現実的要素）に映ります。

　① **Me sorprende** que *haya tenido* éxito esa película.
　　その映画がヒットしたとは驚きだ。
　①' **Es admirable** que *se destaque* en el desenlace la actuación del protagonista.
　　主役の演技が最後の場面で際立っているのは見事だ。
　② **Es sorprendente** que Leonardo *sea* el director de la orquesta en el próximo concierto.
　　次のコンサートでレオナルドがオーケストラの指揮者だなんて驚きだ。

　①①' の名詞節の内容は、どちらも**「事実」**であるのに対し、②の文では指揮者に決まったことは事実であっても、**まだ指揮はしていません。**しかし**共通している点**は、これらの事象は**「話し手／書き手を驚かせる出来事」**だということです。①①' の二文では**「話し手／書き手」**の驚嘆が素直に表れているのに対し、②の主節にはレオナルドがオーケストラの指揮者を務めることが**「信じられない、承認できない」**との**「価値判断」**がほのめかされています。

🔊 119

Nos extraña que Fernando *se dedique* a la agricultura.
フェルナンドが農業に従事するなんて不思議だ。

Es un milagro que *te hayas levantado* tan temprano.
きみがこんなに早く起きるとは奇跡だ。

第16課

接続法（名詞節）

253

¡Qué sorpresa que *hayas aparecido* de repente!

きみが急に現れるなんて驚いたよ！

Es impresionante que Velázquez *utilice* con destreza la técnica de contraste de luz y oscuridad en sus cuadros.

ベラスケスが自分の絵に明暗のコントラストの技法を巧みに採り入れているのは印象的だ。

Es una casualidad*3 que *nos hayamos encontrado* en este lugar.

この場所で私たちが出会うなんて偶然だ。

Es casual*3 que *hayamos comprado* lo mismo.

私たちが同じものを買うなんて偶然だ。

No es casual*3 que *hayamos tomado* el mismo tren.

私たちが同じ列車に乗り合わせたのは偶然ではない。

(*3 上記の三つの文ですが、「話し手／書き手」にとって、「この場所で私たちが出会うこと」、「私たちが同じものを買うこと」、「同じ列車に乗り合わせたこと」は、どれも「**ちょっとした驚き**」であると同時に、「**何らかの説明を要する出来事**」であるとの認識から「**接続法**」が使われています。)

🍭 意思表示 (価値判断) ①

❖「**確信／不信；理解／無知；同意／反対**」

　ここからは「**話し手／書き手の思考**」が、「**惹起する事象**」に対して積極的に関与するケースを考えてみましょう。むろん、ここでも「**話し手／書き手の価値判断**」が顕在なのは言うまでもありません。

　まずは以下の例文で確認してみましょう。

① **Creo** que Pilar **llegará** aquí dentro de una hora.

　ピラールは 1 時間以内にこっちへ来ると思う。

② **No creo** que Pilar *llegue* aquí dentro de una hora.

　ピラールが 1 時間以内にこっちへ来るとは思わない。

①' **Sé** que ella **sabe** hablar ruso.

　彼女がロシア語を話せることを私は知っている。

②' **No sé** que ella *sepa* hablar ruso.

　彼女がロシア語を話せることを私は知らない。

①" Entiendo que será mejor aconsejarle.
　彼にアドバイスしたほうがよいことは理解できる。

②" No entiendo que te *de* mucho coraje.
　なぜきみが激怒するのか理解できない。

　①①'①"の三つの例文では、「主節」の「主語」（私）には、creo（信じる）、sé（知る）、entiendo（理解する）のように「確信、理解」（価値判断）が見られ、**名詞節の内容を認めています**。言い換えれば、**自分の思惑から外れていないことになりますので**、名詞節の内容が客観的事実であろうとなかろうと、「話し手／書き手」にとっては「**主観的事実**」と認識されます。逆に②②'②"の文では、no creo（思わない）、no sé（知らない）、no entiendo（理解できない）のように、**名詞節の内容に確信が持てない、知らないという価値判断**が下されます。そうなると**名詞節の内容が客観的事実であろうとなかろうと**、「話し手／書き手の価値判断」という篩（ふるい）を通せば「**想定外、不認識の事象**」となり、名詞節には「**接続法**」が用いられます。

❖「疑念」

　この感情は、明らかに「**話し手／書き手**」の「**確信のなさ**」を表しています。そのため「**想定外、不認識の事象**」（非現実的要素）と映り、名詞節の動詞は「**接続法**」になります。

Dudo que Enrique todavía *siga* viajando por Europa.
　エンリーケがまだヨーロッパを旅行し続けているなんて疑わしい。

No estamos seguros de que Marta *esté* trabajando en los Estados Unidos.
　マルタが今もアメリカ合衆国で働いているかどうか、私たちは確信が持てない。

🔊 120

Yo no pienso que Francisco me *acompañe*.
フランシスコが私といっしょに行ってくれるとは思わない。

Ignoramos que nuestro vecino *se haya emigrado* a México.
私の隣人がメキシコへ移住したことを私たちは知らない。

No me parece que Raquel *hable* mal de ti.
ラケルがきみの悪口を言うとは私には思えない。

No puedo imaginar que su proyecto *resulte* exitoso.
彼らの計画が成功するとは思えない。

No es verdad que ellos *tengan* la culpa del accidente.
事故の責任が彼らにあるというのは事実ではない。

No es cierto que Cristina *haya estado* en Francia.
クリスティーナがフランスに行ったことがあるなんてあり得ない。

No es fiable que él *firme* el contrato.
彼が契約書にサインするなんて信じられない。

No estoy de acuerdo*4 con que *te vayas* sin decir nada.
きみが何も言わずに去っていくなんて、私としては納得がいかない。

No estamos de acuerdo*4 con que el gobierno *cambie*
algunas cláusulas de la constitución.
政府が憲法のいくつかの条項を変えることに私たちは同意しない。

Estamos de acuerdo*4 con que el gobierno *cambie*
algunas cláusulas de la constitución.
政府が憲法のいくつかの条項を変えることに私たちは同意する。

(*4 最初の二文では、「話し手／書き手」が「同意していない」ため「接続法」
になっていますが、この文では「同意している」にもかかわらず「接続法」になっ
ているのは、「まだ条項が変えられていない」〔非現実的要素〕との認識による
ものだからです。)

Los profesores no consienten que el gobierno *inter-venga* en la política universitaria.
教授たちは政府が大学の政策に介入することに反対だ。

Aceptamos que nos *hagan* una entrevista para esa
revista.
私たちは、その雑誌用のインタビューを受けることにする。

(hagan は動詞 hacer〔行う〕の3人称複数で、行為者が不明の無人称表現。)

Niego que *nos hayamos quedado* aquí esa noche.
その晩、私たちはここにはいなかった。

María niega que *se haya separado* de su novio.
マリアは恋人と別れたことを否定している。

No niego*5 que ella *se haya enamorado* de uno de los compañeros de su clase.

彼女がクラスメートの一人に恋したことを私は否定しない。

No niego*5 que ella **se ha enamorado** de uno de los compañeros de su clase.

彼女がクラスメートの一人に恋したことは確かだ。

（*5 前文では、一見、名詞節の内容を認めているようですが、従属節が「接続法」になっていることから、「話し手／書き手」が「何らかの疑念」を抱いていることがわかります。一方、この文では従属節が「直説法」になっていることで、「従属節」の内容に「現実味」がそなわり、「確信的な発言であること」が理解できます。）

No puedo negar que el médico me *haya recetado* una medicina que no es buena para la salud.

医者が健康によくない薬を処方したことは否定できない。

No es seguro que *esté* abierta la tienda a estas horas.

この時間に店が開いているとは思えない。

Es seguro que **está** abierta la tienda a estas horas.

この時間に店は確実に開いている。

（「話し手／書き手」の「確信」が表れているので「直説法」です。）

Es dudoso que ella *vuelva* a visitarnos.

彼女がふたたび私たちを訪ねてくるなんてあてにならない。

Dudo que *se haga* médico.

彼が医者になれるか疑問だ。（＝まだなっていない。）

Dudo que *se haya hecho* médico.

彼が医者になったなんて信じられない。（＝なったかもしれないが、どうも腑に落ちない。）

（「…に疑いはない」と確信的な表現に変えると、従属節には「直説法」がきます。〔例〕No hay duda de que **se hizo** médico. 彼が医者になったことは明白だ。）

❖「当然／不当；良し／悪し；好都合／不都合；珍しい／珍しくない」
　この種の例文の「**名詞節**」には「**接続法**」がきます。それは「**話し手／書き手による独自の価値判断**」から、名詞節が「**主観的事実**」とみなされるためです。言い換えれば、「**ほかの考え方もある中で自分はこう思う**」という点がポイントです。

> **Es natural** que *recibamos* a los clientes amablemente.
> 客を親切に迎え入れるのはあたりまえだ。
>
> **Es muy natural** que él *se enoje*.　彼が怒るのはあたりまえだ。
>
> **Es lógico** que *se noten* varios elementos religiosos en las obras literarias del Siglo de Oro.
> 黄金世紀の文学作品に宗教的要素が多く見られるのは当然のことだ。
>
> > （「黄金世紀」 "Siglo de Oro" とは、歴史、文学、芸術等によってその時代区分は多少異なりますが、スペイン文学では広義に解釈して 16, 17 世紀をさします。）
>
> **Es conveniente** que *vengáis* acá en coche.
> きみたち、こちらへは車で来たほうがいい。
>
> **No es conveniente** que *vengáis* acá en coche.
> きみたち、こちらへは車で来ないほうがいい。
>
> **Es raro** que me *ayudes*.　きみが手伝ってくれるなんて珍しい。
>
> **No es raro** que Juan me *invite* de vez en cuando a tomar un café.
> 時折フアンがカフェに誘ってくれるのは珍しいことではない。

🔊 121

Es normal que a veces *cometamos* errores.
私たちは時どき間違いを犯すものだ。

No parece justo que nos *obliguen* a trabajar horas seguidas sin un descanso.
休みなく何時間も働かされるのは不当だと思う。

> （obliguen は動詞 obligar〔強いる〕の3人称複数で、行為者が不明の無人称表現。）

Es preferible que *conduzcas* más despacio el coche por la lluvia.　雨が降っているのでもっとゆっくり車を走らせたほうがいいよ。

Es oportuno que ahora *hagas* los trámites para ir al extranjero.

海外へ行くための諸手続きは今したほうがいい。

No es oportuno que *vayáis* ahora al extranjero.

きみたち、今は外国へ行くときではない。

Es mejor que *declaren* ustedes inmediatamente el cambio de su dirección al ayuntamiento.

あなた方はすぐに住所変更を役所に届け出たほうがよろしいです。

Es mejor que *dimita* inmediatamente el presidente de nuestra empresa.

わが社の社長だが、すぐにでも退いたほうがいい。

No es bueno que *descuiden* declarar el cambio de su dirección al ayuntamiento.

あなた方、住所変更届を役所に提出するのを怠るのはよくありません。

Es malo que *sigas* viendo la tele horas y horas.

何時間もテレビを見続けるのはよくないよ。

No es malo que *tomemos* un poco de azúcar cada día.

毎日少量の砂糖を摂取しても害にはならない。

Lo mejor es que *lleguemos* antes de la puesta del sol.

私たちの到着は日没前がベストだ。

Lo peor es que ellos no *cumplan* con su palabra.

最悪なのは彼らが約束を守らないことだ。

Me conviene que lo *sepas*.

きみにそれを知っておいてもらうほうがいい。

No me conviene que lo *sepas*.　きみにそれを知られては困る。

Es conveniente que *colaboren* Uds. en nuestra revista.

私たちの雑誌にあなた方が寄稿してくださると好都合です。

No parece conveniente que *ignoremos* esta serie de reclamaciones.

こうした一連のクレームは無視しないほうがよろしい。

Es natural que le *hayan nombrado* presidente.

彼が社長に任命されたのは道理にかなっている。

（hayan nombrado は動詞 nombrar〔任命する〕の３人称複数で、行為者が不明の無人称表現。）

No es natural que *cierren* el camino en esta temporada.

この時期に道路が閉鎖されるのはおかしい。

（cierren は動詞 cerrar〔閉鎖する〕の３人称複数で、行為者が不明の無人称表現。）

Es raro que *vendan* comida china aquí.

ここで中国食品が売られているなんて珍しい。

（「話し手／書き手」にしてみれば、「普通は売られていない」という「認識」です。vendan は動詞 vender〔売る〕の３人称複数で、行為者が不明の無人称表現。）

¡Qué raro que *esté* abierto este restaurante a estas horas!

この時間にレストランが開いているとは珍しい。

（レストランが「開いている事実」に対して、それが「話し手／書き手」には「想定外」（非現実的要素）であると映るため「接続法」になります。）

No es raro que ellos *vengan* en taxi.

彼らがタクシーで来たところで珍しくはない。

🔍 意思表示（価値判断）③

❖「必要／不必要」

ここでも「**話し手／書き手の価値判断**」がものを言います。

① **Es necesario** que *llevemos* estos trajes a la tintorería.

　私たちはこれらの服をクリーニング店へ持っていく。

② **No es necesario** que *llevemos* estos trajes a la tintorería.

　私たちはこれらの服をクリーニング店へ持っていく。

まず、①と②の名詞節の動詞はいずれも「**接続法**」です。しかし、①の主節の「必要あり」と②の主節の「必要なし」はまったく意味が逆です。そのため、①の「必要あり」だけを見て、「話し手／書き手」は名詞節の内容を「肯定している」と思いがちですが、そうではありません。「**話し手／**

書き手」は名詞節の内容に対する自身の要求を示唆しています。一方、②
では名詞節の内容を否定しています（不承認）。とはいえ、どちらも名詞節
の内容に対して「…すべきだ、…すべきではない」という「意思表示」を
している点で共通しており、しかも**名詞節の内容はまだ実現していません**
（非現実的要素）。

❖「重要／瑣末」

① **Es importante** que *discutamos* bien sobre este asunto.
　この問題については私たちでよく話し合うことが大事だ。

② **No es importante** que ellos no *hayan venido* a nuestra fiesta.
　彼らが私たちのパーティーに来ていなくても、どうってことはない。

　前例と同じように、①と②の名詞節の動詞はいずれも「**接続法**」です。
にもかかわらず、①の主節の「大事だ」と②の主節の「どうってことはない」
の「話し手／書き手」の思いは異なります。①では「話し手／書き手」が
名詞節の内容の実現を望んでいます。ところが、②では名詞節の内容は「**事
実**」を表してはいるものの、「話し手／書き手」はその内容を「**重視してい
ない**」ため、名詞節の動詞が「**接続法**」になっています。

🔊 122

Es necesario que *suministremos* provisiones y agua a la zona damnificada.
私たちは被災地域に食料と水を供給する必要がある。

Hace falta que *asumas* la responsabilidad.
きみは責任をとる必要がある。

No hace falta que *asumas* la responsabilidad.
きみが責任をとる必要はない。

Hace falta que *compréis* más agua mineral.
きみたちはミネラルウォーターをもっと買う必要がある。

Es importante que *te dediques* enteramente a tus estudios.
きみは学業に専念することが大事だ。

　　("dedicarse a ..." は「…に従事する」という意味。)

261

En ese sentido no es importante que *obtengamos* notas
excelentes en los exámenes.

その意味では私たちが試験で優秀な成績をおさめることは重要ではない。

🍭 意思表示（価値判断）④

❖「可能／不可能；予測」

これまでと同じように名詞節の動詞の法は「話し手／書き手の独自の価
値判断」に委ねられます。

① Es posible que *llueva* dentro de unos días.

数日内に雨が降るかもしれない。

② Es imposible que *nieve* en esta época.

この時期に雪が降ることはありえない。

②' No es posible que *ganéis* más dinero en otra compañía.

別の会社で今よりも多く稼ぐのは不可能だ。

②②'の文は「話し手／書き手」が名詞節の内容を**不可能だと判断（非現
実的要素）**するため、動詞は「**接続法**」になっています。逆に、①の文は「話
し手／書き手」が名詞節の内容を**可能だと認識**しているにもかかわらず「**接
続法**」になっています。その理由は、たとえ名詞節の内容が「**現実味**」を
帯びていたとしても、「**確信が持てない**」のと、まだ「**現象が起こっていない**」
からです。

❖「容易／困難」

主節の動詞が「**困難だ**」という場合、「**話し手／書き手**」にしてみ
れば、名詞節の内容に対して「**自信が持てない**」（非現実的要素）と
いうことになります。一方、「**容易だ**」という場合は、一見「**認めて
いる**」ようですが、これはあくまでも「**話し手／書き手の主観的な判
断**」であって、他の人からみればそうは思えないかもしれないからで
す。いわば、「**ほかの考え方もある中で自分はこう思う**」という認識です。

Es difícil que tú *convenzas* a Manuel.

きみがマヌエルを説得するのはむずかしい。

Es fácil que *nos reunamos* cada domingo.

毎週日曜日にみんなで集まるのは簡単だ。

Es posible que *nos comuniquemos* por medio de Internet.　インターネットを介して私たち同士の意思疎通は可能だ。

No es posible que *nos comuniquemos* ahora por la avería del satélite de telecomunicaciones.
今、通信衛星の故障で意思疎通は不可能だ。

Es posible que Alfredo *sea galardonado* por su tesis.
アルフレッドが論文で賞をとる可能性がある。

（"sea galardonado" は「ser + galardonar〔賞を与える〕の過去分詞」で、受動文です。）

Es posible que Alfredo *haya sido galardonado* por su tesis.　アルフレッドが論文で賞をとっていたとしても不思議ではない。

（"haya sido galardonado" は、上記の受動文の接続法現在完了。）

Es posible que te *empleen* en esa compañía.
きみはその会社で雇ってもらえる可能性はある。

No es posible que te *empleen* en esa compañía.
きみはその会社で雇ってもらえる可能性はない。

（上記の二文の empleen は、動詞 emplear〔雇用する〕の3人称複数で、行為者が不明の無人称表現。）

Es probable que Raquel *se gradúe* el año que viene.
ラケールは来年卒業できそうだ。

No es probable que Raquel *se gradúe* el año que viene.
ラケールは来年卒業できそうにない。

Es previsible que el mundo *caiga* en una gran crisis económica.
世界が大変な経済危機に陥ることが予測される。

Es imprevisible que uno *pueda* conseguir el trabajo que quiera.　好きな仕事を手に入れられるかどうかなんて予測できない。
（uno は一般的に「人は」という意味。「14課 2. 無人称（6）」参照。）

Es muy difícil que *convenzamos* al ministro.
大臣を説得するのは至難の技だ。

第16課

接続法（名詞節）

263

Lo difícil es que el director te *nombre* su secretaria.

ボスが自分の秘書にきみ（女性）を任命するのはむずかしい。

（「きみ」が男性であれば、secretario となります。）

No es difícil que tú *consigas* esa medicina con la receta médica.

医者の処方箋があればその薬を手に入れるのはむずかしくない。

Es fácil que los ciudadanos *tengan* acceso a la información sobre la salud.

市民が健康に関する情報にアクセスするのは容易だ。

🍭 意思表示（価値判断）⑤

❖「有益・利点・充分・幸運／狂気の沙汰」

　この種の文の「名詞節」にも「接続法」がきます。それは「話し手／書き手の独自の価値判断」によって、名詞節が綴られるからです。いわば、ここでも「ほかの考え方もある中で自分はこう思う」という認識がものを言います。

🔊 124

Es útil que *tengas* a tu alcance unas enciclopedias.

百科事典を何冊か手もとに置いておくと役立つよ。

Es una ventaja que este coche *gaste* menos gasolina que otros.

他の車に比べ、この車は燃費のよさがとり柄（え）だ。

Basta que de momento me *prestes* mil yenes.

とりあえず千円貸してもらえれば充分だ。

（"de momento" は「目下、今のところ」という意味。）

Es una suerte que *esté* abierto el hospital.

病院が開いていてラッキーだ。

（「病院が開いている事実」は「話し手／書き手」にとって「思いがけないこと、意想外のこと」であることから、従属節の動詞が「接続法」になります。）

Es una locura que *corras* en coche a toda velocidad a medianoche.

夜中に車をぶっ飛ばすなんてきみはどうかしているよ。

（「夜中に車をぶっ飛ばすこと」を「話し手／書き手」は「認めていない」ため、名詞節の動詞は「接続法」になります。）

🍭 意思表示（願望・要求・主張・推薦・放任）⑥

❖「願望、懇願、要求、依頼」

　この種の意思表示は単純明快です。一言でいえば、相手に対する**「話し手／書き手の要求・願い」**です。要するに、**「名詞節の内容は実現していない」**（非現実的要素）ことを意味します。いわゆる、現実化して欲しいという**「意思表示」**なのです。

Ruego que *te quedes* con nosotros.　私たちといっしょにいて欲しい。

No quiero que *te cases* con aquel hombre.
　あの男とは結婚して欲しくない。

Te **pido** que *revises* el manuscrito hasta el sábado.
　土曜日までにきみに原稿のチェックをお願いしたい。

❖「主張、提案、推薦、激励、忠告、命令、禁止、許可、放任」

　これらも上記と同じく、程度の差こそあれ「話し手／書き手」の**「…であるべきだ、…であればよいのに」、「…を許す」、「…させる」**などという**「意思表示」**です。

El presidente **insiste** en que *ejecutemos* el nuevo plan.
　社長は、私たちが新企画を実行するよう主張している。

La gente allegada al presidente **propone** que él *firme* el armisticio.
　大統領の側近たちは大統領に休戦協定の調印を提案する。

El profesor nos **manda** que *discutamos* en inglés.
　先生は私たちに英語で議論するよう命じる。

El doctor me **ha recomendado** que no *haga* ejercicio estos días.
　医者は私にここ数日は運動を控えるよう勧めてくれた。

La madre **deja** que sus hijos *vayan* a jugar después de regresar de la escuela.　母親は子供たちが学校から帰ると遊ばせる。

125

Mis padres desean que yo *estudie* más.

両親は私にもっと勉強して欲しいと願っている。

La profesora quiere que *lean* este libro sus estudiantes.

先生は学生たちにこの本を読んでもらいたいと思っている。

Prefiero que *seas* periodista.

きみにはジャーナリストになってもらいたい。

Te pido que *entregues* esta carta al señor Martínez.

きみにこの手紙をマルティネス氏に届けてもらいたい。

La esposa de Nicolás insiste en que su marido *compre* un coche.

ニコラスの妻は夫に車を買うようせがんでいる。

（ただし、主節の動詞 insistir が「要求」ではなく「**確信**」を表明する場合は、従属節に「**直説法**」がきます。〔例〕Insisto en que ellos *tienen* razón. 彼らの言うとおりだと私は言いたい。）

Os propongo que *nos reunamos* de nuevo este sábado.

今週の土曜日に再度皆で集まることをきみたちに提案したい。

Les sugiero que *tomen* la clase de gramática superior de inglés.

あなたたちに英語上級文法の授業をとることを勧めます。

Les exhortamos que *dejen* de fumar, pero no nos hacen caso.

私たちは彼らにタバコをやめるよう勧めるが、どこ吹く風だ。

（"hacer caso a ..." は「…に耳を傾ける」という意味。）

Ricardo recomienda a su amigo que *visite* varios templos en Japón.

リカルドは友人に日本のあちこちの寺院を訪れることを勧める。

El alcalde ha ordenado que *se investigue* el caso del soborno.

市長は収賄の件を調査するよう指示した。

El jefe nos manda que *preparemos* un informe financiero hasta mañana.

ボスは私たちに明日までに財務報告書を準備するよう命じる。

Se prohíbe que Uds. *entren* en el paraninfo.

あなた方は講堂に入ることを禁止されている。

（"se prohíbe ..." は「se ＋動詞（3 人称単数）」の形で、無人称文。）

El alcalde dispone que no *se reúnan* más de cuatro personas en cualquier banquete o fiesta.

市長は、いかなる宴席またはパーティーであろうと 4 人以上集まらないよう指示する。

No nos permiten que *pasemos* por esa senda peligrosa hacia la cima del monte.

山頂に通じるこの危険な山道を通ることは禁じられている。

（permiten は動詞 permitir〔許可する〕の 3 人称複数で、行為者が不明の無人称表現。）

Permitimos que los muchachos *vayan* a jugar afuera después de acabar sus tareas.

私たちは、子供たちが宿題を終えたあと外で遊ぶことを許す。

Los padres consienten que sus hijos *se porten* como quieren.　両親は子供たちを自由にさせている。

（consentir は「容認、許可する」という意味。）

Enfatizamos que *reconstruyan* los puentes viejos.

私たちは古い橋の再建を力説する。

（reconstruyan は動詞 reconstruir〔再建する〕の 3 人称複数で、行為者が不明の無人称表現。）

La compañía procura que los clientes *compren* sus productos.　会社は客が自社の製品を買うよう努力している。

Es mi decisión que *nos traslademos* de la capital a un pueblo.　私たちが首都からある村へ引っ越すことを決めたのはこの私だ。

Os dejo que *planeéis* solos ir de campamento.

キャンプに出かけるというきみたち自身の計画を私は許可する。

第
16
課

接続法（名詞節）

No te recomiendo que *compres* esa casa vieja.

きみがその古い家を買うのはお勧めしないね。

 「名詞＋ de que ...」の形

❖ ここでは「名詞節」が「話し手／書き手の価値判断」によって「直説法」になったり「接続法」になったりします。　　　　（太字・斜体＝「名詞」）

Tengo la *esperanza* de que mi familia me *traiga* del viaje un souvenir.

家族が旅の土産を持ってきてくれることを私は期待している。

Precisamente es el *momento* de que el gobierno *declare* el estado de emergencia.

今こそ政府が緊急事態宣言を出すときだ。

Vale la *pena* de que *tomemos* unos días de descanso después de acabar este trabajo.

この仕事を終えたあと、数日休みをとる価値はある。

Ya es *tiempo* de que *volvamos* al trabajo, ya que hemos tomado suficientes días de vacaciones.

私たちは何日も充分に休暇をとったのだから、そろそろ仕事に戻る時期だ。

El *hecho* de que no *venga* él, no quiere decir que no *tenga* ganas.

彼が来ないからと言って、来る気がないということにはならない。

（「名詞節」には「接続法」"no venga" が使われていますが、これは「彼が来ない理由」に「確信が持てない」からです。要するに「話し手／聞き手」の「主観的判断」ということです。また術部の "no quiere decir que no tenga ..." の tenga も接続法になっていますが、これは主節 "no quiere decir" が従属節の内容を否定しているからです。なお、"querer decir" は significar〔意味する〕と同意。quiere の主語は hecho〔出来事、事実〕です。）

Tenemos que aceptar el *hecho* de que estamos atravesando un mal tiempo.

私たちは悪い時期を迎えているという事実を、受け入れなければならない。

（この文の「名詞節」では動詞が直説法 estamos になっています。これは「話し手／聞き手」が目の前の事象に対して「承認の意」を示しているからです。）

268

🔍 「不定詞」でも表現可能な場合

ここまで、主節と従属節で構成される「**複文**」において「**主節の動詞と従属節の動詞の主語が異なるケース**」を見てきましたが、動詞によっては、以下のように「**不定詞**」でも表現可能な場合があります。

（下線＝「不定詞」）

Os recomiendo que *visitéis* el Museo del Prado.

プラド美術館を訪れることをきみたちに勧めたい。

→ Os recomiendo visitar el Museo del Prado.

Les prohibimos que *fumen* aquí. 　ここでの喫煙を禁じます。

→ Les prohíbimos fumar aquí.

Hoy especialmente nos **permiten** que *veamos* el jardín famoso de este templo.

私たちは今日特別にこの寺院の有名な庭を見せてもらえる。

→ Hoy especialmente nos **permiten** ver el jardín famoso de este templo.

（permiten は動詞 permitir〔許可する〕の直説法現在・3 人称複数で、行為者が不明の無人称表現。）

I. [　] 内の動詞を活用させましょう。

1. No cabe la menor duda de que [ser] más difícil para
   nosotros dominar el alemán que el español.　　　[　　　　]
   私たちにとって、スペイン語よりもドイツ語を習得するほうがむずかしいこ
   とに疑いの余地はない。

2. Siento que no [poder] participar en el partido de fútbol.
   　　　　　　　　　　　　　　　　　　　　　　　　[　　　　]
   きみがサッカーの試合に参加できなかったことを残念に思う。

3. No está comprobado si el presidente [manifestar] lo que
   [pensar] verdaderamente.　　　　　[　　　　][　　　　]
   大統領が本心を語ったかどうか確証はない。

4. Me alegro de que [obtener] la beca de estudios en España.
   　　　　　　　　　　　　　　　　　　　　　　　　[　　　　]
   きみがスペインへ留学するための奨学金を得たことを私は喜んでいる。

5. Pensamos que [ocurrir] un gran terremoto tarde o tem-
   prano.　　　　　　　　　　　　　　　　　　　　[　　　　]
   私たちには遅かれ早かれ大地震が発生するような気がする。

6. Los esquiadores anhelan que [nevar] mucho en las
   montañas.　　　　　　　　　　　　　　　　　　　[　　　　]
   スキーをする人たちの切なる願いは、山にたくさん雪が降ることだ。

7. Estoy contento de que aquel jugador [ganar] una medalla
   de oro en los Olímpicos.　　　　　　　　　　　　[　　　　]
   あの選手がオリンピックで金メダルをとったことを私は喜んでいる。

8. El padre de Camila desea que su hija [graduarse] de la
   escuela con sobresaliente en todas las asignaturas.
   　　　　　　　　　　　　　　　　　　　　　　　　[　　　　]
   カミーラの父親は、娘がすべての科目において優秀な成績をおさめ卒業するこ
   とを願っている。

9 . No es extraño que [descubrirse] una nueva fuente de energía en este siglo. [   ]

今世紀に新しいエネルギー源が発見されても不思議ではない。

10. Temo que ellos [cerrar] su tienda por el mal estado de la economía. [   ]

経済の悪化によって彼らが店を閉めることを私は危惧する。

11. No es necesario que [cambiar] de teléfono inteligente tan apresuradamente. [   ]

きみはそんなに急いでスマートフォンを変える必要はない。

12. No abandonemos la esperanza de que siempre [haber] un camino en nuestro futuro. [   ]

私たちの未来には道が開けているという希望を捨てないでおこう。

（abandonemos は命令形〔1 人称複数〕。「19 課」参照。）

13. Es una sensación rara que me [saludar] de repente el que nunca lo [hacer]. [   ]

挨拶したことのない人が急に挨拶をしてくるとは、なんとも妙な気分だ。

14. Vale la pena que [aceptar] la oferta de esa clase de trabajo.

[   ]

きみたちにとってその種の仕事の申し出を受け入れる価値はある。

15. El doctor me recomienda que [abstenerse] de tomar alcohol.

[   ]

医者は私にアルコールを控えるよう勧める。

II. スペイン語を日本語に訳しましょう。

1. Se nos ha averiado no pocas veces el coche viejo con el que hemos corrido ya unos cien mil kilómetros. Parece que es una buena oportunidad de que lo vendamos y compremos otro nuevo.

2. Dicen que la contaminación del aire perjudica a la salud, de modo que es urgente que investiguen otros recursos de energía que garanticen la seguridad de la vida humana.

3. La desavenencia entre los dos países se debe a razones religiosas y no políticas ni económicas. Se cree difícil que se reconcilien con la intervención de otros países.

4. No queremos pensar que la familia de Antonio se haya trasladado a otra ciudad por haberse peleado con sus vecinos. Esperamos que sea por otra razón; es decir, por la búsqueda de un buen ambiente residencial.

第 17 課
接続法（形容詞節）

1 ■ 接続法現在・現在完了（形容詞節）

　「**形容詞節**」（または**関係節**）は、形容詞が名詞を修飾するように**名詞を修飾**します。ここでも「**話し手／書き手の価値判断**」にもとづき、接続法か直説法かが決まります。「**先行詞**」が「**不特定、不明**」あるいは「**存在しない**」のであれば、「**形容詞節**」の内容は**非現実的要素**とみなされ「**接続法**」が用いられます。もし「**先行詞が特定**」されていれば「**直説法**」がきます。

(1) 形容詞節の基本的な用法

🔍 関係詞 que を用いた形

❖「**関係詞 que**」を用いて「**形容詞節**」を作ります。
　①と②の文では、どちらの「形容詞節」も名詞 gafas を修飾しています。
　　　（下線＝「**形容詞節**」、太字・立体＝「**直説法**」、太字・斜体＝「**接続法**」）

　① Las gafas <u>que **llevas**</u> son muy elegantes.
　　　きみがかけているメガネはとてもエレガントだ。
　② Quiero comprar unas gafas <u>que no *sean* muy caras</u>.
　　　私はあまり高くないメガネを買いたい。

　①の文では、「**話し手／書き手**」は「**きみが眼鏡をかけている事実を確認できる**」ことで、「**客観的事実**」と認識し「**直説法**」が用いられるのに対し、②の文では「**私の買いたいメガネはまだ存在しない**」ことから、「**非現実的要素**」として「**接続法**」になっています。
　さらに別の例文を見てみましょう。

　① Me gusta el coche <u>que **tiene** tu amigo</u>.
　　　私はきみの友人が所有する車が好きだ。
　② Me gusta cualquier coche <u>que *sea* híbrido</u>.
　　　私はハイブリッド車ならどれでも好きだ。

①の文では、「話し手／書き手」には「その車の存在が確認できる」ということで「直説法」が用いられ、②の文では「ハイブリッド車であればどれでもいい」わけで、「特定されていない」ことから「接続法」が用いられます。

126

Hay un hotel*¹ que **está** escondido dentro del bosque.
森の中に隠れた一軒のホテルがある。

Quiero hospedarme en un hotel*¹ que *esté* cerca de la montaña.　私は山の近くにあるホテルに泊まってみたい。

　(*¹ 前文では、「話し手／書き手」はホテルの存在を「確認している」ので「直説法」になっているのに対し、この文では泊まりたいホテルが「確定していない」ので「接続法」になっています。)

Hemos encontrado un lugar que **es** tranquilo y **está** en las afueras de la ciudad.
私たちは郊外にある静かな場所を見つけた。

Estamos buscando un lugar que *sea* tranquilo.
私たちは静かな場所を探している。

Las niñas juegan con los muñecos*² que les **han comprado** sus padres.
女の子たちは両親が買ってくれた人形で遊ぶ。

Las niñas jugarán con los muñecos*² que les *compren* sus padres.
女の子たちは両親が買い与える人形で遊ぶだろう。

　(*² 前文では、動詞が「直説法」であることから、両親から「すでに人形を買ってもらった」ことが明らかであるのに対し、この文では「接続法」が使われていることから、両親は「まだ人形を買っていない」ことがわかります。)

El departamento de español está buscando una secretaria que *sepa* hablar la lengua española.
スペイン語学科ではスペイン語を話せる秘書を一人探している。

Traigo una novela*³ que te **gusta**.
きみの好きな小説を持ってきたよ。

Escoge una novela*³ que te *guste.　きみの好きな小説を選んでよ。

(*³ 前文では「話し手／書き手」にとって相手の好きな小説が「わかっている、確信がある」ので「直説法」ですが、この文では相手の趣向が「わからない」、「不明である」ため「接続法」になっています。)

¿Hay algo en la nevera que yo *pueda* comer? — Sí, hay frutas.　冷蔵庫に何か食べるものはある？―果物があるよ。

(2)「先行詞」が「否定」または「不定」を表す場合

🔍　「否定」または「不定」を表す品詞

❖ alguien, nadie, algo, nada, alguno, ninguno など
このような「先行詞」の場合、**形容詞節の内容がありえないこと（非現実的要素）**であれば「**接続法**」、**現実的なこと**であれば「**直説法**」になります。次の例文を比較してみてください。

① ¿Conoces a **alguien** que *haya leído* algunas obras de Cervantes?
　　セルバンテスの作品を何作か読んだことのある人を知っているかい？

② Sí, conozco a una chica que **ha leído** todas.
　　全作品を読んだことのある女性を知っているよ。

③ No, no conozco a **nadie** que las *haya leído*.
　　いや、彼の作品を読んだことのある人なんて知らない。

①の**疑問文**に対して、②は**肯定文**、③は**否定文**です。①の alguien〔誰か〕については、**まだ存在しない（非現実的要素）**という「話し手／書き手」の判断から「**接続法**」が用いられています。②の肯定文では、セルバンテスの全作品を読んだ una chica〔一人の女性〕を知っているという認識から「**直説法**」が用いられています。③の否定文では、**そういう人を知らないがゆえに存在しない（非現実的要素）**ということで「**接続法**」が用いられます。

🔊 127

Aquí hay algunos chicos*⁴ que **hablan** español.
　　ここにはスペイン語を話す何人かの若者がいる。

Nunca hemos visto un hombre*4 que *hable* tanto.

私たちはあんなによく喋る人を見たことがない。

（*4 前文では、「実際にスペイン語を話す若者が数人いる」のに対し、この文では hombre〔男性〕は「事実よく喋る人」なのですが、「話し手／書き手」にしてみれば、「あんなによく喋る人がいるなんて信じられない」という思いから、「ありえない」（非現実的要素）と判断され「接続法」になっています。）

Ya he comprado un abrigo que **sirve** para protegerse del frío extremo.　私は極寒から身を守れるオーバーをすでに買った。

（形容詞節の動詞は直説法 sirve になっていますが、これは実際に買って手にしているからです〔現実的な事象〕。）

En los almacenes no se vende ningún abrigo que *sirva* para protegerse del frío extremo.

極寒から身を守れるオーバーは、どのデパートにも売っていない。

¿Hay algo que *quieras* comprar? — No, no quiero comprar nada que yo no *necesite*.

何か買いたいものある？—いや、不必要なものは何も買いたくない。

No hay nadie que *sepa* tocar la flauta.

フルートを弾ける人は誰もいない。

No tenemos ningún conocido por aquí con el que [con el cual; con quien] *podamos* trabajar.

この辺にはいっしょに働ける知り合いはいない。

 -quier(a) の形

❖ cualquier(a)（なんでも、誰でも）　　quienquiera（誰でも）
comoquiera（いかようでも）　　cuandoquiera（いつでも）
dondequiera（どこでも）

これらは、動詞 querer（欲する）の接続法現在・3 人称単数 quiera がついた形です。「**先行詞**」が「**不特定、不明**」であるため「**接続法**」が用いられます。

Cualquiera que encuentre basura en los pasillos, debe de recogerla.　廊下でゴミを見つけたら、誰であろうと拾うべきだ。

（「ゴミを見つける人が不特定」との「話し手／書き手」の認識から「接続法」になっています。）

276

Cualquier disculpa que *ofrezca* él, no lo perdonaremos.

> 彼がどんな言い訳をしようとも、私たちは彼を赦さない。

Se prohibe entrar en este cuarto a quienquiera que *sea*.

> 誰であろうとこの部屋に入るのは禁じられている。

Comoquiera que *tratemos*, jamás seremos millonarios.

> 私たちはどう頑張ってみても、億万長者にはなれっこない。

Dondequiera que *huyas*, te encontraremos sin falta.

> きみがどこへ逃げようとも、必ず見つけ出してみせる。

Cuandoquiera que *regresen*, estará abierta la puerta.

> あなた方がいつお戻りになっても、扉は開いていますよ。

(3)「que 以外」の関係詞

🍭 el que ... , lo que など

❖ el que, la que, los que, las que, quien, cuanto

ここでも同様に「**先行詞**」が「**不特定、不明**」であれば、「**接続法**」になり、そうでなければ「**直説法**」になります。このケースでは「**前置詞**」をともなうこともあります。

Los que^{*i} *luchen* por la libertad la conseguirán sin falta.

> 自由のために戦うものは必ずそれを手にするだろう。

Las que^{*i} *quieran* bailar en ese evento tienen que presentarse a una audición.

> そのイベントで踊りたい人たち（全員女性）はオーディションを受けなければならない。

Dejaremos manejar este camión **al que**^{*1} *traiga* el carné de conducir.

> 運転免許証を持っている人であれば、このトラックに乗ってもよろしい。
>
> (^{*i} これらの「**先行詞**」はいずれも「**不特定の人**」をさすため、「**接続法**」になります。)

Los que*ⁱⁱ **están** aquí son miembros.　ここにいる者はメンバーだ。

Con este libro y **el que***ⁱⁱ **compré** el otro día prepararé el examen
de la próxima semana.

この本と先日買った本で、来週の試験の準備をしようと思う。

（*ⁱⁱ 動詞がいずれも「**直説法**」であることから「**話し手／書き手**」はその
場の状況を「**きちんと把握・確認**」していることがわかります。いわば、「**先
行詞**」は「**特定されている**」ということです。）

No hay **quien** *se oponga* a tu opinión.

きみの意見に反対する者は誰もいない。

❖「**抽象的概念**」を言い表す "lo que"

Debes de hacer por lo menos **lo que***ⁱⁱⁱ *puedas*.

きみは少なくともできることをすべきだ。

（"por lo menos" は「**少なくとも**」という意味。）

Carlos me dijo **lo que***ⁱⁱⁱ **pensaba**.　カルロスは思いの丈を私に言った。

（*ⁱⁱⁱ 前文では「**きみができること**」は「**話し手／書き手**」にとって「**確認
できないこと**」（**不特定要素**）として映るため「**接続法**」になりますが、こ
の文では「**カルロスが思っていたこと**」は「**話し手／書き手**」がそれを「**把
握・認識**」しているので「**直説法**」になります。）

Eso es **cuanto** [todo **lo que**] ella **sabe**.　それが彼女の知っているすべてだ。

No hagas caso de **lo que** te *digan*.　風評なんて気にすることはないよ。

（hagas は動詞 hacer の命令形・2 人称単数。「19 課 3. 否定命令」参照。
digan は動詞 decir〔言う〕の接続法現在・3 人称複数で、行為者が不明
の無人称表現。ここでは「**他人がきみに何か言ってきたとしても**」という「**仮
定**」を述べているので「**接続法**」になっていますが、「**実際に何か言ってき
ている可能性もあります**」。かりにそうであっても、そのようなことは「**認
められない**」という「**話し手／書き手**」の認識であれば形容詞節の動詞は「**接
続法のまま**」です。）

🔊 129

Los que no *tengan* nada que hacer ya pueden marchar-
se.

何もすることがない人はもう出ていってもかまいません。

Ésta es la casa a la que [a la cual] **han traído** ya el mobi-
liario.

この家にはすでに家具が搬入されている。

（han traído は動詞 traer〔持ってくる〕の直説法現在完了・3 人称複数で、
行為者が不明の無人称表現。）

Deseo un comedor en el que [en el cual] *haya* mesas y
sillas hechas a mano.

手作りのテーブルと椅子が置かれた食堂を私は望んでいる。

Necesito un tratamiento de quiropráctica con el que [con
el cual] *se* me *cure* el dolor de la espalda.

背中の痛みを治してくれるカイロプラクティックの療法が私には必要だ。

Votamos por los que [por quienes] *trabajen* por el país.

私たちは国のことを思って働く人たちに投票する。

Pienso regalar mi bicicleta al que la *necesite* ahora
mismo.

今すぐ必要な方に私の自転車を差し上げよう。

Quien *se esfuerce* más, alcanzará su meta.

より一層努力する人は、目的を達成するだろう。

Si quieres, puedes pedir todo lo que *se* te *antoje*.

もしよかったら、欲しいものはなんでも注文していいから。

Aquí no hay quien *pueda* manejar la grúa.

クレーン車を操縦できる人はここにはいない。

Te voy a explicar todo cuanto*5 el profesor nos **ha
enseñado**.

先生が授業で話したことをすべてきみに説明してあげるよ。

Te explicaré todo cuanto*5 el profesor nos *enseñe*.

先生の授業の内容は、あとで全部きみに説明してあげよう。

（*5 前文の「形容詞節」の動詞は「直説法」なので、「先生が実際に授業をした」
事実を示しています。一方、この文には「接続法」が使われていることから「ま
だ先生の授業は行われていない」ことがわかります。）

接続法（形容詞節）

Pueden participar en nuestro club cuantas personas
[todas las personas que] *tengan* más de dieciocho años.

18 歳以上の人なら誰でも私たちの同好会に参加できます。

Voy a explicarles sobre este negocio cuantas veces
necesiten ustedes.

この仕事についてはあなた方が必要なだけ何度でも説明させていただきます。

No escucha lo que[*6] le **aconsejan**.

彼は忠告に耳を貸そうとはしない。

No hará lo que[*6] le *aconsejen*.　彼は他人の忠告を実行しないだろう。

（[*6] これらの文は、「形容詞節」の動詞 aconsejar〔忠告する〕が 3 人称複数で、
行為者が不明の無人称表現です。前文では「形容詞節」に「直説法」が使われ
ていることから、彼は「実際に忠告されている」ことがわかります。しかし、
この文では「接続法」になっているので、「まだ忠告されていない」（非現実
的要素）という「話し手／書き手」の認識となります。もちろん、たとえ他
人の忠告があったとしても、「他人の忠告に耳を貸すような人ではない」とい
う思いで発言している可能性もあります。その場合、「話し手／書き手」にし
てみれば「忠告しても無駄だ」となり、動詞は「接続法」になります。）

Me atrae todo lo que *tenga* que ver con automóviles.

私は車に関することなら何でも関心がある。

（ここでは「クルマと関係のある事柄」が、「話し手／書き手」にとって「特
定されていない」ため「接続法」になっています。"tener que ver con ..."
は「…と関係がある」という意味。）

第18課
接続法（副詞節）

1 ■ 接続法現在・現在完了（副詞節）

「副詞節」は、情況補語の役割を果たす「従属節」のことです。「副詞節」の内容が、「話し手／書き手」から見て「不特定・不確実・未定」（非現実的要素）と判断される場合は「接続法」が用いられ、「事実を根拠にした発言」と判断される場合は「直説法」になります。

まずは、「副詞節」に「直説法」がくる場合と「接続法」が来る場合を比較してみることにしましょう。

（以下、下線＝「副詞節」、太字・立体＝「直説法」、太字・斜体＝「接続法」）

🔊 130

① <u>Cuando **sales** a hacer footing</u>, casi siempre llevas esos zapatos sport, ¿verdad?

　　ジョギングに出かけるときは、大抵そのスポーツシューズを履くんだね。

　　　　　　　　　　　　　　　　　　　　　　　　　　　　（直説法）

② <u>Cuando *salgas* en coche</u>, ¿puedes avisarme para ir contigo?

　　車で出かけるときは、いっしょに行きたいので知らせてくれる？　**（接続法）**

①の文では「話し手／書き手」が、相手は**実際にジョギングに出かけている**ことを確信しているので副詞節の動詞は「**直説法**」ですが、②の文では「**話し手／書き手**」は相手が**まだ出かけていない**との認識から「**接続法**」になります。）

🔍 副詞節①

❖「目的」

「副詞節」が「目的」の意味合いを持つということは、「その内容がまだ実現化していない」（非現実的要素）ことを意味し、**それを実現化しよう（したい）**という「話し手／書き手」の意図が読みとれます。

　以下は、「**目的を表す副詞節**」（…するために、…の目的で）を構成する主な用語です。

> a que ...　　　　　　　　para que ...
> a fin de que ...　　　　　con el fin de que ...
> con la intención de que ...　　de modo [manera] que ...*
> 　（*「**結果**」を表す場合は、「**それゆえ…、だから…**」となり、「副詞節」内の動詞は「**直説法**」になります。）

① Ella hace mucho ejercicio **para** obtener la belleza corporal.
　　彼女は肉体美を手に入れようと鍛錬(たんれん)を積んでいる。

② Ella hace mucho ejercicio **para que** la *escojan* como miembro del equipo atlético.
　　彼女は陸上競技のチームの一員に選ばれようと、鍛錬を積んでいる。

　①の文では運動をするのも肉体美を手に入れるのも「彼女」という「**同一人物**」であるため「**短文**」で表現できますが、②の文では運動するのは「彼女」であり、選出するのは「他人」ということで、**主節と従属節（副詞節）の主語が異なる「複文」**となります。副詞節の動詞 escoger（選ぶ）が escojan と「接続法」になっているのは、**その行為がまだ実現していないから**です。なお、この動詞は3人称複数で、行為者が不明の無人称表現です。

🔊 131

Rafael ha ido al dentista a que le *saquen* una muela.
　ラファエルは奥歯を1本抜いてもらいに歯医者へ行った。
　（saquen は動詞 sacar〔とり出す〕の現在完了・3人称複数で、行為者が不明の無人称表現。）

Los maestros animan a sus alumnos a que *se preparen* para la fiesta deportiva.
　先生たちは生徒に運動会の準備をするよう激励する。

282

Telefonearé a Alfonso para que *llegue* a tiempo a la reunión.　会議に遅れないようアルフォンソに電話しておこう。

El guía toma precauciones a fin de que no *olvidemos* ni el pasaporte ni la cartera en el autobús.
ガイド（男性）は私たちがバスの中にパスポートと財布を忘れていないか気を配る。

Ramón sigue trabajando con la intención de que *se realice* su plan de viajar por el mundo.
ラモンは世界旅行の計画を実現させるために働き続けている。

Te prestaré el dinero a fin de que *liquides* tu deuda.
きみの借金返済のために金を貸してあげよう。

Limpiaremos la casa de modo que[*1] *estén* a gusto las visitas.　訪問客がくつろげるように家の中を掃除しようよ。

Está desordenada la casa, de manera que[*1] no **nos sentimos** cómodos.
家の中が散らかっているので、私たちはくつろげない。

（[*1] 前文では、「目的」を表しているので「接続法」になっています。つまり、「訪問客がくつろぐという行為はまだ実現化していません」。しかしこの文では、主節で述べられた状況が「理由」となり、副詞節では「実際にくつろげない心境」が述べられ、動詞は「直説法」になっています。）

🔍 副詞節②

❖「条件、仮定」
　「条件、仮定」についても、「話し手／書き手」の意図が副詞節に反映され、その内容が「**不特定・不確実・未定**」と判断された場合には「**接続法**」が用いられます。
　以下は、「**条件、仮定を表す副詞節**」を構成する主な用語です。ただし、"como ..." や "dado que ..." などのように、「副詞節」の内容が「**条件**」であれば「**接続法**」、「**理由**」であれば「**直説法**」が用いられるというケースもあります。

> como... (もし…なら)
>
> según (que) ... (…次第では)
>
> en (el) caso de que ... (…する場合)
>
> a condición de que ... (…という条件で)
>
> con tal de que ... (…という条件で)
>
> a menos que ... (…でなければ)
>
> a no ser que ... (…でなければ)
>
> siempre que ... (…ということであれば)
>
> no sea [fuera] que ... (…しないように)
>
> a cambio de que ... (…を条件に)
>
> excepto que ... (…でなければ)
>
> dado que ... (もし…なら)
>
> salvo que ... (…でなければ)
>
> supuesto que ... (…のようであれば)
>
> suponiendo que ... (…のようであれば)
>
> mientras (que) ... (たとえ…であっても、…である限り)
>
> que yo sepa ... (私が知る限り…)
>
> que yo recuerde ... (私が覚えている限り…)
>
> que yo vea ... (私が見たところ…)

① **En caso de que** *llueva*, no saldré.　雨が降ったら外出はやめよう。

② **Si llueve**, no saldré.　雨が降ったら外出はやめよう。

①と②の文は同じ意味です。ただし、②の **si** を用いた条件節では、現在形に限って「**直説法**」が用いられます。(「本課 2. si を用いた条件文」参照。)

🔊 132

Como*2 *consiga* la ayuda financiera [Si consigo la ayuda financiera], publicaré el libro que estoy preparando.
助成金が授かれば、今準備している本を出版する予定だ。

Como*2 no *vengas* pronto [Si no vienes pronto], te quedarás sin sandía.　早く来ないと、スイカがなくなってしまうよ。

Como*2 no me *hagas* caso [Si no me haces caso], no te acompañaré.
私に従わないのなら、いっしょに行かないよ。

Como*2 *sigas* diciendo mentiras [Si sigues diciendo mentiras], ya no confiaré en ti.

嘘ばかりついていると、もうきみを信用しないからね。

(*2 como 以下の副詞節は、「話し手／書き手」にとって「まだ実現していない事象」、あるいは "como sigas diciendo ..." のように「発話時点から先のことに対する条件」を表しているため、副詞節には「接続法」が用いられます。)

Como **conseguí** la ayuda financiera, publiqué el libro que había preparado.

助成金が授かったので、それまで準備してきた本を出版した。

(como は「理由」を表しているので、副詞節の動詞は「直接法」になります。)

Según que *llueva* o no, podremos salir o tendremos que estar en casa.

雨が降るか降らないかによって、私たちは外出するか家にとどまるかだ。

Según *sea* oportuno o no, organizaremos una fiesta.

時宜を得ているかどうかは別として、私たちでパーティーを企画しよう。

En el caso de que yo *regrese* temprano, iremos al concierto.　早く帰れたら、いっしょにコンサートに出かけよう。

Puedo dar una conferencia a condición de que *sea* en sábado.　私は土曜日であれば講演は可能だ。

(「副詞節」内の動詞 sea の主語は conferencia です。)

Te contaré lo sucedido con tal de que me *creas*.

私を信じてくれるならきみに事情を話してあげよう。

Te presto mi cuaderno con tal de que me lo *devuelvas* cuanto antes.

できるだけ早く返してくれるのなら、きみにノートを貸してあげてもいい。

("cuanto antes" は「できるだけ早く」という意味。)

Tendrá Ud. un recargo del 15 % (quince por ciento), a menos que *pague* la multa dentro del plazo fijado.

期限内に罰金を支払わなければ、15%の追徴金が科せられます。

Fernando vendrá a vernos a menos que *esté* cerrado el camino por la nieve.

雪のため道が封鎖されていなければ、フェルナンドは私たちに会いに来るだろう。

Carlos debe de estar en esta ciudad, a no ser que *se haya regresado* a su pueblo.

カルロスは故郷へ帰っていなければ、この町にいるはずだ。

Siempre que[*3] *pienses* en ayudar a otras personas, fructificarán tus esfuerzos.

常に人助けを念頭においていれば、きみの努力は実を結ぶはずだ。

Siempre que[*3] nos **visitan** los señores Ramírez, se visten formalmente.

ラミレース夫婦が私たちを訪ねてくるときは、決まって正装のいでたちだ。

（[*3] 前文は、「条件」を表しているので「接続法」が用いられていますが、この文では「事実」を述べているため「直説法」になっています。）

Es mejor decírselo a Pedro, no sea que *se enoje*.

ペドロを立腹させないためにも、それを伝えたほうがいい（＝それを伝えないとペドロは立腹するだろう）。

Compraremos de antemano los billetes de asientos reservados del tren, no sea que después no *haya* ninguno.

売り切れるといけないので、前もって列車の指定席の切符を買っておこう。

（"de antemano" は「前もって、事前に」という意味。ninguno は asiento〔席〕をさします。）

Te prestaré mi ordenador a cambio de que lo *uses* con cuidado.

気をつけて使用するというのなら、私のパソコンをきみに貸してあげよう。

No tengo problemas en mi trabajo excepto que *haga* errores.

自分がミスをしなければ、今の仕事は順調だ。

Juana no falta al trabajo, excepto que *esté* enferma.

フアナは病気でない限り仕事を休むことはない。

Dado que*⁴ me *permitan* ir de vacaciones, tomaré una semana.　休暇が許可されれば、1週間の休みをとる予定だ。

Dado que*⁴ me **permiten** ir de vacaciones, tomaré una semana.
休暇の許可が下りたので、1週間の休みをとる予定だ。

(*⁴ 前文の副詞節は、「条件」を示しているので「接続法」になっていますが、こちらは「実際に休暇の許可が下りているという事実」を表しているので「直説法」になります。permitan, permiten は permitir〔許可する〕の3人称複数で、行為者が不明の無人称表現。)

Pasaremos la noche en el hotel salvo que*⁵ [a menos que] no *haya* habitaciones.
満室でなければ今夜はホテルに泊まろう。

Es una buena chica salvo que*⁵ **gasta** mucho en vestidos.
服にお金をかけすぎることを除けば、彼女はとてもいい子だ（＝彼女はとてもいい子だけど、服にお金をかけすぎる嫌いがある）。

(*⁵ 前文の副詞節の内容は「条件」、この文は「事実」を表しています。)

Supuesto que*⁶ no *sean* suficientes las reservas, almacenaremos comida extra.
食糧の備蓄が充分でなければ、余分にストックしておこう。

No compraremos los materiales en esa tienda, supuesto que*⁶ **se venden** más caros que en otras.
その店は他の店に比べると材料の値段が高いので買わないことにしよう。

(*⁶ 前文の副詞節は「条件」を表しているため「接続法」ですが、この文では「高く売られているという事実」〔理由〕を表しているので「直説法」がきます。"se venden" の主語は materiales で、受動文です。)

Invitaré a Carmen suponiendo que*⁷ le *guste* el concierto.
カルメンはコンサートが好きだというのなら誘ってみよう。

Invitaré a Carmen suponiendo que*⁷ le **gusta** el concierto.
カルメンはコンサートが好きだと思うので誘ってみよう。

(*⁷ これら二つの文には suponer〔思う、想定する〕という動詞が使われています。前文では「話し手／書き手」が「カルメンはコンサートが好きだ」ということに「確信が持てない」ため「接続法」が使われているのに対し、この文では副詞節の内容に「確信がある」との判断から「直説法」が用いられています。)

287

Mientras (que)[*8] más lo *pienses*, menos lo entenderás.

いくら考えたとしても、きみにはそれを理解できないだろう。

Mientras (que)[*8] más lo **piensas**, menos lo entiendes.

いくら考えたところで、それを理解するのは無理だ。

(*8 前文に見られる副詞節内の「接続法」から、「いくら考えても無駄」という「話し手／書き手」の思いが見え隠れする一方で、この文に見られる「直説法」には、「きみは実際に考えているようだが、それを理解するのは無理だ」との「話し手／書き手」の確信が表れています。)

Mientras (que)[*9] el jefe no *esté* de acuerdo, no podremos llevar adelante nuestro plan.

上司が同意しない限り、計画を進めるのはむずかしい。

Mientras (que)[*9] el jefe no **está** de acuerdo, no hay otro remedio que abandonar nuestro plan.

上司が同意していない以上、計画をあきらめるしかない。

(*9 前文では「上司の同意を得る必要がある」という「条件」を表しているため「接続法」が用いられていますが、この文では「上司は同意していないという事実」〔理由〕から「直説法」になっています。)

Que yo *sepa*[*10], no se ha cambiado el horario de autobuses.　私の知る限り、バスの時刻表は変わっていない。

Que yo *recuerde*[*10], en la fiesta de Navidad no estaba Alicia.

私の記憶によれば、アリシアはクリスマスパーティーに来ていなかったと思う。

Que yo *vea*[*10], todavía no ha venido Ramón.

見た限りでは、ラモンはまだ来ていない。

(*10 どの文も「接続法」になっているのは、「話し手／書き手」の「認識の不確かさ」を表しているからです。)

❖「譲歩」

「譲歩」についても、「話し手／書き手」が副詞節の内容を「仮定」と判断した場合には「接続法」が用いられ、その内容を「事実」であると判断した場合には「直説法」が用いられます。

以下は「譲歩を表す副詞節」を構成する主な用語です。

> aunque ...（たとえ…でも）　　aun cuando ...（たとえ…でも）
> si bien ...（たとえ…でも）　　a pesar de que ...（たとえ…でも）
> por poco que ...（少しでも…であれば、いくら…でなかろうとも）
> por muy ＋形容詞・副詞＋ que ...（どれだけ〜であろうも…）
> por mucho [más] ＋（名詞）＋ que ...（どれだけで〜あろうも…）

① **Aunque** *haga* buen tiempo, hoy no pienso salir de casa.
　よい天気になったとしても、今日は外出するつもりはない。

② **Aunque hace** buen tiempo, no tengo ganas de pasear.
　よい天気だけれど、私は散歩に行く気になれない。

①の文では「副詞節」に「接続法」が用いられていることから、実際に「天気はよくない」という「話し手／書き手」の認識になりますが、②の文では「直説法」になっているので、「実際には天気がよい」との「確信」が見てとれます。

🔊 133

Aunque[*11] *sea* famoso, no nos convence.

彼は有名かもしれないが、私たちとしては納得のいかない話だ。

Aunque[*11] **es** famoso, no nos convence.

彼は有名だけど、私たちとしては納得のいかない話だ。

> （[*11] 前文では「副詞節」の動詞が「接続法」になっていることから、「話し手／書き手」は「彼が実際に有名であろうとなかろうと、それは認められない」という「価値判断」であるのに対し、この文の「副詞節」の動詞は「直説法」であることから、「話し手／書き手」は「実際に彼は有名である」ことを認めていることになります。）

Aunque *tengas* tiempo, no haces lo que debes hacer.

時間に余裕があったとしても、きみはすべきことをしない人だ。

Aun cuando *lleguemos* tarde, nos esperarán.

私たちが遅れたとしても、彼らは待っていてくれるだろう。

Si bien **es** joven, desempeña sus labores excelentemente.

彼は若いにもかかわらず、自分の仕事を見事にやり遂げてみせる。

(「si bien ＋現在形」の条件節には「接続法」は用いられないので、「直説法」になります。「本課 2. si を用いた条件文」参照。)

No quiero tomar la medicina, a pesar de que[*12] el médico me la *recomiende*.

医者にすすめられたとしても薬は飲みたくない。

No quiero tomar la medicina, a pesar de que[*12] el médico me la **ha recomendado**.

医者がすすめてくれたけど、私は薬を飲みたくない。

([*12] 前文の副詞節は、「接続法」になっていることから「医者がすすめるという行為」は「まだ実現していない」か、あるいは「実際に勧められたものの自分では納得していない」ことを示しています。しかし、この文では「直説法」が使われていることから、「医者が実際にすすめてくれたこと」を「事実」として述べています。)

Por poco que *baje* la temperatura, me preocupa si no se secarán las plantas que están afuera.

ほんの少しでも気温が下がると、外に出してある植物が枯れはしないかと心配になる。

Por poca hambre que *tengas*, tienes que comer algo. Si no, te afectará la salud.

いくらお腹が空いていないといっても、何か食べなくちゃ。でなきゃ健康をそこねるよ。

Por muy baratos que *sean*, no los compremos porque son de baja calidad.

いくら値段が安くても、それらは質が悪いので買わないでおこう。

Por muy inteligente que *sea*, es imposible dominar cualquier idioma extranjero en corto tiempo.

どれだけ聡明であろうと、短期間で外国語をマスターするのは不可能だ。

Por muy buena memoria que *tenga* ella, no podrá memorizar este manuscrito de treinta páginas en media hora.

いくら彼女の記憶力が抜群だとしても、30ページもある原稿を30分で記憶するのは無理だ。

Por muy cansado que *esté*, iré a recibirte a la estación.

どれだけ疲れていようと、きみを迎えに駅まで行くからね。

Por complicados que *sean* estos problemas, seguro que habrá alguna manera de resolverlos.

これらの問題は厄介だとしても、必ず解決方法はあるはずだ。

Por más temprano que *te levantes*, llegarás tarde.

きみはどれだけ早く起きたとしても、遅刻するだろう。

Por mucho que *corras* en tu coche, no llegarás a la hora de la boda.

きみは車をどれだけ走らせようと、結婚式には間に合わないだろう。

Por mucho dinero que *tengas*, si no sabes usarlo bien, no serás feliz.

たとえ大金を持っていようと、使い方を誤れば幸せにはなれまい。

🔍 「接続法＋関係詞＋接続法」の形

❖ 同じ動詞をくり返すことで「譲歩」の意味合いを持つ構文

Pase lo que *pase*, no os olvidéis de entregar la tarea.

何があっても、きみたち、宿題は忘れずに提出するように。

（"Pase lo que pase" は、どちらの pase も**接続法**なので、まだ「**事が起こっていない**」ことがわかります。直訳すると、「起こるであろうことが起こったとしても」となります。"no os olvidéis de ..." は否定命令です。「19課 3. 否定命令」参照）

Sea lo que *sea*, hay que limpiar la basura que **está** desparramada en la calle.　事情はどうであれ、通りに散らかったゴミはきれいにすべきだ。

（"Sea lo que sea" を直訳すると「**どういう状況であっても**」となります。名詞 basura〔ゴミ〕を修飾する「形容詞節」の動詞が「**直説法**」であるということは、ゴミが「**実際に散らかっている**」ことを示しています。）

Lo *digas* o no [Lo *digas* o no lo *digas*], los demás ya sabemos la verdad.

きみがそのことを言おうが言うまいが、他の者たちはみんな真実を知っている。

🔊 134

Pase lo que *pase*, hay que actuar sin perder la calma.

何があっても冷静に対処すべきだ。

Sea lo que *sea*, nadie puede evitar las dificultades de la vida. 状況がどうであれ、人生の難題を避けて通れる者はいない。

Sea quien *sea*, alguien tiene que apagar las luces de la oficina al salir.

誰であろうと、オフィスを出るときは電気を消すべきだ

Vayamos a donde *vayamos*, no se nos quitarán las preocupaciones.

私たちはどこへ行こうと、心配はついてまわるだろう。

Digan lo que *digan*, no haremos caso de ello.

人が何と言おうとそのことは気にしないでおこう。

　　（digan は decir〔言う〕の3人称複数で、行為者が不明の無人称表現。）

Cueste lo que *cueste*, tenemos que convencerlos en cuanto a la conclusión que hemos sacado.

たとえ骨が折れようとも、私たちの出した結論に関して彼らに納得してもらう必要がある。

Llegues cuando *llegues*, me avisarás, ¿eh?

とにかく着いたら知らせてよね。

Lo *interpreten* como lo *interpreten*, no estamos mintiendo.

それをどう解釈されようが、私たちは嘘をついていない。

　　（interpreten は interpretar〔解釈する〕の3人称複数で、行為者が不明の無人称表現。）

Vengas o no *vengas*, vamos a esquiar.

きみが来ても来なくても、私たちはスキーに出かける。

Quieras o no *quieras*, tienes que pagar la multa.
いやでもきみは罰金を払わされるだろう。

Os *guste* o no os *guste*, tenéis que guardar los juguetes desparramados.
いやであろうとなかろうと、きみたちはおもちゃを片づけるべきだ。

Haga buen tiempo o *llueva*, no se cancelará la visita a la fábrica.　晴天であろうと雨天であろうと、工場見学は実施されるだろう。

Sea por e-mail [correo electrónico] o por teléfono, te avisaré sin falta.　メールか電話で必ずきみに知らせるよ。

◉ ただし、「疑問を発する場合」には「直説法」になります。

¿**Vas** o no **vas** conmigo?　いっしょに行くの、行かないの？

¿**Vienes** solo o **traes** a alguien contigo?
一人で来るの、それとも誰か連れて来るの？

🔍 副詞節④

❖「時」
　この場合も「話し手／書き手」の「**価値判断**」が大きくものを言います。副詞節内の各事象が「**不特定・不確実・未定**」（非現実的要素）と判断された場合には「**接続法**」、そうでない場合には「**直説法**」が用いられます。
　以下は、「**時を表す副詞節**」を構成する主な用語です。

cuando ...（…するとき）　　cuanto antes ...（…するのが早いほど）
tan pronto como ...（…するとすぐ）
así que ...（…するとすぐ）　　en cuanto ...（…するとすぐ）
mientras tanto ... / mientras (que) ...（…するあいだ）
cada vez que ...（…するたびに）　　siempre y cuando ...（…する限り）
siempre que ...（…するときはいつも）　　una vez que ...（一度…すると）
desde que ...（…してから）　　hasta que ...（…するまで）
antes de que ...（…する前に）　　después de que ...（…したあとで）
al mismo tiempo que ...（…すると同時に）

① **Cuando voy** de compras, gasto mucho dinero.

　　私は買い物に出かけると、ついお金をたくさん使ってしまう。

② **Cuando** *vayas* de compras, no te olvides de llevar tu tarjeta de crédito.

　　買い物に出かけるときは、クレジットカードを忘れないようにね。

　①の文では、「**副詞節**」が「**直説法**」になっていることから、「**話し手／書き手**」は「**実際に買い物に出かけていることを事実として認識**」しています。これに対して②の文では「**出かけるという行為がまだ実現していない**」との認識から「**接続法**」になっています。"no te olvides ..." は命令形（「19課 3. 否定命令」参照）。

🔊 135

Iremos ahí cuando nos *mande* usted.

　あなたの指示する日時に私たちはそちらへ行きます。

Cuando *vayas* a estudiar en el extranjero, te compraremos una maleta.

　きみが留学するときは、私たちがトランクを買ってあげよう。

Cuando *terminemos* de pagar el piso, nos habremos quedado sin dinero.

　マンションの支払いが終わる頃には、私たちはおそらく文無しだ。

Cuanto antes *encontremos* la causa del fracaso, más pronto se solucionará el problema.

　私たちが失敗の原因を早く見つければ、それだけ早く問題解決につながるだろう。

Tan pronto como *acabes* la traducción, salimos de paseo.

　きみの翻訳が終わり次第、いっしょに散歩に出かけよう。

Tan pronto como *te enteres* de la verdad, me llamas, ¿eh?

　事実がわかり次第、電話してよね。

　　（"enterarse de ..." は「…を知る、…に気づく」という意味。）

Así que *acabe* la representación, saldremos pronto del teatro.

　上演が終わり次第、すぐに劇場を出よう。

En cuanto *se venda* mi casa, compraré otra nueva.

私の家が売れ次第、新しい家を買うことにしよう。

Mientras tanto yo *arregle* la casa, tú limpias el jardín.

私が家の中を片づけるあいだ、きみには庭の掃除をお願いしよう。

Cada vez que *vengan* a buscarme, diles que ya me he mudado a otra ciudad.

誰か私を訪ねて来たら、その都度もう別の町へ引っ越したと伝えてくれ。

（vengan は動詞 venir の 3 人称複数で、行為者が不明の無人称表現。diles の di は decir の命令法、les は人称代名詞〔間接目的語〕で、「私を訪ねて くる人たちに」という意味。「19 課 2. 肯定命令」参照。）

Te llevaré de camping siempre y cuando tú *prepares* la comida.

きみが料理してくれるというのなら、キャンプへ連れて行ってあげよう。

Te dejaré mi coche siempre que[*13] no lo *conduzcas* a mucha velocidad.

猛スピードで運転しないというなら、いつでも私の車を貸そう。

Serás bien venido siempre que[*13] nos *visites*.

私たちを訪ねて来てくれれば、いつだってきみを歓迎するよ。

Siempre que[*13] *discutimos* de política, acabamos peleándonos.

私たちは政治について議論すると、いつもケンカになってしまう。

（[*13] 前の二文にある副詞節の動詞に「接続法」が使われていることから、「き みはまだ猛スピードで運転していないこと」、「訪問はまだ実現していないこ と」がわかります。しかし、この文では「副詞節」の動詞が「直説法」なの で、「実際に議論している」ことを示しています。「acabar ＋現在分詞」は「結 局は…に終わる」という意味。）

Una vez que *comience* la ceremonia, no se permite entrar en la sala.

ひとたび式典が始まれば入室は許可されない。

Desde que *vengas* hasta que *te vayas*, nos divertiremos.

きみがここにいるあいだは（＝きみが来てから立ち去るまで）、いっしょに楽し もう。

接続法（副詞節）

Siga usted todo derecho hasta que *vea* un edificio grande a la izquierda.

左手に大きな建物が見えるまで、ここをまっすぐ行ってください。

　（Siga は動詞 seguir〔進む〕の命令形。「19 課 2. 肯定命令」参照。）

No te muevas de aquí, hasta que yo *vuelva*.

私が戻るまではここから動かないでね。

　（"No te muevas ..." は再帰動詞 moverse〔移動する〕の命令形。「19 課 3. 否定命令」参照。）

Antes de que *envíes* tu manuscrito a la editorial, quiero leerlo de nuevo.

きみが出版社へ原稿を送る前に、もう一度それを読んでみたい。

Antes de que *termines* tu trabajo, ¿puedes revisar que no *haya* ningún error?

仕事を終わらせる前に、間違いがないようにチェックしてくれないか？

Después de que *lleguen* a España, me enviarán una tarjeta, ¿no?

あなた方がスペインへ着いたら、私に絵葉書を一枚送ってくださいね。

Después de que *pases* por Correos, te pido que me *compres* pan en el mercado.

郵便局へ立ち寄ったあとで、マーケットでパンを買ってきてちょうだい。

Al mismo tiempo que *lleguemos* allí, temo que *empiece* a nevar.

私たちが向こうに着く頃には雪が降り始めるかも。

🔍 副詞節⑤

❖「様態・方法、場所」

　これまでと同じように、「話し手／書き手」が副詞節の内容を「**不特定・不確実・未定**」（非現実的要素）と判断した場合には「**接続法**」が、そうでない場合には「**直説法**」が用いられます。

　以下は、「**様態・方法、場所を表す副詞節**」を構成する主な用語です。

> como ... （…するように）　　　　sin que ... （…せずに）
>
> según ... （…するにつれて、…にしたがい）
>
> no porque ... ~ （…だからと言って~）
>
> a medida que ... （…するにつれて）
>
> donde （…の場所へ〔に〕）
>
> de ahí [aquí] que[*i] ... （したがって…、それゆえ…）
>
> como si ...[*ii] （…であるかのように）
>
> ([*i] この「**副詞節の動詞は常に接続法**」となります。[*ii] 「20 課 6. 非現実的な条件文　🖎 "como si ..." の形」参照。)

① Ramón planea su vida **como** a él le **gusta**.

　　ラモンは自分の好きなように人生を設計している。

② Puedes vivir **como** *quieras*.　きみは好きなように生きればいいよ。

　①の文では、「**話し手／書き手**」が「**ラモンの好む人生設計を承知している**」ため「**直説法**」になっているのに対し、②の文では「**彼の好みが読めない**」ことから「**接続法**」が用いられています。

🔊 136

Lo mejor es arreglar el jardín como *deseéis*.

きみたちが好きなように庭をアレンジするのが一番だ。

Así es el modo como **promueven** la venta de sus productos.

このような方法で彼らは自社商品の販売を促進している。

Puedes hacer tu plan como te *parezca* bien.

きみが納得のいくように（＝きみがよいと思えるような）計画を立てればいい。

Es mejor salir de casa sin que tu familia *se de* cuenta de ello.　家族に気づかれないよう家を出たほうがいい。

（"darse cuenta de ..." は「…に気づく」という意味。ello は「そのこと＝家を出ること」をさします。）

Según *vaya* despejándose la niebla, aparecerá un paisaje hermosísimo enfrente de nosotros.

霧が晴れるにつれて、私たちの前にとても美しい風景が現れるだろう。

Según me lo **han dicho**, te lo voy a contar detallada-
mente. 私が聞いたとおり、きみにそれを詳しく話してあげよう。

> （"han dicho" は decir の直説法現在完了・3 人称複数で、行為者が不明の無
> 人称表現。）

No porque *empiece* a nevar te vayas a quedar en casa.
雪が降るからといって家にいるのはよくない。

> （この文の訳し方ですが、"No <porque empiece a nevar> te vayas a
> quedar en casa" のように < > で区切って考えると訳しやすくなります。「〈雪
> が降り始めるという理由で〉家にこもらないように」ということです。次の文も同
> じ形です。"No ... vayas ..." は命令文です。「19 課 3. 否定命令」参照。）

No porque *estés* de vacaciones te pases todo el día acos-
tado.
休みだからといって、一日中横になってごろごろしていてはいけない。

> （"No ... te pases ..." は命令文です。）

No quiero comer chocolate, no porque *esté* a dieta.
私はダイエットをしているわけではないが、チョコレートは食べたくない。

> （別の言い方をすれば次のようになります。→ No estoy a dieta, pero no
> quiero comer chocolate. 一方、「ダイエットをしている」という文にする
> とこうなります。→ No quiero comer chocolate porque estoy a dieta.
> 私はダイエットをしているので、チョコレートは食べたくない。）

A medida que *sigas* ahorrando, llegarás a comprar un
lote.
貯金を続けていけば、きみはいずれ土地を買うことができるだろう。

Emilia ha recibido una herencia inesperada, de ahí que
piense donar la mitad al orfanato.
エミリアに予期せぬ遺産が転がり込んできたので、彼女はその半分を孤児院に
寄付しようと考えている。

El gobierno no ha tomado medidas para evitar la pandemia,
de aquí que *se haya extendido* rápidamente.
政府は流行病を食い止めるための手段を講じなかったため、急速に感染が拡大
した。

> （再帰動詞 extenderse〔広がる〕の主語は pandemia です。）

Juanito es vergonzoso, de ahí que *titubee* en salir delante del público.

フアニートは恥ずかしがり屋だから人前に出るのをためらう。

（"titubear en ..." は「…を躊躇する」という意味。）

El flamenco suscita un gran interés en el mundo, de ahí que *merezca* mucha atención.

世界中で人々はフラメンコに大きな関心を寄せている。それゆえにもっと注目する価値はある。

Sueño con vivir en el campo donde[*14] *haya* un lago cerca.　近くに湖のある田舎に住むのが私の夢だ。

Evitaré hospedarme en un hotel donde[*14] *haya* mal servicio.

サービスの行き届かないホテルには宿泊したくない。

Es mi placer pasear en un lugar donde[*14] no *haya* gente ni coches.

人や車のいない場所で散歩するのが私の楽しみだ。

第18課

接続法（副詞節）

🍭 [*14] donde を含む従属説

❖「donde を含む従属節」は「副詞節」とされていますが、実際には「形容詞節」と同じであると思われるほどよく似ています。なぜなら、donde を "en el que" に置き換えることも可能だからです。

　Sueño con vivir en el campo **en el que** *haya* un lago cerca.
　Evitaré hospedarme en un hotel **en el que** *haya* mal servicio.
　Es mi placer pasear en un lugar **en el que** no *haya* gente ni coches.

🔊 137

Quiero entrar en una academia privada donde *enseñen* un curso intensivo de inglés.

英語の集中講座を開設している私塾に入りたい。

（enseñen は enseñar〔教える〕の3人称複数で、行為者が不明の無人称表現。）

Nos sentaremos donde *haya* hierba.

　草の生えている場所に座りましょう。

Podéis sentaros donde *sea* [*queráis*].

　きみたち、好きな場所に座っていいよ。

Queremos charlar donde *podamos* estar tranquilos.

　私たちは静かなところで話がしたい。

🔍 比較の形

❖ "cuanto mejor ..., (tanto) mejor ~"; "cuanto peor ..., menos ~"
（～すればするほど…だ）などの構文

"cuanto más [menos] ~, (tanto) más [menos] ..."（～すればするほど…
だ）という形については、「10課 4. その他の比較の用法」で扱いましたので、
ここでは「**接続法**」が用いられる文例をいくつかあげてみることにします。

Cuanto más *practiques* el piano, **tanto mejor** lo tocarás.

　ピアノの練習を積めば積むほど、上手に弾けるようになるだろう。

Cuanto mejor *trates* a tus hijos, tanto mejor se portarán.

　子供たちに対して誠を尽くせば、そのぶん彼らは行儀よくなるだろう。

Cuanto peor *te portes*, menos te aceptarán.

　素行が悪ければ悪いほど、人に受け入れてもらえなくなるだろう。

　　（aceptarán は動詞 aceptar〔受け入れる〕の直説法未来・3人称複数で、
　　行為者が不明の無人称表現。）

Cuanto mayor *sea* tu esfuerzo, **mejor** será el resultado.

　きみは努力すればするほど、よい結果を得られるだろう。

Cuanto mejor lo *hagas*, tanto menos tiempo te tomará corregirlo.

　上手にすればするほど、それを修正する時間は少なくてすむだろう。

Cuanto más vino *tomes*, peor te sentirás.

　ワインを飲めば飲むほど、きみは気分が悪くなるだろう。

---

2 ■ si を用いた条件文

「si を用いた条件文」は、その条件節の内容によって以下のように分けられます。

> ◉「現実味を帯びた条件文」
> ◉「非現実的な条件文」

この課では「**現実味を帯びた条件文**」についてのみ言及し、「非現実的な条件文」については「20 課 6. 非現実的な条件文」でとり上げることにします。

(1) 現実味を帯びた条件文

条件文は、以下のように**接続詞 si** を用いて「**もし〜ならば**」という「**条件節**」と、「**…だ、…だろう**」の「**帰結節**」で構成されます。

条件節	帰結節
si ＋「**直説法**」	「**直説法**」

「**話し手／書き手**」は、条件節の内容が「**現実味を帯びていると判断**」することから、事象がまだ実現していなくても、条件節の動詞は「**接続法**」にはならず「**直説法**」になります。条件節の時制には「**現在形・現在完了形・過去形・過去完了形**」が用いられ、それに応じて帰結節の時制も変化します。

🔊 138

Si tienes tiempo, ¿puedes acompañarme?

暇ならちょっとつき合ってくれない？

（「相手が暇かどうか自信がない」という「話し手／書き手」の判断であれば、tengas〔接続法〕を用いたくなりますが、「si を用いた条件文」では、「話し手／書き手」による「現実味を帯びた判断」とみなされ「直説法」がきます。ちなみに「条件節」の動詞は「未来形」にはなりません。

〔例〕 ✕ Si tendrás tiempo, acompáñame.）

Si no toma la siesta, se pondrá de mal humor.

彼は昼寝をしないと機嫌が悪くなる。

第
18
課

接続法（副詞節）

301

Si **hay** peligro en la zona montañosa, tenemos que tomar un desvío.

山岳地帯が危険だとすると、私たちは迂回路を通る必要がある。

Si **estás** cansado, ¿por qué no duermes un poquito?

疲れているのだったら少し休んだらどうなの。

Si **hace** mucho calor mañana, vamos a la piscina a nadar.

明日はかなり暑くなるようだから、みんなでプールへ泳ぎに行こう。

Si **como** mucho, me dolerá el estómago después.

たくさん食べると、あとでお腹が痛くなる。

Si nos **caen** gordos los empleados, saldremos de la tienda inmediatamente.

店員たちが気に食わなければ、すぐに店を出よう。

Si **gastas** tanto dinero para tus videojuegos, ya no te daremos más.

ビデオゲームにそんなにお金を使うんだったら、もうお金はあげないよ。

Si el viento **se ha llevado** mi ropa, ¿podrías recogerla, por favor?

風で私の洗濯物が飛ばされているようだから、お願い、拾っといてくれない。

Si **has leído** estas revistas, ¿puedes prestármelas?

これらの雑誌を読んだのなら、私に貸してくれない？

Si **querías** comprar chicle, ¿por qué no me lo dijiste mientras estábamos en el mercado?

ガムが買いたかったのなら、マーケットにいたときになぜ言わなかったの？

Si **teníamos** mucho tiempo libre cuando éramos estudiantes, entrábamos frecuentemente en bares para charlar.

私たちは学生時代、暇で時間を持て余していたので、よく雑談をしにバルへ行ったものだ。

（スペインの「バル」は主にカウンターで立ち飲み・立ち食いをする飲食店。コーヒーやジュースなどのほかアルコール類も置いてあり、誰でも気軽に安く利用できる場所です。）

Si había acabado la telenovela al acostarte, deberías de haber apagado la televisión.

就寝時にテレビ小説が終わっていたのだったら、テレビを消しておくべきだったのに。

（"deber de ..." は「…すべきだ」という意味。）

(2) 帰結節のみの単文

si を用いた条件節が**別の語（前置詞など）**にとって代わり、「**帰結節のみの単文**」にすることもできます。

Con tu ayuda [Si me ayudas], podré despachar este asunto pendiente.

きみが手を貸してくれると、この未処理の案件を解決できるんだけど。

Pudiendo resolver [Si podíamos resolver] los problemas satisfactoriamente, nos sentíamos tranquilos.

私たちは納得のいくかたちで各種問題を解決できたので満足だった。

I. ( ) 内に適切な関係詞等を入れ、[ ] 内の動詞を変化させましょう。( ) 内は1語とは限りません。

1. Hay que ponerse en contacto con un abogado ( )
   uno [poder] confiar.   [   ]
   信頼できる弁護士に連絡すべきだ。

2. [nevar] o no [nevar], no se permite pasar por este camino.
                                                  [   ][   ]
   雪が降ろうが降るまいが、この道は通行禁止だ。

3. Los que [aprobar] el mes pasado no tienen que volver a
   examinarse el mes que viene.   [   ]
   先月試験に合格した者は、来月再試験を受けなくてもよろしい。

4. Los que [aprobar] esta vez no tendrán que volver a
   examinarse el mes que viene.   [   ]
   今回試験に合格すれば、来月再試験を受けなくてもよろしい。

5. No hay ( ) que me [ayudar] a cargar estas cajas.
                                                  [   ]
   これらの箱を運ぶのを手伝ってくれる人は誰もいない。

6. ( ) que [venir] a visitarme, te recibiré con los
   brazos abiertos.   [   ]
   私を訪ねてきてくれれば、いつだって大歓迎だ。

7. Lo haremos ( ) nos [aconsejar] usted.   [   ]
   あなたのアドバイスどおりに私たちはそれをするつもりだ。

8. Tendremos que ir vestidos ( ) nos [decir].   [   ]
   先方の指示どおり、私たちは身支度を整える必要がある。

9. ( ) muy inteligente ( ) [ser], no podrás resolver este
   problema de matemáticas.   [   ]
   きみがいかに賢くても、この数学の問題はすぐには解けまい。

10. ( ) [llover] mañana, iremos de paseo en coche.
    明日雨が降ってもドライブをしよう。   [   ]

11. ¿Tendré que quedar hospitalizado (　　　　) [sentirse] mejor?　　　　　　　　　　　　　　　　　[　　　]
（私は）よくなるまで入院していなければいけませんか？

12. Los ladrones planean el robo (　　　　) [darse] cuenta nadie.　　　　　　　　　　　　　　　　　[　　　]
盗人たちは誰にも気づかれずに強盗の計画を立てる。

13. Vamos a sentarnos (　　　　) [estar] tranquilo.　　[　　　]
静かな場所に座りましょう。

14. No [organizar] un evento, (　　　　) nos [pagar] los gastos.
　　　　　　　　　　　　　　　　[　　　][　　　]
あなた方が経費を支払ってくれるなら、私たちは催し物を企画しよう。

15. Les daremos la información sobre nuestros productos nuevos (　　　　) [promocionarse] la venta con la colaboración de su compañía.　　　　　　　　[　　　]
貴社の協力によって販売が促進されるというのであれば、私たちの新商品に関する情報を提供しましょう。

II. スペイン語を日本語に訳しましょう。

1. Hace mucho que no hemos movido los muebles. Arreglaremos un poco su colocación de modo que se sientan cómodos nuestros nietos cuando vengan.

2. Quieras o no quieras, te voy a decir la verdad. Aquella chica que te interesa ya tiene novio, su compatriota, que dejó el trabajo bancario y se ha dedicado a la alfarería.

3. Estamos buscando a Roberto a quien prestamos cierta cantidad de dinero. En cuanto lo veas, ¿podrías avisarnos, por favor? Tenemos necesidad de que nos lo devuelva cuanto antes.

接続法（副詞節）

4 . No sabemos mucho sobre la relación entre Diego Velázquez, pintor famoso, y Pedro Calderón de la Barca, autor de *La vida es sueño*, en la Corte de Felipe IV. Valdrá la pena de averiguar eso para que se ponga de relieve el interés del rey hacia el arte y la literatura.

Diálogo 5

パーティーに参加しない？

Fernando: Gracias por haberme llevado el otro día a la estación en tu coche. Con tu ayuda pude alcanzar el tren y llegar a tiempo a la ponencia.

Ernesto: No lo menciones*. No ha sido nada. Y ¿cómo te fue?

Fernando: Fue todo un éxito. Hablaron varios científicos de diferentes países. Fue muy interesante. ¿Por qué no me acompañas la próxima vez?

Ernesto: Ya veremos. Lo pensaré. Yo, ahora estoy preparando un artículo sobre geología para enviarlo a una revista extranjera. Supongo que tomará tiempo acabarlo.

Fernando: Aunque estás muy ocupado, ¿no podrás tomar parte en nuestra fiesta de este fin de semana?

Ernesto: ¿Vendrán tus amigas, Laura y Julia?

Fernando: Me dijeron que sí.

Ernesto: Pues, iré. Me gustaría charlar con ellas.

> * "No lo menciones" は、直訳すると「そのことには触れなくてもいいよ」と なります。menciones は動詞 mencionar（触れる、言及する）の命令形（2 人称単数）です。「19 課 3. 否定命令」参照。

第18課

接続法（副詞節）

フェルナンド：このあいだは駅まで車で送ってくれてありがとう。きみが手を貸してくれたおかげで、汽車に乗り遅れずにすんだし、研究発表にも間に合った。

エルネスト：なあに、どうってことないよ。で、どうだった？

フェルナンド：大成功だったよ。いろいろな国から何人もの科学者が発表したんだ。とても面白かったよ。次回はいっしょに行かないか？

エルネスト：そうだな、まあ考えてみるよ。ぼくは今、地質学に関する論文を書いていて、外国の雑誌に送ろうと思っている。まあ、完成するのに時間がかかるだろうな。

フェルナンド：忙しいだろうけど、今週末のわれわれのパーティーに参加しないか？

エルネスト：きみの友人のラウラとフリアは来るのかい？

フェルナンド：来るとは言ってたけどな。

エルネスト：だったら、行くよ。彼女たちと話がしたいんだ。

日本文学のスペイン語訳

　このコラムではちょっと趣向を変えて、日本文学がスペイン語に訳されるとどのような形になるのか見てみたいと思います。とり上げる作品は川端康成の名作『雪国』ですが、ここでは出だしの部分を引用します。スペイン語訳は複数ありますが、引用は〈参考文献〉に記した版から行います。原文もそうですが、訳文も比較的簡素で、おおむね日本語の文意にそった訳し方になっています。

第18課　接続法（副詞節）

(1) 国境の長いトンネルを抜けると雪国であった。夜の底が白くなった。
(2) 信号所に汽車が止まった。
　　向側の座席から娘が立って来て、島村の前のガラス窓を落とした。雪の冷気が流れ込んだ。娘は窓いっぱいに乗り出して、遠くへ叫ぶように、
(3) 「駅長さあん、駅長さあん。」
　　明りをさげてゆっくり雪を踏んで来た男は、襟巻で鼻の上まで包み、
(4) 耳に帽子の毛皮を垂れていた。
(5) もうそんな寒さかと島村は外を眺めると、鉄道の官舎らしいバラックが山裾に寒々と散らばっているだけで、雪の色はそこまで行かぬうちに闇に包まれていた。
　　「駅長さん、私です、よろしゅうございます。」
　　「ああ、葉子さんじゃないか。お帰りかい。また寒くなったよ。」
　　「弟が今度こちらに勤めさせていただいておりますのですってね。
(6) お世話さまですわ。」

(1) Al final del largo túnel entre las dos regiones se accedía al País de Nieve. El horizonte había palidecido bajo las tinieblas de la noche.

(2) El tren disminuyó su marcha y se detuvo en las agujas. La muchacha que se hallaba sentada al otro lado del

pasillo central se levantó y fue a abrir la ventana, delante
de Shimamura. El frío de la nieve invadió el coche.
Asomándose tanto como le era posible,

(3) la muchacha llamó al guardagujas a voz en grito, como
quien[*1] se dirige a una persona muy alejada.
El hombre se acercaba pisando lentamente la nieve, con
una linterna en la mano levantada; una bufanda le tapaba
la cara hasta la altura de los ojos, y

(4) el gorro de piel le protegía las orejas.

(5) "¿Tanto frío, ya?", se preguntó Shimamura, que miraba
al exterior y sólo veía unas pocas chozas agazapadas al
pie de la montaña, en el punto preciso en el que el blanco
de la nieve desaparecía ya en la noche. Sin duda las
viviendas de los empleados del ferrocarril.
— Soy yo, jefe. ¿Cómo está?
— Ah, es usted, Yoko ... ¿Ya está de vuelta? Por aquí el
frío vuelve a hacer de las suyas.[*2]

— Mi hermano ha encontrado trabajo aquí, por lo que me
han dicho.

(6) Quería darle las gracias por haberse ocupado de él.

（César Durán 訳）

*1 "como quien ..." は「…する人のように」という意味。
*2 "hacer de las suyas" は「いつものいたずらをする」という意味。

作品の冒頭から自然の厳しさと人の営みの融和が見事に描かれていますが、
スペイン語でもそうした描写は充分に伝わってきます。ただ、細かいことを
言えば、両者を突き合わせると明らかに表現の違いやニュアンスの違いが散
見されます。
　（1）まず、出だしの「国境の長いトンネルを抜けると雪国であった」とい
う文をとり上げてみます。この文には主語がないことから、欧米の翻訳者を

悩ませたようです。これについてはかつて NHK 教育テレビの特集番組で池上嘉彦がとりあげていたらしく、それを金谷武洋が解説しているので、ここではそれを参考にスペイン語訳を考えてみることにします。E. サイデンステッカーの英訳では "The train came out of the long tunnel into the snow country" と訳され、主語が「汽車」になっています。主語がないということで、主語を中心に文を組み立てる欧米の訳者にとって、原文にない「汽車」を主語として設けることは、苦肉の策だったようです。原文で作者が思い描く情景は、車内に視点が置かれ、暗いトンネルを抜けたあと、真っ白の銀世界に出るというイメージなのに対し、英訳では山のトンネルから顔を出す汽車を外から見下ろすイメージになっています。では、スペイン語の場合はどうでしょうか。"se accedía al País de Nieve" という構文を見ると、これは行為者が不明の無人称文です。"acceder a ~" は自動詞で「（場所に）到達する、立ち入る」という意味です。英語のように、原文にない「汽車」が主語に設けられていないので、一見日本語に近いと思われるかもしれませんが、日本語のイメージから推し量れるような「車内にいながら暗闇から光の世界、白い世界へ出るという急激な情景の変化に対する情緒」は感じとれません。むしろ「トンネルが終わると雪国ですよ」といった単なる道案内のような感覚でしょうか。

(2)「信号所に汽車が止まった。」（El tren disminuyó su marcha y se detuvo en las agujas.）の描写は、原文では単なる情景描写なのに対して、スペイン語には日本語にない「汽車が速度を緩めた」（El tren disminuyó su marcha）という言葉が加わり、訳者は情景描写に補足説明を加えています。

(3)「駅長さあん、駅長さあん。」という呼びかけの部分はスペイン語訳ではカットされています。その代わりに地の文による叙述になっています（"… llamó al guardagujas a voz en grito" 大声で駅長を呼んだ）。むろん、文意にまったく支障はありませんが、この最初の会話があることによって小説空間の躍動感が多少異なります。

(4)「耳に帽子の毛皮が垂れていた」という説明だけで、この帽子が寒さから耳を守ることは察しがつきますが、スペイン語では読者にわかりやすいように、帽子の役割を明示しています（"… el gorro de piel le protegía las orejas." 毛皮の帽子が彼の両耳を保護していた）。

(5)「もうそんな寒さかと島村は」と、原文では地の文になっていますが、スペイン語訳ではあえて島村の独り言にかえられ、彼の息遣いがうかがえる

ようになっています。

　(6)「お世話さまですわ」という相手を気遣う言い方は、日本人なら当たり前の気持ちの表し方でしょうが、スペイン語ではあまり一般的ではない表現です。それでも訳者は原作者の意を酌んできちんとスペイン語に移しかえています。訳文の "Quería darle las gracias por haberse ocupado de él" を直訳すると、「彼の面倒を見てくださって感謝しています」となります。

　以上のように訳文の一部について言及しましたが、小説全体をスペイン語で読んでみると、両国の文化、生活習慣、言語表現の違いという壁が存在するにもかかわらず、川端の描く小説空間の情景や日本人の心理描写が見事に読者に伝わるような訳に仕上がっています。一度スペイン語で『雪国』を味わってみるのも興味深いのではないかと思います。

〈参考文献〉

川端康成『雪国』、岩波文庫、2021 年（第 20 刷）。

金谷武洋『主語を抹殺した男　評伝　三上章』、講談社、2006 年。

Kawabata, Yasunari. País de Nieve, tr. César Durán, Barcelona: Emecé, 2003.

第 19 課
命令文／独立文

1 ■ 命令文

　他人に命令したり、指示したりするときに使うのが命令文です。これは**目の前にいる相手に対して用いるのが普通**ですが、「〜しましょう」のように自分も含めた「**1 人称複数**」の形を使って表現することもできます。

　「**命令**」は会話のみならず、小説や戯曲の台詞にしばしば出てきますので、その意味ではとても重要です。

2 ■ 肯定命令

　スペイン語で「**2 人称単数・複数（tú / vosotros, -tras）の肯定命令文**」を作るときは**独自の活用形**を用いますので、これを「**命令法**」といいます。それ以外の「**1 人称複数（nosotros, -tras）**」、「**3 人称単数・複数（usted, ustedes）**」は「**命令形**」といい、「**接続法現在**」の活用形を用います。

　「**主語**」は、動詞の前に置いたり後に置いたりしますが、**省略される場合が多い**ようです。

◀)) 140

(1) tú に対する命令：「**直接法現在・3 人称単数**」の形を用います。

　cantar〔歌う〕→ **Canta** algo.　何か歌ってちょうだい。

　leer〔読む〕→ **Lee** este libro.　この本を読んで。

　pedir〔求める〕→ **Pide** una pizza.　ピザを注文してよ。

(2) vosotros, -tras に対する命令：「**不定詞の語末 -r**」を「**-d**」に変えます。

　cantar〔歌う〕→ **Cantad.**　（きみたち）さあ歌ってちょうだい。

　leer〔読む〕→ **Leed** juntos este párrafo.
　（きみたち）いっしょにこの段落を読んでちょうだい。

pedir〔求める〕→ **Pedid** directamente la mercancía a la fábrica.

（きみたち）商品を直接工場に注文してくれないか。

(3) usted, ustedes に対する命令：「接続法現在・3 人称単数・複数」の活用形を用います（薄い青色の部分）。

■ 規則活用 ■

	人称	hablar 語尾 -ar		beber 語尾 -er	vivir 語尾 -ir
単数	I				
	II	hables		bebas	vivas
	III	hable		beba	viva
複数	I	hablemos		bebamos	vivamos
	II	habléis		bebáis	viváis
	III	hablen		beban	vivan

接 続 法 現 在

Levante la mano el que sepa la respuesta.

答えがわかったら手をあげてください。

Abran las ventanas, por favor. （あなた方）窓を開けてください。

(4) nosotros, -tras に対する命令：「接続法現在・1 人称複数」の活用形を用います（上の表の灰色の（活用）部分）。

Estudiemos más este año. 今年はもっと勉強しよう。

Subamos a lo alto de la torre. 塔のてっぺんまで登りましょう。

❖ 人称代名詞をともなわない場合

（以下、太字・斜体＝「**接続法の活用**」）

Come más. (tú)　もっと食べてちょうだい。

Comed más. (vosotros, -tras)　みんな、もっと食べてよ。

Coma más. (Ud.)　もっと召し上がってください。

Coman más. (Uds.)　皆さん、もっと召し上がってください。

Comamos juntos. (nosotros, -tras)　いっしょに食事をしよう。

　（「全員女性」の場合、juntos〔いっしょの〕は juntas になります。）

❖ 人称代名詞をともなう場合

　人称代名詞は「**動詞の後ろ**」につけます。このとき音節が一つ増えるので、動詞のアクセントの位置を維持するのに「**アクセント符号**」が加わります。

(1)「**動詞＋間接目的語または直接目的語**」

Ahí está la llave. **Cógela.**　そこに鍵があるから、持っていっていいよ。

　（"**Coge+la**" で音節が一つ増え、「**アクセント符号**」がつきます。）

Cántame una canción.　私に一曲歌ってよ。

Las puertas están cerradas. **Abridlas.**

　どのドアも閉まっているので、きみたち、開けてくれないか。

Es un párrafo importantísimo. *Léalo.*

　とても重要なパラグラフです。お読みください。

Las plantas se ponen mustias con el frío. *Métan***las** en la casa.

　植物は寒さに弱い（萎れやすい）ので、家の中に入れてください。

*Páse***me** la sal, por favor.　すみません、塩をとってください。

(2)「**動詞＋間接目的語＋直接目的語**」

Se me olvidó coger el manuscrito de mi escritorio. **Tráemelo**

ahora mismo.

　私の机にあった原稿を持ってくるのを忘れたので、今すぐ持ってきて欲しい。

Encontré unos pasajes interesantes en esta obra. — Pues,

*léa***melos.**

　この作品で面白い件を見つけました。―では、読んでみてください。

❖ 再帰動詞の場合：「動詞＋再帰代名詞」

　再帰代名詞は「動詞の後ろ」につくことで音節が一つ増え、「**アクセント符号**」が加わります。

　　Levántate ya. (tú)　もう起きろよ。

　　Levantaos ya. (vosotros, - tras)　みんな、もう起きてよ。

　　　　（「2人称複数の命令」では、「d が脱落」します。Levantados.
　　　　→ Levantaos.）

　　Levántese ya. (usted)　もう起きてください。

　　Levántense ya. (ustedes)　皆さん、もう起きてください。

　　Levantémonos ya. (nosotros, -tras)　もう起きましょうよ。

　　　　（「1人称複数の命令」では、「s が脱落」します。Levantémosnos.
　　　　→ *Levantémonos*.）

❖ 再帰動詞に「**直接目的語**」がつく場合：「**動詞＋再帰代名詞＋直接目的語**」

　Tus manos están sucias. **Lávatelas** bien.

　　手が汚れているよ。ちゃんと洗いなさい。

　Si necesitan este cojín, *llévense*lo.

　　（あなた方）この座布団が必要なら、持っていってください。

🔊 141

Cierre la puerta.　ドアを閉めてください。

Para cerrar el trato, *firme* aquí.

　契約を結ぶためのサインをここにお願いします。

Tú **quédate** aquí.　きみはここにいてくれ。

Háblame con tuteo [**Háblame** de tú].

　気楽に話そうよ（＝ tú を使って話してくれ）。

Oiga. — *Diga*.　もしもし。—もしもし。

　　（これは電話で最初に応対するときの言葉です。oiga〔聞いてください〕と
　　diga〔言ってください〕は命令形で、不規則動詞 oir, decir の接続法現在、
　　3人称単数です。）

Si tienes un poco de dinero, **présta**melo.

　少しお金を持っているのなら貸してよ。

Si tiene Ud. algunos sellos antiguos, *vénda*melos, por favor.

古い切手を何枚かお持ちでしたら、売っていただけませんか。

Escribidnos desde Europa.

みんな、ヨーロッパから私たちに手紙を書いてよね。

Caminen más despacio porque no puedo alcanzarlos.

皆さん、もっとゆっくり歩いてください。私は追いつけませんので。

Prohíbale fumar ya que tiene mucha tos.

彼〔彼女〕の咳がひどいので、タバコを吸うのをやめるよう言ってください。

（"Prohíbale ..." の le は間接目的語で、fumar の「行為者」をさします。）

第19課

¿Qué tal fue vuestro viaje a Alaska? Si queréis, contádmelo.

きみたちのアラスカの旅はどうだった？　よかったら話を聞かせてよ。

Tengo dolor de cabeza. — Pues, **acuéstate** y **duerme** un rato.

頭が痛い。―だったら、横になって少し眠ればいい。

命令文／独立文

Siéntese aquí. Está usted en su casa.

こちらの席へどうぞ。ゆっくりおくつろぎください。

Invitemos a Francisco.　フランシスコを誘おうよ。

（1人称複数の命令ですが、"¿Por qué no ...?"〔…してはどう？〕の形でも言い表せますし、付加疑問文をつけて表現することもできます。〔例〕¿Por qué no invitamos a Francisco? / Invitamos a Francisco, ¿no?）

Unámonos todos amantes de la paz.

平和を愛する者よ、結束しようではありませんか。

Dejémonos de metáforas y *vayamos* a los hechos.

レトリックなど使わずに、行動で示そうよ。

（metáfora は「隠喩」、「dejarse de ＋名詞」は「…をやめる」という意味。この文の意味は、「遠まわしな言い方はやめてさっさと行動に移そう」ということです。）

¿Dónde pondremos esas cajas de cartón? — *Póngan*las allí en el rincón.

それらのダンボール箱はどこにおけばよろしいですか？―そちらの隅っこに置いてください。

Decidnos vuestros nombres.　私たちにきみたちの名前を教えてよ。

Idos con mucho cuidado.　みんな、気をつけて行くんだよ。

（再帰動詞の場合、2 人称複数の肯定命令では d が脱落しますが、**irse の場合だけは d が脱落しません。**）

Venid y **sentaos** junto al fuego.

みんな、こっちに来て火のそばに座ってよ。

（"junto a ..." は「…のそばに、…の隣に」という意味。）

■ **不規則活用（tú に対する命令）** ■

❖ tú に対する命令：以下の「8 個の動詞のみ」です。		
decir → di	hacer → haz	ir → ve
poner → pon	salir → sal	ser → sé
tener → ten	venir → ven	

🔊 142

Dime la verdad.　私に本当のことを言ってちょうだい。

Hazme un favor. ¿Quieres echar esta carta al buzón?

お願いがあるんだけど。この手紙をポストに入れてくれないかな。

Vete a jugar afuera, pues no puedo concentrarme.

仕事に集中できないので外で遊んでおいでよ。

Te compré un pastel. — Gracias. **Pón**lo en la mesa.

きみにケーキを買ってきたよ。―ありがとう、机の上に置いといて。

Sal del cuarto sin hacer ruido.　静かに部屋から出て行ってくれ。

Niños, **salid** de casa porque hace buen tiempo.

子供たち、天気がいいんだから外へ出なさい。

Sé sincero conmigo.　私を裏切らないで（＝私には誠実であって欲しい）。

Ten cuidado con lo que te dicen ellos.

　　彼らの言うことには気をつけろ。

Ven acá pronto.　早くこっちへおいで。

---

3 ■ 否定命令

「**否定命令**」では、どの人称においても「**接続法現在の活用形**」を使用します
（p. 314 の「規則活用」参照）。

「**肯定命令**」では「**目的語**」や「**再帰代名詞**」がともなうと、それらは「**動詞の後ろ**」にきましたが、「**否定命令**」では「**動詞の前**」に置かれます。

 否定命令の基本的な形

❖ **人称代名詞をともなわない場合**

　「no ＋動詞」

　No *comas* mucho. (tú)　食べすぎないように。

　No *comáis* mucho. (vosotros, -tras)　みんな、食べすぎないように。

　No *coma* mucho. (Ud.)　食べすぎに気をつけてください。

　No *coman* mucho. (Uds.)
　　みなさん、食べすぎには気をつけてください。

　No *comamos* en ese restaurante. (nosotros, -tras)
　　そのレストランで食事をするのはやめよう。

❖ **人称代名詞をともなう場合**

　(1)「no ＋間接目的語または直接目的語＋動詞」

　　No me *hables* en voz alta.　大声で私に話しかけないでよ。

　　No las *invites* a la fiesta.　彼女たちをパーティーに誘わないで。

　(2)「no ＋間接目的語＋直接目的語＋動詞」

　　Te voy a cantar una canción. — No me la *cantes* ahora.
　　　きみに歌をうたってあげよう。―今はいいよ。

❖ 再帰動詞の場合

「no ＋再帰代名詞＋動詞」

No *te levantes* tarde. (tú)　もっと早く起きろ。

No *os levantéis* tarde. (vosotros, -tras)

みんな、もっと早く起きなさい。

No *se levante* tarde. (usted)　もっと早く起きてください。

No *se levanten* tarde. (ustedes)　皆さん、もっと早く起きてください。

No *nos quedemos* mucho tiempo aquí. (nosotros, -tras)

ここに長くいるのはよそう。

❖ 再帰動詞に直接目的語がつく場合

「no ＋再帰代名詞＋直接目的語＋動詞」

Éste es mi libro. No *te lo lleves*.

これは私の本だから、持っていかないでよ。

Esa bufanda está sucia. No *te la pongas*.

このマフラーは汚れているので、身につけないように。

🔊 143

No *peleemos* por una cosa tan insignificante.

そんな些細なことでけんかするのはやめましょう。

No *nos peleemos* por una cosa así.

そのようなことで仲たがいしないようにしよう。

No *gritéis* en la clase.　みんな、教室の中では叫ばないように。

No *corran* en el pasillo.　みなさん、廊下を走らないでください。

No *leas* mi correo electrónico.　私宛のメイルを読まないで！

En la mañana no me *llames* por teléfono.

午前中は電話しないで欲しい。

Aquí pongo mis cosas. No las *mováis*, ¿eh?

私の持ち物をここに置いておくけど、移動させないでよね。

Aquí guardo mis tijeras en este cajón. No las *usen*, por favor.

私のハサミをこの引き出しにしまっておきますが、どうか（皆さん）使わないでください。

No *dejes* tus guantes en medio de la sala.

居間の真ん中に手袋を置きっぱなしにしないでよ。

Ahora no *vengas* acá.　今はこっちへ来ないでくれ。

Hay un bicho en el balcón. — No lo *cojas*.

バルコニーに虫がいるよ。—つかんじゃだめだ。

（coger は「つかむ」という意味。）

Me arrepiento de lo que hemos dicho a Javier. — No *te arrepientas* de eso, puesto que así está bien para él.

私たちがハビエルに行ったことを、私は後悔している。—後悔することなんてないよ。彼にとってはそれでよかったんだ。

（"arrepentirse de ..." は「…を後悔する」という意味。"puesto que ..." は「〜なので」という理由を表します。）

🍭 その他の命令の形

上記以外にも、「a ＋不定詞」、「**直接法未来**」、「**間投詞**」などを使った命令の形があります。

❖「a ＋不定詞」

¡A callar!　静かにしろ！（うるさい！）

¡A dormir!　寝る時間だ！

¡A cenar!　夕食の時間だよ！

❖「**直接法未来**」

¡Te callarás de una vez!　うるさい（黙れ）！

Le dirás que conteste inmediatamente.

すぐにも返事をくれるよう彼〔彼女〕に言ってくれ。

❖「**間投詞**」

¡Hala!　さあ早く（ほらほら）！

¡Fuera!　出て行け！

¡Ánimo!　がんばれ（元気を出して）！

❖「no ＋不定詞」

これらは会話ではなく、むしろ掲示によく使われる表現です。

No fumar.　禁煙。

No tocar.　触るべからず。

No hablar con el conductor.　運転手に話しかけないでください。

❖「que ＋接続法現在」

que が文頭に置かれる形ですが、ここでは「話し手／書き手」の「願い・思惑」が主節として表に出ていないだけで、かりに que の前に "Deseo ...", "Espero ...", "Mando ..." などをつければ、すでに「接続法」（名詞節）で学んだことと同じです（「16 課 4. 接続法の用法」）。

¡Que *entre*!　入ってください！

¡Que *salgan* en seguida!　あなた方、すぐに出て行ってください！

¡Que lo *acabes* pronto!　早くそれを終わらせて！

¡Que no *confíen* fácilmente en gente desconocida.
みなさん、安易に見知らぬ人を信用してはいけません！

4 ■ 独立文

これまで「接続法」は「従属節」（名詞節、〔関係節〕、副詞節）で使われてきましたが、「独立した形」で用いられることもあります。

🔊 144

(1) 願望の表現："que ..."（前述）, "ojalá ...", "ojalá que ...", "Dios quiera que ..."（…でありますように、願わくは…）

¡Que *disfrutes* de tus vacaciones de invierno!
冬休みを楽しんでくれ！

¡Que *se recupere* Ud. pronto!　早く元気をとり戻してください。

¡Ojalá *nieve* la próxima semana!　来週雪が降るといいのに！

¡Ojalá *tengas* éxito en tus oposiciones!
採用試験で吉と出ればいいのにね！

¡Ojalá que *podamos* comprar una casa grande en el futuro!

（私たちは）将来大きな家が買えるといいね！

¡Dios quiera que *obtengas* una buena colocación!

よい就職先が見つかるといいね！

(2) 疑惑の表現：“quizá(s)”, “tal vez”, “acaso”, “a lo mejor”（たぶん、おそらく）

この場合は、「**接続法**」だけでなく「**直説法**」でも表現可能です。

¡No te preocupes! **Quizá** *lleguen* a tiempo. [**Quizá llegarán** a tiempo.]

心配要らないよ。彼らは時間どおりに着くと思うよ。

Tal vez Manuel *esté* con su familia a estas horas. [**Tal vez** Manuel **está** [**estará**] con su familia ... .]

たぶん今頃マヌエルは家族といっしょに過ごしていることだろう。

Tal vez ella *sepa* el resultado del examen médico. [**Tal vez** ella **sabe** [**sabrá**] el resultado del examen médico.]

おそらく彼女は検診の結果を知っているのだろう。

Acaso *nieve* pasado mañana. [**Acaso nevará** pasado mañana.]

たぶん明後日は雪かも。

◉ “a lo mejor[1]” の場合は「**直説法**」が使用されます。

¿No vendrán ellos? — **A lo mejor se han olvidado**.

彼らは来ないのだろうか？―たぶん忘れているのかもね。

ヒメネスの詩にみる命令文

¡No **toques** ya más,

que* así es la rosa!

（太字の動詞＝「命令形」。＊ que はちょっとした理由を表す接続詞。）

それ以上触るな
それが薔薇だから！（拙訳）

（*Piedra y cielo*『石と空』）

　これは『石と空』に収録されているとても短い詩ですが、この 2 行詩の中には詩人ヒメネスの新しい詩形式の模索や、詩をとおして現実の奥深い姿を映し出そうとする思い、さらに彼の永遠を希求する思いが込められています。全体的に『石と空』は、詩人が、色彩、音楽などの装飾的な要素をとり払い、自己の内部を純粋に抽出しようとした詩です。

　この詩集の中に「思い出」という詩がありますが、ここではその中の 1 篇に注目してみましょう。この詩空間には命令文がいくつか登場します。ヒメネスは、昔日の思い出が色褪せないよう、消えてなくならないよう、「思い出」に大きな目や唇を与え、まるで相手が人であるかのように語りかけています。

¡No **te vayas**, recuerdo, no **te vayas**!

¡Rostro, no **te deshagas**, así,

como la muerte!

¡**Seguid** mirándome, ojos grandes, fijos,

como un momento me mirasteis!

¡Labios, **sonreíd**me,

como me sonreisteis un momento!

思い出よ、お願いだ、行かないでおくれ

面影よ、姿をくらまさないでおくれ

あたかも死のように！

大きな瞳よ、しっかと私を見つめ続けておくれ

私を見つめてくれたあの一時（ひととき）ように！

唇よ、笑みを浮かべておくれ

私に微笑んでくれたあの一時（ひととき）ように！（拙訳）

　フアン・ラモン・ヒメネス（1881-1958）はスペイン南部のモゲールという小さな村に生まれました。若い頃、セビーリャ大学で法律を学びましたが、詩人ベッケルなどの影響を受け、詩を書き始めました。1900年にマドリードへ行き、文学サークルに加わりますが、やがて神経症を患い、南仏のボルドーやマドリードで療養生活を送り、その間に知識人たちと友誼（ゆうぎ）を結びます。12年にようやく健康をとり戻し、その後セノビアという女性と結婚。36年にスペイン内戦が始まると、共和政を支持していた彼はアメリカへ渡りました。56年にノーベル文学賞を受賞しています。

　ヒメネスは長年にわたり、新しい詩を模索しながら、多くの詩を書いてきました。ここでとり上げた『石と空』は1919年に刊行され、これは伝統的な試形式にとらわれない「裸の詩」（poesía desnuda）または「純粋詩」（poesía pura）の一つと言われています。しかし、彼を一躍有名にしたのは『プラテーロとわたし』でした。これはアンダルシアの美しい風景を背景に、「わたし」がロバを相手に話しかけるという形式で、各章が独立したエピソードで構成されています。どのページにも動物や自然に対する詩人の愛情や思いやりがにじみ出ていて、とても心が和む作品です。

〈参考文献〉

『世界名詞集26 マチャード、ヒメーネス、ロルカ』（『石と空』〔荒井正道訳〕収録）、平凡社、1969年。

J. R. ヒメーネス『プラテーロとわたし』、長南実訳、岩波文庫、2001年。

1 ■ 接続法過去（規則活用）

　接続法過去は、過去の事象を扱います。接続法過去の活用には、直説法で見てきた点過去・線過去の区別はありませんが、**「語尾の形は -ra 形と -se 形」**の二通りあります。これは比較的簡単で、**「直説法点過去・3 人称複数」**の語尾の下線部「-ron」を「-ra, -se」に変化させます。

■ 規則活用 ■

	人称	hablar（話す）→ hablaron*	beber（飲む）→ bebieron*	vivir（生きる）→ vivieron*
		上段（-ra 形）／下段（-se 形）		
単	I	hablara hablase	bebiera bebiese	viviera viviese
	II	hablaras hablases	bebieras bebieses	vivieras vivieses
	III	hablara hablase	bebiera bebiese	viviera viviese
複	I	habláramos hablásemos	bebiéramos bebiésemos	viviéramos viviésemos
	II	hablarais hablaseis	bebierais bebieseis	vivierais vivieseis
	III	hablaran hablasen	bebieran bebiesen	vivieran viviesen

（＊「直説法点過去・3 人称複数」）

2 ■ 接続法過去（不規則活用）

　語幹の不規則な動詞については、各動詞の「**直説法点過去・3人称複数の形**」にならって活用させます。

■ 不規則活用 ■

	人称	estar（いる、ある）→ estuvieron*	tener（持つ）→ tuvieron*	sentir（感じる）→ sintieron*
		上段（-ra形）／下段（-se形）		
単	I	estuviera / estuviese	tuviera / tuviese	sintiera / sintiese
単	II	estuvieras / estuvieses	tuvieras / tuvieses	sintieras / sintieses
単	III	estuviera / estuviese	tuviera / tuviese	sintiera / sintiese
複	I	estuviéramos / estuviésemos	tuviéramos / tuviésemos	sintiéramos / sintiésemos
複	II	estuvierais / estuvieseis	tuvierais / tuvieseis	sintierais / sintieseis
複	III	estuvieran / estuviesen	tuvieran / tuviesen	sintieran / sintiesen

（＊「直説法点過去・3人称複数」）

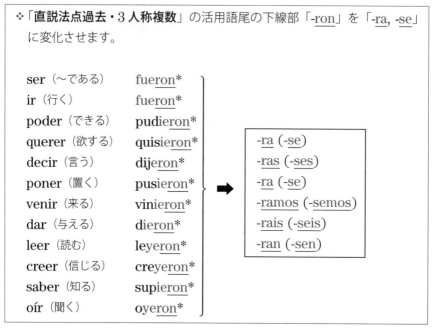

❖ **「直説法点過去・3人称複数」**の活用語尾の下線部「-ron」を「-ra, -se」に変化させます。

ser（〜である）	fueron*
ir（行く）	fueron*
poder（できる）	pudieron*
querer（欲する）	quisieron*
decir（言う）	dijeron*
poner（置く）	pusieron*
venir（来る）	vinieron*
dar（与える）	dieron*
leer（読む）	leyeron*
creer（信じる）	creyeron*
saber（知る）	supieron*
oír（聞く）	oyeron*

```
-ra (-se)
-ras (-ses)
-ra (-se)
-ramos (-semos)
-rais (-seis)
-ran (-sen)
```

（*「直説法点過去・3人称複数」）

---

3 ■ 接続法過去完了

　「接続法」が要求される構文において、**「現在の時点」**にいる **「話し手／書き手」** が **「過去のある時点」** を基準に、その時点よりも **「さらに過去の事象」** を言い表すときに用います。

　「接続法過去完了」 の作り方は、次のように **「haber の接続法過去」** と **「過去分詞」** を組み合わせます。

人称		「haber の接続法過去＋過去分詞」 上段（-ra 形）／下段（-se 形）	
単	I	hubiera hubiese	
	II	hubieras hubieses	
	III	hubiera hubiese	+ 過去分詞 (-ado, -ido)
複	I	hubiéramos hubiésemos	
	II	hubierais hubieseis	
	III	hubieran hubiesen	

4 ■ 接続法過去・過去完了の用法／時制の一致

　事実、-ra 形と -se 形の違いはほとんどありませんが、以下の「**婉曲表現**」のように -se **形が使えない**場合があります。

🔊 145

Quisiera invitarle al baile.　あなたを踊りに誘いたいのですが。
(✕ Qusiese invitarle al baile.)

Quisiera tener un Porsche.　ポルシェが欲しいんだけどな。
(✕ Qusiese tener un Porsche.)

　では、実際にどのような場合に接続法過去が用いられるのか見てみることにしましょう。「**直説法**」では「**時制の一致**」を見てきましたが、「**接続法**」でも時の概念に関しては同じように「**時制の一致**」が機能します（「14 課 3. 時制の一致（直説法）」参照）。以下、復習も兼ねて基本的な形を順番に見ていきましょう。

(1)「主節＝直説法現在」の場合

「従属節の時制」は、おおむね以下の可能性が考えられます。①から⑤の文では「話し手／書き手が承認している」ことなので、「従属説」にはその思いが「直説法」として表れます。

（以下、太字・立体＝「**直説法**」、太字・斜体＝「*接続法*」。
カッコ内＝「従属節の動詞の法・時制」）

🔊 146

① Creo que **dices** la verdad.　きみは真実を言っていると思う。

(直説法現在)

② Creo que **has dicho** la verdad.　きみは真実を言ったと思う。

(直説法現在完了)

③ Creo que **dijiste** la verdad.　きみは真実を言ったと思う。

(直説法点過去)

④ Creo que **decías** la verdad.　きみは真実を言っていたと思う。

(直説法線過去)

⑤ Creo que **dirás** la verdad.　きみは真実を言うだろうと思う。

(直説法未来)

一方、「話し手／書き手」が「認められない、あり得ない」（非現実的要素）と判断した場合、「従属説」の動詞にはその思いが「**接続法**」として表れます。

①' No creo que *digas* la verdad.

きみが真実を言っているとは思わない。　　　　(接続法現在)

②' No creo que *hayas dicho* la verdad.

きみが真実を言ったとは思わない。　　　　(接続法現在完了)

③'④' No creo que *dijeras* la verdad.

きみが真実を言った〔言っていた〕とは思わない。　　　　(接続法過去)

⑤' No creo que *digas* la verdad.　きみが真実を言うはずがない。

(接続法現在)

こうした時制の概念をあえて図で表してみると次のようになります。

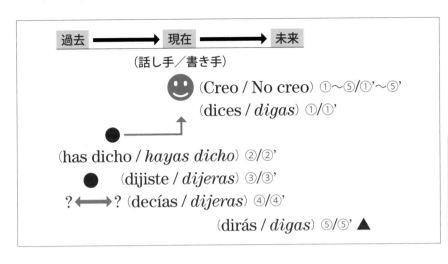

次に下の例文を見てください。**主節の動詞**は「**現在形**」ですが、従属節には「**過去**」と「**それ以前の過去**」という二つの時間軸が示されていることに注目しましょう。

(◀) 146

Es una lástima que no *hubieras estudiado* el japonés antes de venir a Japón.

> きみは日本に来る前に日本語勉強しておけばよかったのに（＝きみは日本に来る前に日本語を勉強しておかなかったことが悔やまれる）。　**（接続法過去完了）**

(2)「主節＝直説法過去（点過去・線過去）」の場合

　主節の動詞に表れる時間帯が過去の場合でも、「**話し手／書き手**」を中心に時間軸を整理すればわかりやすくなります。

① **Creí** que **dijiste** la verdad.　きみは真実を言ったと思った。

(直説法点過去)

② **Creí** [**Creía**] que **habías dicho** la verdad.

きみは真実を言っていたのだと思った〔思っていた〕。　　(直説法過去完了)

③ **Creí** [**Creía**] que **dirías** la verdad.

きみは真実を言うだろうと思った〔思っていた〕。　　(直説法過去未来)

①' **No creí** [**creía**] que *dijeras* la verdad.

きみが真実を言っているとは思わなかった〔思っていなかった〕。

(接続法過去)

②' **No creí** [**creía**] que *hubieras dicho* la verdad.

きみが真実を言っていたとは思わなかった〔思っていなかった〕。

(接続法過去完了)

③' **No creí** [**creía**] que *dijeras* la verdad.

きみが真実を言うはずがないと思った〔思っていた〕。　　(接続法過去)

では、時制を意識しながら、似たような形の例文でもう少し「**接続法過去・過去完了**」を見てみましょう。

🔊 148

No creo que su proyecto *salga* bien.

彼の計画がうまくいくとは思えない。　　(接続法現在)

No creí [creía] que su proyecto *saliera* [*saliese*] bien.

彼の計画がうまくいくとは思えなかった。 **(接続法過去)**

（「思えなかった」という「過去の時点」では、「彼の計画の先行きが不安」という見方になります。）

No creí [creía] que su proyecto *hubiera salido* [*hubiese salido*] bien.

彼の計画がうまくいったとは思えなかった。 **(接続法過去完了)**

（「思えなかった」という「過去の時点」で、「話し手／書き手」は「彼の計画がうまく行っていなかった」と判断したか、あるいは「納得のいく出来とは思えなかった」と判断したということになります。）

Les prohibimos que *fumen* aquí.

みなさん、ここでタバコを吸ってはいけません **(接続法現在)**

Nos prohibieron que *fumaramos* [*fumasemos*] aquí.

私たちはここでの喫煙を禁じられた。 **(接続法過去)**

（prohibieron は prohibir〔禁止する〕の直説法点過去・3人称複数で、行為者が不明の無人称表現。）

Quiero que *seas* abogado. きみには弁護士になってもらいたい。

(接続法現在)

Quería que *fueras* [*fueses*] abogado.

きみには弁護士になってもらいたかった。 **(接続法過去)**

El doctor me ha recomendado que *haga* ejercicio.

医者は私に運動をするよう忠告してくれた。 **(接続法現在)**

El doctor me recomendó que *hiciera* [*hiciese*] ejercicio.

医者は私に運動をするよう忠告した。 **(接続法過去)**

Es natural[*1] que *recibamos* a los clientes amablemente.

客を親切に迎え入れるのは当たり前だ。 **(直接法現在)**

Es natural[*1] que *recibiéramos* [*recibiésemos*] a los clientes amablemente.

当然のことながら、私たちは客を親切に迎え入れた。 **(接続法過去)**

第20課

接続法（過去時制）

Era natural*1 que *recibiéramos* [*recibiésemos*] a los clientes amablemente.

当たり前のことだったが、私たちは客を親切に迎え入れた。　　**（接続法過去）**

(*1 "Es natural ..." の構文説明は、「16 課 4. 接続法の用法　🔍意思表示（価値判断）②」参照。)

Lo peor es que ellos no *cumplan* con su palabra.

最悪なのは、彼らが約束を守らないことだ。　　**（接続法現在）**

Lo peor era que ellos no *cumplieran* [*cumpliesen*] con su palabra.

最悪だったのは、彼らが約束を守らなかったことだ。　　**（接続法過去）**

(「話し手／書き手」が「最悪だった」と感じた「過去の時点」で、「彼らが約束を守ろうとしなかった」ことを示しています。)

Lo peor era que ellos no *hubieran cumplido* [*hubiesen cumplido*] con su palabra.

最悪だったのは、彼らが約束を破ってしまったことだ。　　**（接続法過去完了）**

(「話し手／書き手」が「最悪だった」と感じた「過去の時点」で、「彼らはすでに約束を反故にしてしまっていた」ことを表しています。)

5 ■ さまざまな構文

さらに練習として、すでに 16 ～ 18 課で扱った例文も一部引き合いに出しながら、以下の例文を見てみましょう。　　（以下、-se 形は省略します。）

🔊 149

Ellos, seguros*2 de que **ganarían** el campeonato, estaban orgullosos y radiantes.

彼らは優勝する確信があったので鼻高々で晴れやかだった。

Ellos, no muy seguros^{*2} de que *ganaran* el campeonato, estaban desanimados.

> 彼らは優勝するかどうか半信半疑だったので、気が滅入っていた。

> （^{*2} 前文では、「彼らの確信」を読みとった「話し手／書き手」の「価値判断」から「直説法」になっていますが、この文では「話し手／書き手」は「彼らの自信のなさ」を読みとり、「接続法」を用いています。）

No hubo quien *se atreviera* a contradecirles.

> 彼らにあえて反対する人は誰もいなかった。

> （"atreverse a ..." は「あえて…する）という意味。」

Me dio mucho gusto que a mi amigo le *hubieran otorgado* el premio literario.

> 友人が文学賞を受賞し、私はとても嬉しかった。

> （hubieran otorgado は otorgar〔与える〕の接続法過去完了・3 人称複数で、行為者が不明の無人称表現。）

Querían reservar en el hotel una habitación que *diera* al mar.

> 彼らは海に面したホテルの一室を予約したがっていた。

Prometí ayudar a Pepe a condición de que *fuera* el próximo sábado.

> 翌週の土曜日という条件で私はぺぺの手伝いをすると約束した。

El padre dio a su hijo un poco de dinero para que lo *ahorrara*.

> 父親は息子が貯金をするよういくらかお金を与えた。

Estaba buscando en la librería algún libro que me *interesara*.

> 私はおもしろそうな本を本屋で探していた。

Fui a comprar agua antes de que *llegara* el tren.

> 列車が到着する前に私は水を買いに行った。

Nuestro maestro se alegró de que *sacáramos* [*hubiéramos sacado*] buenas notas.

> 先生は私たちが好成績を収めたことを喜んだ。

Me sorprendió que ellos *regresaran* [*hubieran regresado*] de su viaje tan pronto.

彼らがあまりにも早く旅から帰ってきたのには驚いた。

No me importó que la habitación *fuera* pequeña.

私は部屋が小さくてもかまわなかった。

Le molestó que *hicierais* ruido cuando **estaba estudiando**.

彼は勉強中、きみたちが騒いでいたことに不快感を覚えた。

Manuel estaba contento de que *fueras* a visitarlo.

マヌエルはきみの訪問を喜んでいた。

（fueras は ir〔行く〕の接続法過去。visitarlo の lo は Manuel をさします。）

Fue una lástima que no *siguieran* tus consejos.

残念なことに彼らはきみの忠告に従わなかった。

Nos prohibieron que *nos reuniéramos* más de cinco personas para comer fuera.

私たちは5人以上で外食することを禁止された。

（prohibieron は行為者が不明の無人称表現。）

Me extrañaba que *hubiera* mucha gente en la venta especial.

特別セールの人集りには驚いた。

Era imposible que *dominaras* cualquier idioma extranjero en un mes.

どの外国語にしろきみにとって1か月でマスターするのは無理だった。

Julio sintió que su amigo *se hubiera trasladado* a una ciudad lejana.

フリオは、友人が遠くの町へ引っ越して行ったのを残念がった。

（"trasladarse a ..." 「…へ移り住む」という意味。）

Me dio pena que a mi mejor amiga le *hubieran reprobado* en el examen.

親友（女性）が試験で不合格になり、私は悲しかった。

（hubieran reprobado は reprobar〔容認しない〕の接続法過去完了・3人称複数で、行為者が不明の無人称表現。）

No me parecía que él *tuviera* razón.

私には彼が正しいとは思えなかった。

Necesitábamos que nos *trajeran* provisiones y agua.

私たちには食料と水の支援が必要だった。

（trajeran は traer〔持ってくる〕の接続法過去・3人称複数で、行為者が不明の無人称表現。）

Mi madre me decía que no *trasnochara*.

私の母はよく私に徹夜しないようにと言っていた。

No era importante que *nos reuniéramos* sino que *manifestáramos* nuestra propia opinión.

重要なのは、私たちが集まることではなく、各自が自分の意見を述べることだった。

（"no ... sino ~" は「…でなくて、～だ」という意味。）…

Le aconsejé que *se pusiera* mascarilla al salir a la calle.

外に出るときはマスクをするよう彼に忠告した。

No había nadie que me *cayera* bien.

私と馬が合う人は誰もいなかった。

（"caer bien" は「馬が合う」という意味。）

Lo que me molestaba era que *estuvieses* en casa sin hacer nada.

きみが何もせず家にいることが、（私は）気に食わなかった。

¿Saliste de casa sin que lo *advirtiera* tu familia?

家族の誰にも気づかれずに家を出てきたってわけ？

（lo は「きみが家を出たこと」をさします。）

6 ■ 非現実的な条件文

「18課 2. si を用いた条件文」では、「現実味を帯びた条件文」について触れましたが、ここでは「**非現実的な条件文**」について考えてみたいと思います。「**ありえないことを前提**」に文を構成するわけですから、「現実味を帯びた条件文」とは異なります。用法としては、以下のように二通り考えられます。

(1) 「話し手／書き手」が「現時点の事象」に言及するか、または「未来」に思いを寄せる場合

この場合、おおかた「**現実味のない事象**」、「**事実に反する事象**」に言及します。構文としては以下のような形になります。

条件節	帰結節
si ＋「接続法過去」	「直説法過去未来」

◀)) 150

① **Si hace** mucho calor mañana, **vamos** a la piscina a nadar.

明日はかなり暑くなるようだから、プールへ泳ぎに行こう。

② **Si** *pudiéramos* viajar*³, **iríamos** a ver la aurora boreal.

もし旅行できるとしたら、オーロラを見に行きたいなあ（＝旅行は無理なので、オーロラを見ることができない）。

①の文は、18課でとり上げた例文をそのまま引用したものですが、これと②の文を比較すると、その違いは一目瞭然です。①では、「**暑くなる可能性も泳ぎに行ける可能性もある**」のに対して、②では「**旅行できる可能性もオーロラをみる可能性もほぼゼロに近い**」ことがわかります。このように、表現したい事象が「**非現実的**」であれば、「**条件節**」にはありえないことを前提に「**接続法過去**」がきます。そして「**帰結節**」の動詞は「**直説法過去未来**」になります。

(◀)) 150

Si yo *tuviera* mucho dinero*⁴, **compraría** un piso.

私に充分なお金があれば、ピソ（マンション）を買うのに（＝お金がないから買えない）。

Si *fuera* posible[*5], me **gustaría** volar como los pájaros.

できることなら鳥のように飛んでみたい（＝鳥のように飛ぶのは不可能だ）。

Si yo *fuera* tú[*6], no **especularía** en la bolsa de acciones.

私がきみだったら株には手を出さないだろう（＝私はきみではないので、株については どうしようもできない）。

Si no *estuviera* lloviendo tanto[*7], **podríamos** ir caminando hasta la biblioteca.

こんなにも雨が降っていなければ、図書館まで歩いて行けるのに（＝かなり雨が降っているので、歩いて行けない）。

Si *estuvieras* aquí[*8], me **daría** mucha alegría.

今きみがここにいてくれたなら、とても嬉しいんだけど（＝きみはここにいないので、私は嬉しくない）。

 「de ＋不定詞」

❖ 上記の [*3] 〜 [*8] までの各文の「従属節」は、「de ＋不定詞」の形に置き換えることも可能です。

[*3] **De poder** viajar, iríamos a ver la aurora boreal.

[*4] **De tener** mucho dinero, compraría un piso.

[*5] **De ser** posible, me gustaría volar como los pájaros.

[*6] **De ser** tú, no especularía en la bolsa de acciones.

[*7] **De no estar** lloviendo tanto, podríamos ir caminando hasta la biblioteca.

[*8] **De estar** aquí tú, me daría mucha alegría.

si 以外にも、「第 18 課　接続法（副詞節）」でとり上げた「**副詞節**」を用いることによって、「**条件文、譲歩文**」を構成することができます。

🔊 151

A condición de que me *pagaran* el doble de lo que gano, **aceptaría** el trabajo.

今の給料が 2 倍になるというのであれば、その仕事を引き受けてもいいけど（＝2 倍になるはずがない、だから引き受けない）。

（pagaran は動詞 pagar〔支払う〕の 3 人称複数で、行為者が不明の無人称表現。）

Dado que me *permitieran* tomar vacaciones, **iría** de viaje.
休みがとれるというのなら、旅行に出かけるのだが（＝休みはもらえないので旅行はできない）。

　（permitieran は動詞 permitir〔許可する〕の３人称複数で、行為者が不明の無人称表現。）

Te **prestaría** el dinero con tal de que me lo *devolvieras* inmediatamente.
すぐに返済してくれるというのであれば、きみに金を貸してあげてもいいのだが（＝すぐに返済してくれそうもないので金は貸せない）。

Con que *donara* cada quien un poco, **estaríamos** contentos.
各自が少し寄付してくれれば、私たちは嬉しいのですが（＝寄付してくれる気配はないので嬉しくない）。

　（"cada quien" は "cada uno" と同じで、「各自、一人ひとり」という意味。）

Aunque *estuvieran* fatigados, te **ayudarían** con gusto.
たとえ彼らが疲れ果てていたとしても、喜んで手を貸してくれるだろう（＝彼らは疲れ果てていないが、かりにそうであったとしても、喜んで手を貸してくれるはずだ）。

(2)「話し手／書き手」が「過去の事象」に思いを馳せ、「ありえないことを前提」に文を構成する場合
このような場合には次のような形で表現します。

条件節	帰結節
si ＋「接続法過去完了」	「直説法過去未来完了」

（a）「条件節」、「帰結節」ともに「過去の事実に反すること」を述べるとき

🔊 152

Si no *hubiera cambiado* de ambiente, no **habría podido** estar tranquilo.
あのとき環境を変えていなかったら、穏やかな気持ちになれなかったでしょう（＝あのとき環境を変えたからこそ、穏やかな気持ちになれた）。

Si *hubiéramos venido* a Tokio hace cinco años, **habríamos vivido** en el centro.

もし5年前東京へ来ていたとしたら、都心に住んでいただろう（＝5年前東京へ来なかったので、都心には住まなかった）。

Si no *hubiera habido* atascos en la autopista, **habrías llegado** a tiempo.

高速道路での渋滞がなければ、きみは時間どおりに到着していたのに（＝渋滞があったので、時間どおりに着けなかった）。

Si no *se hubiera enojado* ella, **habríamos ido** al cine.

彼女が腹を立てていなかったら、いっしょに映画を観に行けたのに（＝彼女が腹を立てたので、いっしょに映画を観に行けなかった）。

Si *hubiera estudiado* en el extranjero en mi juventud, **habría tenido** más experiencia.

若い頃外国へ留学していたら、もっといろいろ経験できたのに（＝留学していないので、より多くの経験はできなかった）。

Si yo no *hubiera trabajado* en lugar de mi padre, **habríamos estado** en un apuro económico.

父親の代わりに私が働いていなければ、私たちは経済的窮地にっていただろう（＝私が働いたので、経済的窮地に陥らずにすんだ）。

Si no *se hubieran entrenado* mucho, no **habrían ganado** el campeonato.

彼らは練習を重ねてこなければ、優勝できなかっただろう（＝練習を重ねたので優勝できた）。

Si *hubieran consultado* con un abogado, no **habrían tenido** tantos problemas.

弁護士に相談していれば、彼らの問題が雪だるま式に増えることはなかっただろう（＝弁護士に相談しなかったばかりに問題が山積みになった。）

(b)「条件節」が「現在の事実に反すること」、「帰結節」が「過去の事実に
反すること」を言い表すとき

条件節	帰結節
si ＋「接続法過去」	「直説法過去未来完了」

◀》153

Si yo *tuviera* talento artístico, me habría dedicado a la
pintura.

私に芸術の才能があれば、絵に従事していただろうに（＝才能がないので〔今
もない〕、絵に従事しなかった）。

Si no *fueras* atolondrado, no habrías cometido tantos
errores en tu trabajo.

もしきみがそそっかしくなければ、仕事で多くのミスを犯すことはなかったの
に（＝きみはそそっかしいので〔今でも〕、多くのミスを犯してきた）。

Si yo *fuera* arquitecto, habría construido una escuela
futurista.

私が建築家だったら、未来型の学校を建てていただろう（＝建築家ではないの
で〔今でも〕、学校を建てていない）。

◉ 以下の三文は意味的に同じですが、**時制が異なる**ので「**話し手／書き手**」
の「**時の概念・思い**」にズレが生じています。

Si yo *supiera* su dirección, visitaría su casa.

もし私が彼の住所を知っていたら、彼の家を訪ねるのだが（＝彼の住所を知ら
ないので、訪ねられない）。

Si yo *supiera* su dirección, habría visitado su casa.

もし私が彼の住所を知っていたら、とっくに家を訪ねているよ（＝彼の住所を
知らないので、訪ねてはいない）。

Si yo *hubiera sabido* su dirección, habría visitado su
casa.

あのとき彼の住所を知っていれば、彼の家を訪ねて行ったのに（＝住所を知ら
なかったので、訪ねられなかった）。

342

 "como si ~" の形

❖ 「como si ＋接続法過去」は 「まるで…のように」 という意味

主節の動詞は 「**現在形以外の時制**」 であってもかまいません。

Jaime está dormido **como si** *estuviera* en su propia casa.

　ハイメはまるで自宅にいるかのように眠っている。

Manolo se porta **como si** *fuera* rey.

　マノーロはあたかも王様のような振る舞いをする。

Alicia va caminando aprisa **como si** *tuviera* ruedas.

　アリシアは、車輪がついているかのように早足だ。

Rosa se mueve con gracia **como si** *fuera* bailarina.

　ロサの立居振る舞いはバレリーナのように優美だ。

Paco me ignoró **como si** no me *conociera*.

　パコは知らんぷりをして私を無視した。

Paco me ignoró **como si** nunca me *hubiera conocido*.

　パコはまったく面識がなかったかのように私を無視した。

Andrés malgastaba el dinero **como si** *fuera* millonario.

　アンドレスは大金持ちであるかのように金を浪費していた。

Andrés malgastará* el dinero **como si** *fuera* millonario.

　アンドレスは大金持ちになった気分で金を浪費するだろう。

Andrés malgastaría* el dinero **como si** *fuera* millonario.

　アンドレスは大金持ちであるかのように金を浪費するだろうよ。

　　(* 上記の二文ではいずれも 「大金持ちではない」 ことは事実ですが、前文
　　では、「たとえわずかな持ち金でも、大金持ちであるかのように浪費する可
　　能性は充分にある」 ことを示唆する一方で、この文では 「かりに金を手に
　　するようなことにでもなれば大金持ちであるかのように浪費するだろうよ」
　　という 「非現実的なニュアンス」 が読みとれます)。

I. ( ) 内には適語を入れ、[ ] 内の動詞を変化させましょう。

1. ¡( ) [mejorarse] pronto! [ ]
   早く元気になられますように。

2. ¡[traer/ me] un vaso de agua, por favor! [ ]
   すみません、私に水を一杯ください。

3. He sacado unos libros de la biblioteca. — No [poner/ los]
   encima de mi escritorio. [ ]
   図書館から何冊か本を借りてきた。—私の机の上には置かないでよね。

4. Si [preocuparse], [cambiar] la contraseña.
   [ ] [ ]
   心配ならパスワードを変更すればいい。

5. Como hace mucho frío, [llevarse] los guantes y no [quitarse/
   los]. [ ] [ ]
   かなり寒いので手袋を持参し、それを脱がないようにね。

6. No [desesperarse] que ya [venir] dentro de poco.
   [ ] [ ]
   みなさん、がっかりしないでください、彼はもうすぐ到着しますから。

7. [decir/les] que estoy dispuesto a salir ahora mismo.
   [ ]
   今すぐ出かける準備はできていると、彼らに伝えてくれないか。

8. ( ) [aprobar] el examen de ingreso en la universidad.
   [ ]
   おそらく彼は大学の入学試験に合格したんだろう。

9. Jamás pensaba que [poder] ver de nuevo a Ernesto.
   [ ]
   私はエルネストに再会できるなんて夢にも思わなかった。

10. Si [ser] medico, [dar] los primeros auxilios al que se cayó en
    la calle. [ ] [ ]
    私が医者だったら、あのとき道で倒れた人に応急処置を施せたのに。

11. [limpiar] la casa antes de que [visitar/me] mis colegas.

　　　　　　　　　　　　　　　　　　　[　　　　] [　　　　　]

同僚たちが訪ねてくる前に、私は家を掃除した。

12. [ser] extraño que el tifón no [pasar] por esta región.

　　　　　　　　　　　　　　　　　　[　　　　] [　　　　]

台風がこの地方を通過しなかったのが不思議だった。

13. Aquel hombre [ser] muy gracioso y [hacer/reír/nos] mucho como si [ser] un cómico.

　　　　　　　　　　　　　[　　　　] [　　　　　] [　　　　]

あの男性はとてもおもしろい人だった。まるで喜劇役者のように私たちを大いに笑わせてくれた。

14. Si él [tener] un poco más de flexibilidad, nosotros [poder/comunicarse] con él con más facilidad.

　　　　　　　　　　　　　　　[　　　　] [　　　　　]

彼にもう少し順応性があれば、お互いのコミュニケーションがもっと楽になるのに。

15. Si [decir/nos] la verdad, el asunto [ser] menos complicado.

　　　　　　　　　　　　　　　　　　[　　　　] [　　　　]

あのとききみが私たちに本当のことを言ってくれていれば、問題はここまでこじれずにすんだだろうに。

II. スペイン語を日本語に訳しましょう。

1. Si Andrés hubiera hecho caso de los consejos de su padre de que estudiara más, habría podido graduarse sin problemas.

2. Yo quería saludar a mi profesor antes de que se marchara a su país, porque me enseñó varias cosas no solo de los estudios sino también de la vida.

3 . Me dijeron que, si no soportaba el ambiente del trabajo, sería mejor buscar otro a fin de que pudiera sentirme bien y encontrara el placer de vivir.

4 . En cuanto llegamos al colegio, nos dimos cuenta de que el silencio dominaba su recinto. Al principio nos parecía increíble que los maestros estuvieran en huelga.

Diálogo 6

日本留学

Vicente: Si tuviera dinero, quisiera ir a Japón para estudiar el anime japonés. Me gustaría saber el origen de la animación japonesa emitida en España que ha calado en el corazón de los espectadores españoles.

Mari Carmen: Si lo deseas en verdad, deberías de trabajar y ahorrar dinero para ello.

Vicente: Sí, es verdad. Pero, el problema es que en España, como sabes, es difícil encontrar un trabajo con el que se gane suficiente dinero en corto período y además ahora se ha expandido el coronavirus por todo el planeta.

Mari Carmen: A mí también me gusta muchísimo el anime japonés. Yo, cuando estaba viviendo en Tokio, tenía que estudiar mucho y no me daba tiempo para pensar en eso. Pero hablando de este tema, ahora me arrepiento de no haber prestado atención. Si ahora tuviera oportunidad de ir de nuevo a Japón, haría lo mismo que tú.

Vicente: ¿Así lo piensas? Pues, vamos juntos.

Mari Carmen: ¡Qué va! No tenemos dinero para viajar y yo tengo trabajo aquí.

Vicente: ¡Qué lástima! Pero hablando contigo, me da ánimo de querer realizar mi sueño. Trataré de arreglarlo.

Mari Carmen: ¡Qué bien! Espero que se realice tu deseo.

第20課

接続法（過去時制）

訳 _____

ビセンテ：もしお金があったら、日本へ行って日本のアニメの勉強をしてみたいんだ。スペインで放映され、われわれ視聴者の心に深く浸透してきた日本のアニメについてその由来を探ってみたいんだよ。

マリ・カルメン：本気でそう思うのなら、そのために働いてお金を貯めるべきだわ。

ビセンテ：それもそうだな。だけど、きみも知ってのとおり、問題はスペインでは短期間で充分なお金を稼げる仕事を見つけるのはむずかしいってことだよ。おまけに今は世界中にコロナウイルスが蔓延している。

マリ・カルメン：日本のアニメといえば、私も大好きなのよ。東京に住んでいた頃は、勉強が忙しくてそんなことを考える余裕はなかった。でも、この話題となると、心残りなのはあのときまったく気にも留めなかったことかしら。もし今また日本へ行けるんだったら、あなたと同じことをするかもね。

ビセンテ：そうなの？　じゃ、いっしょに行こうよ。

マリ・カルメン：なに言ってるのよ！　二人とも旅費なんてないし、私はこっちに仕事があるんだから。

ビセンテ：残念だな！　だけど、きみと話しているうちに、夢を実現させたいって気になってきたんだ。なんとかしてみよるよ。

マリ・カルメン：そりゃよかったわね！　あなたの夢が叶うといいね。

現代スペイン演劇にみる接続法の用法

　下の台詞は、ミゲル・ミウラ（1905-77）の不条理劇『三つの山高帽子』の1シーンです。この作品をとおして登場人物たちのユーモアやナンセンスな言動に加え、結婚観を風刺する作者の姿勢が見られます。

PAULA: Es preciso que nosotros **seamos** buenos amigos[*1] ... ¡Si **supiese** usted[*2] lo contenta que estoy desde que le conozco ... ! Me encontraba tan sola ... ¡Usted no es como los demás! Yo, con los demás, a veces tengo miedo. Con usted, no. La gente es mala ..., los compañeros del Music-Hall no son como **debieran** ser[*3] ... Los caballeros de fuera del Music-Hall tampoco son como **debieran** ser los caballeros ... (...) Es muy triste estar sola ... Las muchachas como yo se mueren de tristeza en las habitaciones de estos hoteles ... Es preciso que usted y yo **seamos** buenos amigos ... ¿Quieres que nos **hablemos** de tú[*4] ...?

DIONISIO: Bueno, pero un ratito[*5] nada más ...

PAULA: No. Siempre. Nos hablaremos de tú ¡siempre! Es mejor ... Lo malo ... , lo malo es que tú no seguirás con nosotros cuando **terminemos**[*6] de trabajar aquí ... Y cada uno nos iremos por nuestro lado ... Es imbécil esto de tener que separarnos tan pronto, ¿verdad? A no ser que tú **necesitaras** una "partenaire" para tu número ...[*7]

(Tres sombreros de copa)

（太字・斜体＝「接続法」）

パウラ：あたしたち、お互いに仲良くした方がいいと思うんだけど…あなたと
　　　　知り合ってから、あたし、どんなに幸せだったか！…これまでずっと一人
　　　　ぼっちだったんですもの…あなたは他の人たちとは違うわ！　あの人たち
　　　　と一緒にいると時々怖いと思うことがあるけれど、あなたはそうじゃない。
　　　　彼らは人が悪いのよ…ミュージックホールの連中は自分たちにふさわしい
　　　　態度をとらないし…ミュージックホールの外の殿方たちも紳士らしくない
　　　　（…）一人ぼっちって、とても悲しいものね…あたしと同じような女の子
　　　　たちは、こうしたホテルの客室で死ぬほど悲しい思いをしているのよ…あ
　　　　たしたち、お互いに仲よくした方がいいと思うわ…これからは、お互いに
　　　　他人行儀な呼び方、やめない？

ディオニシオ：いいけど、でもしばらくだけだよ…

パウラ：ダメよ。これからずっとよ。これからずっと親しく呼びあうのよ！　そ
　　　　の方がいいわ…ただ残念のは…残念なのは、ここでの仕事が終わると、あ
　　　　なたはもう一緒じゃないってこと…そういう風に各自が自分たちの道を歩
　　　　むのよね…そんな早くあたしたち離れ離れになってしまうなんて馬鹿みた
　　　　い、そう思わない？…あなたの出し物にパートナーを必要としない限りは
　　　　そうなるのよ…

　　　　　　　　　　　　　　　　　　　　　　　　（拙訳／『三つの山高帽子』）

＊1　"Es preciso que ..." は「〜が必要だ」という意味。「主節」には「話
　　　し手／書き手」の「願望・要求」が表れているので、「従属説」に「接
　　　続法」がきます。

＊2　"Si supiese usted ..." は「非現実的な条件文」です。「話し手／書き手」
　　　の本音は「あなたに私の気持ちなんてわかるはずがない」という前提
　　　での発言です。

＊3　接続詞 como を使った副詞節は様態を表します。動詞 deber（〜すべ
　　　きだ）は、「直接法現在 deben」（こうあるべきだ）と言い切ってもい
　　　いわけですが、debieran と「接続法過去」になっているということは、
　　　「話し手／書き手」が副詞節の内容を「現実的にありえない」という気
　　　持ちでとらえているからです。

＊4　"hablarse de tú" は「たがいに親しみを込めて呼び合う」という意味。
　　　「主節の動詞」が「願望」を表すため、「従属節」には「接続法」がきます。

＊⁵ ratito は rato（短い時間）の縮小辞。「ほんの少しのあいだ」という意味。

＊⁶「接続法 terminemos」になっているのは、「終える」という行為がまだ実現していないからです。

＊⁷ "A no ser que tú necesitaras ..." の "a no ser que ~" は「～でなければ」という意味で、「条件」を表す副詞節です。necesitaras が「接続法過去」であることから、necesitar（必要とする）という行為が「あり得ない」という「非現実性」を表していることがわかります。partenaire はフランス語で「相棒、パートナー」という意味。）

この物語は、結婚式を翌日に控えた青年ディオニシオが独身最後の夜を地方のホテルで過ごすところから始まります。隣接する部屋に宿泊するミュージックホールの世界に生きるパウラと、伝統的な道徳観念に縛られた地方の中産階級に属するディオニシオが偶然出会うことで、二人のあいだに一瞬意気投合したかのような気持ちが生まれますが、それも束の間、最後は各自が自分たちの世界へ立ち返ることを余儀なくされます。

ミウラは、儚（はかな）い恋情にも似た二人の関係を中心に物語を展開させつつ、劇空間にユーモアとおかしさをちりばめ、なおかつ当時のスペイン社会を風刺し、人々の欺瞞（ぎまん）やおぞましい姿を浮き彫りにしています。

ミウラは役者の子としてマドリードに生まれ、幼い頃から父親の一座に連れられてよく旅周りに出ていました。高校を卒業したあと、父親の口利きにより劇場の会計の仕事に就きました。内戦中はフランコ側のプロパガンダ誌の編集に携わっていましたが、戦後はユーモア誌『ラ・コドルニス』を手がけ、44 年まで編集長を務めました。代表作『三つの山高帽子』のほか、『崇高な決意』、『マリベルと奇妙な家族』などがあります。

〈参考文献〉
『現代スペイン演劇集』（『三つの山高帽子』収録）、佐竹謙一編訳、水声社、1994 年。
Mihura, Miguel. *Tres sombreros de copa*, ed. Jorge Rodríguez Padrón, 5.ª ed., Madrid: Cátedra, 1981.

I.

1. Hola, ¿qué tal?（オラ・ケ・タル）
2. Mucho gusto.–El gusto es mío.（ムチョ・グスト ー エル・グスト・エス・ミオ）
3. Buenos días.（ブエノス・ディアス）
4. Buenas tardes.（ブエナス・タルデス）
5. Buenas noches.（ブエナス・ノチェス）
6. Adiós.（アディオス）
7. Hasta pronto.（アスタ・プロント）
8. Hasta la próxima.（アスタ・ラ・プロクシマ）
9. Hasta la vista.（アスタ・ラ・ビスタ）
10. Muchas gracias.（ムチャス・グラシアス）
11. De nada. / No hay de qué.（デ・ナダ／ノ・アイ・デ・ケ）

II.

ópera（オペラ）　aerograma（アエログラマ）　país（パイス）
piadoso（ピアドソ）　reina（レイナ）　enviáis（エンビアイス）
ciencia（シエンシア）　estación（エスタシオン）
construcción（コンストルクシオン）　circunstancia（シルクンスタンシア）
árbol（アルボル）　azúcar（アスカル）　lección（レクシオン）
miércoles（ミエルコレス）　música（ムシカ）　semana（セマナ）　camisa（カミサ）
imagen（イマヘン）　martes（マルテス）　natural（ナトゥラル）
Madrid（マドリ）　reloj（レロ）　estar（エスタル）　capaz（カパス）

I.

1. la（大きな家）　2. los（公園のベンチ）　3. las（美しい花）
4. el（人目をひくパラソル）　5. el（安い爪切り）　6. el（ベビーカー）
7. el（小型の鉛筆削り）　8. el（きみの教科書はむずかしいが、私のはやさしい。）

II.

1. unas, pequeñas　2. una, ancha　3. unos, serios　4. un, maravilloso
5. una, madrugadora　6. unos, juguetones　7. unos, trabajadores/ unas,
trabajadoras　8. un, veloz

III.

1. sus, gafas, negras 2. un, gran, hombre 3. esas, camisas, azules
4. Estos, libros, interesantes 5. Nuestras, mantas, gruesas, la, tuya, delgada 6. El, paisaje, hermoso 7. Estos, mis, viejos, amigos

IV.

1. Esta, aquellas 2. Este, aquel 3. Esta 4. Estas, mis 5. Estos, míos, aquellos, mis 6. Tus, los, míos 7. aquello, Aquello 8. Ese

---

練習問題 3

I.

1. están, Están 2. están 3. hay, hay 4. está 5. es, es
6. Es, está 7. es 8. está, Es

II.

1. estamos cansados (de estudiar) / no estamos cansados (de estudiar)
2. estoy libre (este sábado) / no estoy libre (este sábado)
3. (hoy) es miércoles / (hoy) no es miércoles

III.

1. también 2. tampoco 3. también 4. tampoco

IV.

1. アナとピラールは大の仲よしだ。二人は勉強家でいつも週末になるといっしょに町のあちこちの美術館や、時にはほかの町の美術館をも訪れる。

2. あなた方はいつカナダへ旅行に出かけるのですか？ー 1 か月以内に出立しようと思います。そのため私たちは英語のほかにフランス語も勉強しています。

3. 私はプログラマーの仕事をしている。私のオフィスは街の中心部にある。この会社で働いてほぼ 10 年になる。私の同僚たちはとても感じがよくて親切だ。

練習問題 4

I.

1. [da] 2. [va] 3. [sabes], [sé] 4. [atrae] 5. [cae]
6. [trabajáis], [Trabajamos]

II.

1. [Quieres], conmigo, [tengo], nada 2. [hay], cualquier 3. nos, [queda], todos 4. Cualquiera, [puede] 5. [conocemos], nadie, [conoces], alguien, [tengo], algunos, Uno, [es] 6. mí, me, [parece], [tiene]

III.

1. nos, [interesan] 2. Me, [acompañas] 3. [Tengo], suyos, se, los, [devuelvo] 4. [Puedes], lo, [necesito], [voy] [prestártelo]

IV.

1. 家に帰るときはいつも車が多い。私は運転が好きだけど、渋滞はこりごりだ。

2. ほかの人たちは私たちのグループの計画を批判するが、きみはそうじゃない。私たちでいくつかの問題を解決しましょう。

練習問題 5

I.

1. [me despierto] 2. [nos sentamos], [concentrarnos] 3. [se enoja]
4. [Te acuerdas], [me acuerdo] 5. [se conocen], [sé], [se ríen]
6. [os vestís], [marcharnos] 7. [ha crecido], [Pienso] [cortármelo]
8. [se preocupa] 9. [está], [escuchando], [están], [durmiendo]
10. [Te sientes], [Me siento], [duele], [Voy], [acostarme]

II.

1. 今日はずいぶん働いたので昼食をとる時間がなかった。それで今は腹ペコで死にそうだ。

2. 目覚ましがなっている。もう7時半だ。顔を洗い、朝食をとり、今日のレッスンの準備がまだなのでそれをしないといけない。

3. 私はいつもだいたい9時15分前に家を出る。大学まで歩いておよそ15分かかる。

4. フアンは今家にいない。手紙を何通か出しに郵便局へ行ったのだ。そのあと恋人のところを訪れ、夜まで戻らない。

5. 私は標高2800メートルの山に登ったことがある。無事に山頂に着くことができて満足している。

I.

1. misma, que 2. mayor, que 3. la, más, de 4. los, que, más, de 5. más, bien, que 6. no, más, que 7. más, de, lo, que 8. traviesísimos 9. no, tan, como 10. Cuanto, más, tanto, más 11. tanta, que 12. tantas, que

II.

1. [me desperté], [estaba] 2. [solíamos] 3. [os divertisteis] 4. [visitamos], [estaba] 5. [Eran], [te acostaste] 6. [interesaba] 7. [llegué], [estaban]

（訳）1. 目が覚めると、家には誰もいなかった。 2. 若い頃は放課後によく野球をしたものだ。 3. 昨日の映画はおもしろかった？ 4. 1時間前にアンヘルを訪ねると、今日のレッスンの準備をしていた。 5. きみが床についたのは12時だったよね。 6. 彼女たちは学生の頃、いろいろ学ぶことに興味を持っていた。 7. 私が駅に着くと仲間たちは私を待っていた。

III.

1. 見たところ、リカルドは勉強不足だ。そのため、先生の説明を聞いてもほとんど理解できない。

2. ハビエルはいつも自分の許容範囲を超える仕事をしている。それでも見た目以上に努力するので、期限内に終わらせることができる。

3. 私たちは上司の提案には賛成だが、唯一異論があるとすれば、決められた日までにすべてを完成できるほどの十分な時間がないことだ。

4. 私はディケンズの小説を1冊読み終えた。物語の内容をかいつまんでフアンに話してあげたかったが、その時間がなかった。なぜなら、私には別の人との約束があったからだ。

5. 実際、パーティーは楽しかった。旧友たちと久しぶりに会えたからだ。唯一気に入らなかったのが、口さがない人たちだった。

I.

1. que 2. en el que/ en el cual/ donde/ en donde 3. lo que 4. de los
que/ de los cuales 5. a la que/ a la cual/ a quien 6. por el que/ por el
cual/ por donde 7. con la que/ con la cual/ con quien 8. lo que/ lo cual
9. en el que/ en el cual/ donde/ en donde 10. en la que/ en la cual/ donde/
en donde 11. cuantos

II.

1. [Querría] 2. [vendrá] 3. [Serían], [pasó] 4. [dijo], [regresaría]
5. [creí], [habrías terminado] 6. [escribieron], [había nacido] 7. [querrá]
8. [sabía], [había encontrado], [buscaba/ estaba buscando]

III.

1. テレサは貸してあげた本を返してくれたので、また別の本を貸してあげた。それ
をいつまでに読むのかはわからないが。

2. 地震が起こったのはおそらく明け方の4時ごろだっただろうか。そのとき、すぐ
にも別の揺れがくるだろうと思った。

3. サンチェス夫妻は充分お金を貯めてきたこともあって、先週アフリカへの旅に出
た。今頃は楽しんでいることだと思う。遅くとも今月末までには戻ってきている
はずだ。

4. 私たちがカフェテリアに到着すると、仲間が私たちを待っていた。私たちが参加
する予定のボランティア活動について少し話し合うためだ。しかし、私たちの先
頭に立とうという人物の姿はまだ見えなかった。

I.

1. [hay] 2. [Dejan/ Se deja] 3. [Fue elegida] 4. [aguanta]
5. [Creen/ Se cree]

II.

1. [se va] 2. [se escribe] 3. [hablan/ se hablan] 4. [se ven]
5. [respetan/ se respeta] 6. [permiten/ se permite] 7. [se te ha olvidado]
8. [se viaja] 9. [Construyeron/ Se construyó/ Fue construido]
10. [Nos invitaron/ Se nos invitó/ Fuimos invitados]

III.

1. 国際会議で各国代表はエネルギー問題について議論を交わしてきたが、それでも合意が得られるかどうかの見通しは立たない。

2. 近頃、交通事故が増えてきている。そのため特に夜間の運転や、角を曲がるときなどは要注意だ。

3. 1900 年以来現在に至るまで海面が少しずつ上昇してきた。特に最後の 20 年間は、気候の変動が引き起こす地球温暖化により上昇速度が早まっている。

練習問題 9

I.

1. [es] 2. [hayas podido] 3. [ha manifestado], [piensa] / [manifestó], [pensaba] 4. [hayas obtenido] 5. [ocurrirá] 6. [nieve]

7. [haya ganado] 8. [se gradúe] 9. [se descubra] 10. [cierren]

11. [cambies] 12. [haya] 13. [salude], [ha hecho] 14. [aceptéis]

15. [me abstenga]

II.

1. 約 10 万キロも走った私たちの古い車は何度も故障するようになった。おそらく今が買い替え（それを売って新車を買う）のよい機会なのかもしれない。

2. 大気汚染は健康を害すると言われている。したがって、生命の安全を保障する別のエネルギー資源の研究が急務だ。

3. 両国間の不和は、政治的・経済的な要因によるものではなく、宗教的要因によるものだ。他国の介入による両者の和解はむずかしいと考えられている。

4. アントニオの家族が隣人とのトラブルが原因で別の町へ引っ越したのだと、私たちは思いたくない。快適な住み心地を求めてなどという、別の理由であって欲しい。

練習問題 10

I.

1. en el que/ en el cual/ en quien, [pueda] 2. [Nieve], [nieve]

3. [aprobaron] 4. [aprueben] 5. nadie, [ayude]

6. Cuandoquiera, [vengas] 7. según, [aconseje] 8. como, [digan]

9. Por, que, [seas] 10. Aunque, [llueva] 11. hasta que, [me sienta]

12. sin que, [se de] 13. donde, [esté] 14. [organizaremos], a menos que, [paguen] 15. con tal de que/ a condición de que, [se promocione]

II.

1. 長いあいだ家具を動かしていない。孫たちが訪ねて来たとき居心地がいいように少し家具の配置を変えよう。

2. きみが望もうと望むまいと本当のことを言おう。きみがいいと思っているあの娘には同郷の恋人がいる。その人は銀行の仕事をやめたあと、陶芸に従事している。

3. 私たちはロベルトを探している。彼にはいくらかの金を貸しているので、彼を見かけたら、すぐに私たちに知らせて欲しい。できるだけ早く金を返してもらいたいのだ。

4. フェリペ4世の宮廷における、有名画家ディエゴ・ベラスケスと『人生は夢』の作者ペドロ・カルデロン・デ・ラ・バルカとの関係についてはあまり知られていない。国王の美術と文学に寄せる関心を浮き彫りにする意味でも調べる価値はあるだろう。

練習問題 11

I.

1. Que, [se mejore] 2. [Tráigame] 3. [los pongas] 4. [te preocupas], [cambia] 5. [llévate], [te los quites] 6. [se desesperen], [vendrá]

7. [Diles] 8. Quizá/ tal vez, [haya aprobado] 9. [pudiera/ pudiese]

10. [fuera/ fuese], [habría dado] 11. [Limpié], [me visitaran/ me visitasen]

12. [Era], [pasara/ pasase/ hubiera pasado/ hubiese pasado]

13. [era], [nos hizo (hacía) reír/ hizo (hacía) reírnos], [fuera/ fuese]

14. [tuviera/ tuviese], [podríamos comunicarnos/ nos podríamos comunicar]

15. [nos hubieras dicho/ nos hubieses dicho], [habría sido]

II.

1. もしあのときアンドレスが、もっと勉強するようにという父親の忠告に耳を傾けていたら、問題なく卒業できていたのに。

2. 私は先生が国へ帰る前に挨拶をしておきたかった。なぜなら、先生は私に学問のことだけでなく、人生についてもいろいろと教えてくださったからだ。

3. 私は、仕事の環境に耐えられないのであれば、気分よく過ごせて人生の喜びを見い出せるよう、転職を考えたほうがよかろうと言われた。

4. 私たちは学校に着くとすぐに、校内が静まり返っていることに気づいた。最初、先生方がストを決行しているとは信じられなかった。

1 ■ 記号

.	ピリオド（punto）
,	コンマ（coma）
´	アクセント（acento ortográfico）
¨	文音符、ウムラウト（crema, diéresis）
*	星印（asterisco）
:	コロン（dos puntos）
;	セミコロン（punto y coma）
...	ドット（puntos suspensivos）
-	ハイフォン（guión）
/	スラッシュ（barra）
+	プラス、加号（signo más）
–	マイナス、減号（signo menos）
( )	括弧（paréntesis）
" "« »	引用符（comillas）
¿?	疑問符（signos de interrogación）
¡!	感嘆符（signos de exclamación）
—	ダッシュ（raya）

2 ■ 国名・国籍・公用語

❖ 六大州（seis contienetes）

六大州	形容詞
Asia（アジア）	asiático, -ca
África（アフリカ）	africano, -na
América del Norte（北アメリカ）	norteamericano, -na
América del Sur（南アメリカ）	sudamericano, -na suramericano, -na
Europa（ヨーロッパ）	europeo, -a
Oceanía（オセアニア）	oceánico, -ca

❖ 国名・国籍・公用語

国名	形容詞、国籍	公用語
Alemania（ドイツ）	alemán, -mana	alemán
Argentina（アルゼンチン）	argentino, -na	español
Austria（オーストリア）	austriaco, -ca / austríaco, -ca	alemán
Australia（オーストラリア）	australiano, -na	inglés
Bélgica（ベルギー）	belga	neerlandés / francés / alemán
Bolivia（ボリビア）	boliviano, -na	español
Brasil（ブラジル）	brasileño, -ña	portugués
Canadá（カナダ）	canadiense	inglés/ francés
Chile（チリ）	chileno, -na	español
China（中国）	chino, -na	chino
Colombia（コロンビア）	colombiano, -na	español
Corea del Norte（北朝鮮）	coreano, -na	coreano
Corea del Sur（韓国）	coreano, -na	coreano
Costa Rica（コスタリカ）	costarricense costarriqueño, -nã	español
Cuba（キューバ）	cubano, -na	español
Dinamarca（デンマーク）	danés, -nesa	danés
Ecuador（エクアドル）	ecuatoriano, -na	español
Egipto（エジプト）	egipcio, -cia	árabe
El Salvador（エルサルバドル）	salvadoreño, -ña	español
España（スペイン）	español, -ñola	español
Filipinas（フィリピン）	filipino, -na	filipino (tagalo) / inglés
Francia（フランス）	francés, -cesa	francés
Grecia（ギリシア）	griego, -ga	griego
Guatemala（グアテマラ）	guatemalteco, -ca	español
Holanda（オランダ）	holandés, -desa	neerlandés (holandés)
Honduras（ホンジュラス）	hondureño, -ña	español
Hungría（ハンガリー）	húngaro, -ra	húngaro
Indonesia（インドネシア）	indonesio, -sia	indonesio

Inglaterra（イギリス）	inglés, -glesa	inglés
Irlanda（アイルランド）	irlandés, -desa	irlandés
Israel（イスラエル）	Israelí	hebreo
Italia（イタリア）	italiano, -na	italiano
Japón（日本）	japonés, -nesa	japonés
Marruecos（モロッコ）	marroquí	árabe
México (Méjico)（メキシコ）	mexicano (mejicano), -na	español
Nicaragua（ニカラグア）	nicaragüense	español
Noruega（ノルウェー）	noruego, -ga	noruego
Pakistán / Paquistán（パキスタン）	pakistaní / paquistaní	urdu
Panamá（パナマ）	panameño, -ña	español
Paraguay（パラグアイ）	paraguayo, -ya	español
Perú（ペルー）	peruano, -na	español
Polonia（ポーランド）	polaco, -ca	polaco
Portugal（ポルトガル）	portugués, -guesa	portugués
Puerto Rico（プエルトリコ）	puertorriqueño, -ña	español
Dominica（ドミニカ）	dominicano, -na	español
Rusia（ロシア）	ruso, -sa	ruso
Suecia（スエーデン）	sueco, -ca	sueco
Suiza（スイス）	suizo, -za	alemán / francés / italiano / romanche
Tailandia（タイ）	tailandés, -desa	tailandés
Turquía（トルコ）	turco, -ca	turco
Ucrania（ウクライナ）	ucraniano, -na	ucraniano
Uruguay（ウルグアイ）	uruguayo, -ya	español
Venezuela（ベネズエラ）	venezolano, -na	español
Vietnam（ベトナム）	vietnamita	vietnamita

付録

3 ■ 数詞

(1) 基数詞

0	cero	10	diez	20	veinte
1	uno	11	once	21	veintiuno[*1]
2	dos	12	doce	22	veintidós
3	tres	13	trece	23	veintitrés
4	cuatro	14	catorce	24	veinticuatro
5	cinco	15	quince	25	veinticinco
6	seis	16	dieciséis	26	veintiséis
7	siete	17	diecisiete	27	veintisiete
8	ocho	18	dieciocho	28	veintiocho
9	nueve	19	diecinueve	29	veintinueve

30	treinta	31	treinta y uno[*1]
40	cuarenta	41	cuarenta y uno[*1]
50	cincuenta	51	cincuenta y uno[*1]
60	sesenta	61	sesenta y uno[*1]
70	setenta	71	setenta y uno[*1]
80	ochenta	81	ochenta y uno[*1]
90	noventa	91	noventa y uno[*1]

（31~99：「10 の位」＋ y ＋「1 の位」と 3 語で表します。）

100　cien/ ciento[*2]

101　ciento uno[*1]

*1：1 で終わる数詞（21, 31, 41, 51 …101 …）は、その後に名詞がくると、「不定冠詞」と同じ形で変化します。

　〔例〕21 (veintiún) niños　21 人の子供たち／ 21 (veintiuna) niñas　21 人の女児たち／ 101 (ciento un) gatos　101 匹の猫／ 101 (ciento una) naranjas　101 個のオレンジ

*2：100 の直後に名詞または数詞（mil など）がくると、ciento の -to が脱落し、cien になります。

　〔例〕cien años　100 年／ cien mil euros　10 万ユーロ／ 105 (ciento cinco) perros　105 匹の犬／ 135 (ciento treinta y cinco) gatos　135 匹の猫

200	doscientos/-tas	201	doscientos uno/ doscientas una[3]
300	trescientos/-tas	301	trescientos uno/ trescientas una[3]
400	cuatrocientos/-tas	401	cuatrocientos uno/ cuatrocientas una[3]
500	quinientos/-tas	501	quinientos uno/ quinientas una[3]
600	seiscientos/-tas	601	seiscientos uno/ seiscientas una[3]
700	setecientos/-tas	701	setecientos uno/ setecientas una[3]
800	ochocientos/-tas	801	ochocientos uno/ ochocientas una[3]
900	novecientos/-tas	901	novecientos uno/ novecientas una[3]

（200~999：100 の位あとに「10 の位」や「1 の位」を続けます。ただし、「100 の位」と「10 の位」のあいだに y は入りません。）

（例）310 (trescientos diez) ／ 335 (trescientos treinta y cinco)

[3]：（例）201 (doscientas una) casas　201 軒の家／801 (ochocientos un) libros　801 冊の本

スペイン語では「位取り」をピリオド（.）で表します。

1.000	mil	1.001　mil uno[1]
10.000	diez mil	
100.000	cien mil	
1.000.000	un millón（100 万）	
10.000.000	diez millones（1 千万）	
100.000.000	cien millones（1 億）	
1.000.000.000	mil millones	
10.000.000.000	diez mil millones	
100.000.000.000	cien mil millones	
1.000.000.000.000	un billón（1 兆）	

🔍 **位取り**

---

1 . 000 . 000 . 000 . 000

                          ↳ mil（変化しない）

             ↳ millón / millones（数の変化のみ）

   ↳ billón / billones（数の変化のみ）

● 上記の各ピリオドを基準に左から読んでいきます。

　（注意：以下のスラッシュ〔/〕はわかりやすいように入れただけです。）

　1.234.567 → un **millón** / doscientos treinta y cuatro **mil** / quinientos
　　　　　　　sesenta y siete

　2.014.301 → dos **millones** / catorce **mil** / trescientos uno

　1.000.000.000.000 → un **billón**

　2.000.000.000.000 → dos **billones**

　4.701.300.098.011 → cuatro **billones** / setecientos un mil trescientos
　　　　　　　　　　millones / noventa y ocho **mil** / once

● さまざまな数字：

　4.001 (cuatro **mil** un) estudiantes　4.001 人の学生

　1.000 (**mil**) dólares　1.000 ドル

　1.000. 000 (un **millón** de) yenes　100 万円

　80.050 (ochenta **mil** cincuenta) euros　80.050 ユーロ

---

(2) 序数詞

　序数詞は形容詞と同じく「性・数の変化」をします。以下は、男性形を中心に並べたため、符号を 1.º（第 1 の、1 番目の）のように表記しましたが、女性形では 1.ª となります。序数は一般的に 1 から 10 までのあいだで使われ、それ以上は基数詞が使われます。

1.º	primero[*4]	8.º	octavo
2.º	segundo	9.º	noveno
3.º	tercero[*4]	10.º	décimo
4.º	cuarto	11.º	undécimo
5.º	quinto	12.º	duodécimo
6.º	sexto	13.º	décimotercero, décimotercio
7.º	séptimo	14.º	décimocuarto

15.º	décimoquinto	18.º	décimooctavo
16.º	décimosexto	19.º	décimonoveno
17.º	décimoséptimo	20.º	vigésimo

21.º	vigésimo primero	70.º	septuagésimo
22.º	vigésimo segundo	80.º	octogésimo
30.º	trigésimo	90.º	nonagésimo
40.º	cuadragésimo	100.º	centésimo
50.º	quincuagésimo	1.000.º	milésimo
60.º	sexagésimo		

*4：primero, tercero は、「男性単数名詞の前」で o が脱落し、それぞれ primer, tercer となります。

Éste es el primer volumen de la enciclopedia.　これは百科事典の第 1 巻だ。

Vean la primera página.　（みなさん）最初のページを見てください。

Me encantan los primeros dos cuadros de la entrada.
　私は入り口にある最初の二つの絵がとても気に入っている。

Estamos en el siglo XXI (veintiuno).　今は 21 世紀だ。

Felipe IV (cuarto) era un rey de voluntad débil.
　フェリペ 4 世は意志の弱い国王だった。

Que el año 2022 (dos mil veintidos) nos traiga muchas felicidades.
　私たちにとって 2022 年が幸多き年となりますように。

🍭 ローマ数字

❖ ローマ数字は以下の文字を組み合わせて作ります。
　I（1）　V（5）　X（10）　L（50）　C（100）　D（500）　M（1.000）

「V, X, L, C, D, M」の場合、各文字の「**左側に 1 文字**」添えると「**その数を引き**」、「**右側に 1 文字**」添えると「**その数を足します**」。

II (2)　III (3)　IV (4)　VI (6)　VII (7)　VIII (8)
IX (9)　XI (11)　XII (12)　XV (15)　XVI (16)
XIX (19)　XX (20)　XXVI (26)　XXXII (32)
XL (40)　LIV (54)　LX (60)　LXIV (64)　XC (90)　C (100)
CCC (300)　CD (400)　DCXI (611)　CM (900)　MDLXXXII (1582)

(3) 小数

小数点の表記には以下の二通りあります。

(a) 正数と少数のあいだにコンマ（,）を付す方法

メキシコなどのように「点」(.) を使用する国もあります。「正数」(parte entera) ＋「コンマまたは点」＋「少数」(parte decimal) の形をとります。読み方は coma または punto です。少数以下の部分は数字一つひとつ読むか、あるは普通にまとめて読みます。

> 0,1 (cero **coma** uno)　　0,007 (cero **coma** cero cero siete)
>
> 5,678 (cinco **coma** seis siete ocho / cinco **coma** seiscientos setenta y ocho)
>
> 9,403 (nueve **coma** cuatro cero tres / nueve coma cuatrocientos tres)

(b) 小数点（コンマまたは点）を読まない方法

これには次のように小数点以下の位を知る必要があります。覚えてしまえば楽ですが、めんどうであれば参考程度にご覧ください。

🔍 小数点以下の数字の表記

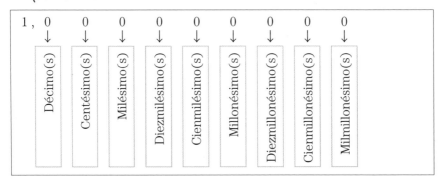

◉ 正数がない場合：小数点以下の数字だけの場合：「ゼロ」も「コンマ」も読みません。

0,1 (un décimo)　　　　　　　　0,01 (un centésimo)

0,3 (tres décimos)　　　　　　　0,03 (tres centésimos)

0,003 (tres milésimos)　　　　　0,0003 (tres diezmilésimos)

0,00003 (tres cienmilésimos)

0,000000003 (tres milmillonésimos)

0,5009 (cinco mil nueve diezmilésimos)

0,502089 (qunientos dos mil ochenta y nueve millonésimos)

◉ 正数がある場合：「コンマ」は読みません。**正数**には、1 の場合 entero、2 以上であれば enteros をつけます。

1,1 (un entero un décimo)

1,14 (un entero catorce centécimos)

12,626 (doce enteros seicientos veintiseis milésimos)

7,0104 (siete enteros ciento cuatro diezmilésimos)

28,0004 (venintiocho enteros cuatro diezmilésimos)

701,00025 (setecientos un enteros veinticinco cienmilésimos)

100,010608 (cien enteros diez mil seiscientos ocho millonésimos)

（4）分数

「分子」（numerador）は「基数詞」、「分母」（denominador）は「序数詞」で表します。

1/2 (un medio, una mitad)

1/3 (un tercio, una tercera parte*)

2/3 (dos tercios, dos terceras partes)

1/4 (un cuarto, una cuarta parte)

3/5 (tres quintos, tres quintas partes)

7/8 (siete octavos, siete octavas partes)

3/10 (tres décimos, tres décimas partes)

1/10 (un décimo, una décima parte)

2/10 (dos décimos, dos décimas partes)

(* parte〔部分〕は女性名詞なので「数の変化」があります。)

◉ 分母が 11~20 の場合、二通りの読み方をするものもあります。語尾が -avo
で終わる形容詞ということで「性・数の変化」をします。

1/11 (un onceavo, un onzavo)

1/12 (un doceavo, un dozavo)

2/13 (dos treceavos, dos trezavos)

4/14 (cuatro catorceavos, cuatro catorzavos)

6/15 (seis quinceavos, seis quinzavos)

1/16 (un dieciseisavo)

2/17 (dos diecisieteavos)

1/18 (un dieciochoavo, un dieciochavo)

3/19 (tres diecinueveavos)

1/20 (un veinteavo, un veintavo)

(5) 簡単な四則算

スペイン語で「四則算」を "cuatro reglas aritméticas" と言います。足
し算は adición、引き算は sustracción、掛け算は "multiplicación、割り
算は "división です。それぞれ **y [más]**（＋）、**menos**（－）、**por**（×）、
entre [dividido entre]（÷）で表し、**等号**（＝）は動詞 ser を用います。

(a) 足し算

$6 + 10 = 16$ (seis **y** [**más**] diez **son** dieciséis)

(b) 引き算

$35 - 8 = 27$ (treinta y cinco **menos** ocho **son** veintisiete)

(c) 掛け算

$4 \times 9 = 36$ (cuatro **por** nueve **son** treinta y seis)

(d) 割り算

$20 \div 5 = 4$ (veinte **entre** [**dividido entre**] cinco **son** cuatro)

$37 \div 7 = 5R2$ (treinta y siete **entre** siete **son** cinco **con un** residuo [**resto**] **de** dos)

(割り算には ":" の記号も使われます。日本語で余りは「46 ÷ 3=15…1」のように記しますが、スペイン語では「余り」の表記は複数あり、これは一例です。)

4 ■ 増大辞・縮小辞

スペイン語では、「**名詞**」や「**形容詞**」に「**接尾辞**」をつけて、それらが持つ本来の意味に味つけをします。

(1) 縮小辞

「**物理的な小ささ**」を示すときや、「**愛情**」や「**親しみ**」を表したい時に用います。いつどのようなときに、どの縮小辞を使うかは、これといった規則のようなものがないので、相手の表情（文章の場合は文の流れ）を読みとりながら判断するしかありません。割合としては増大辞よりも縮小辞のほうをよく耳にしたり、目にしたりします。スペインよりもむしろラテンアメリカで多く使われます。

主な縮小辞には以下のようなものがあります。

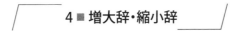

-ito, -ita / -cito, -cita / -illo, -illa / -cillo, -cilla / -ico, -ica / -ín, -ina

muchacho, -cha（少年、少女）　→　muchachito, -chita

chico, -ca（子供、青年）　→　chiquito, -quita

joven（若者、若い）　→　joven**cito**, -**cita**

casa（家）　→　casita（小さい家）

rama（枝）　→　ramita（小枝）

369

gorrión（スズメ）	→	gorrioncito（小さいスズメ）
ventana（窓）	→	ventanilla（小窓）
defecto（欠点）	→	defectillo（ちょっとした欠点）
guerra（戦争）	→	guerrilla（ゲリラ）
burro（ロバ）	→	borrico（小さいロバ）
poquito（ほんの少しの）	→	poquit*in*（poquito の縮小辞）

(2) 増大辞

「**物理的な大きさ**」や「**外観の醜さ**」を示すとき、あるいは「**抽象的な意味**」（嫌悪・醜悪）を加えるときに用いられます。以下は主な増大辞です。

-azo, -aza / -ón, -ona / -ote, -ota / -udo, -uda

golpe（音、衝撃）	→	golpazo（大きな衝撃音）
porra（棍棒）	→	porrazo（殴打）
mano（手）	→	manazo（大きな手）
		（軽蔑的には「醜い手」）
		manotazo（平手打ち）
tacón（靴のかかと）	→	taconazo（ハイヒール、かかとで蹴ること）
casa（家）	→	casón, casona（古い豪邸）
zapato（靴）	→	zapatón（大きな靴）
amigo, amiga（友だち）	→	amigote, amigota
		（仲のよい友だち／軽蔑的に「悪友」）
grande（大きい）	→	grandote（ばかでかい）
papel（紙）	→	papelote（使い物にならない文書、古紙）
pelo（毛、髪）	→	peludo（毛深い）

　上記のほかにもまだまだたくさんあります。会話でもしばしば耳にしますが、小説・演劇にも散見されます。（ちなみに、comilón, comilona は「大食漢、食いしん坊」という形容詞ですが、女性名詞の comilona は「たくさんご馳走があるところ」という意味になります。〔例〕A mi amigo lo invitaron a una comilona.　私の友人はご馳走に招かれた。）

(3) 軽蔑辞

　名詞や形容詞のあとにつけ、「**軽蔑・嫌悪・嘲笑**」などの気持ちを表します。
この場合、「縮小辞」(-illo, -illa など) や「増大辞」も用います。

　以下は主な軽蔑辞です。

-aco; -acho; -ajo; -astro; -ejo; -orrio; -orro; -ucho; -udo, -uzo など

libro（本）	→	**libraco**（くだらない本）
pájaro（鳥）	→	**pajarraco**（不格好な鳥、迷惑な鳥／ずる賢いやつ）
rico（金持ち、金持ちの）	→	**ricacho**（成金、大金持ちの）
pueblo（村）	→	**poblacho**（貧しい村）
cinta（リボン）	→	**cintajo**（ださいリボン）
tipo（やつ）	→	**tipejo**（くだらないやつ）
médico（医者）	→	**medicastro**（やぶ医者）
poeta（詩人）	→	**poetastro**（三文詩人）
villa（町）	→	**villorrio**（辺鄙な町、片田舎）
venta（宿屋）	→	**ventorro**（安宿）
casa（家）	→	**casucha**（あばら屋）
hueso（骨）	→	**huesudo**（骨張った、痩せた）
gente（人々）	→	**gentuza**（つまらない連中）

🔍 意味が変わる語彙

接尾辞をつけることによって意味が変わる語彙もあります。

bolso（ハンドバック）	→ bolsillo（ポケット）
padre（父）	→ padrastro（継父）
madre（母）	→ madrastra（継母）
grano（〔穀物などの〕粒）	→ granito（花崗岩、御影石）

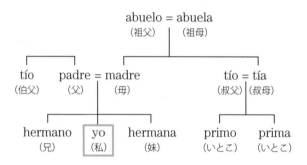

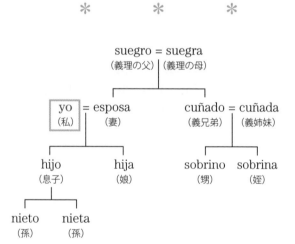

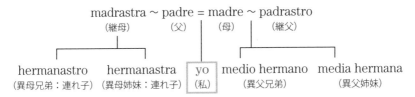

DIVORCIO / NUEVO CASAMIENTO （離婚／再婚）

madrastra ～ padre ＝ madre ～ padrastro
（継母）　　　（父）　　（母）　　（継父）

hermanastro　　hermanastra　　yo　medio hermano　media hermana
（異母兄弟：連れ子）（異母姉妹：連れ子）（私）　（異父兄弟）　　（異父姉妹）

付
録

参考文献

1. 辞書

『新スペイン語辞典』、Carlos Rubio・上田博人編、研究社、1992 年。

『現代スペイン語辞典』、宮城昇・山田善郎監修、白水社、1999 年（改訂版）。

『クラウン西和辞典』、原誠・Enrique Contreras・寺崎秀樹ほか編、三省堂、2005 年。

『西和中辞典』、高垣敏博監修、小学館、2007 年（第 2 版）。

『スペイン語大辞典』、山田善郎・吉田秀太郎・中岡省治・東谷穎人監修、白水社、2015 年。

『レクシコ　新標準スペイン語辞典』、上田博人編、研究社、2020 年。

『和西辞典』、有本紀明ほか編、白水社、2000 年（改訂版）。

『クラウン和西辞典』、Carlos Rubio・上田博人ほか編、三省堂、2004 年。

『和西辞典』、小池知良ほか編、小学館、2014 年。

Moliner, María. *Diccionario del uso del español*, 2 tomos, 4.ª ed., Madrid: Gredos, 2016.

Real Academia Española, *Diccionario de la lengua española*, 2 tomos, 21.ª ed., Madrid: Espasa Calpe, 1992.

Real Academia Española, *Diccionario de la lengua española*, 23.ª ed., Madrid: Espasa, 2014.

Seco, Manuel. *Diccionario de dudas y dificultades de la lengua española*, 9.ª ed. renovada, Madrid: Espasa Calpe, 1988.

Seco, Manuel, Olimpia Andrés y Gabino Ramos, *Diccionario del español actual*, 2 tomos, 2.ª ed. actualizada, Madrid: Aguilar, 2011.

The Oxford Spanish Dictionary, eds. Carol Styles & Jane Horwood, 3rd ed., Oxford: Oxford University Press, 2003.

2. 文法書

上田博人『スペイン語文法ハンドブック』、研究社、2011 年。

小林一宏・Elena Gallego Andrada『スペイン語　文法と実践』、朝日出版社、2009 年。

菅原昭江『極める！　スペイン語の接続法ドリル』、白水社、2016 年。

高垣敏博『スペイン語接続法超入門』、NHK 出版、2018 年。

高橋正武『新スペイン広文典』、白水社、1967 年。

西川喬『わかるスペイン語文法』、同学社、2010年。

廣康好美『これならわかるスペイン語文法』、NHK出版、2016年。

三好準之助『日本語と比べるスペイン語文法』、白水社、2016年。

山田善郎監修『中級スペイン文法』、白水社、1995年。

Ahern, Aoife. *El subjuntivo: Contexto y efectos*, Madrid: Arco Libros, 2008.

Ayucar, Enrique. *Español: Primer curso*, 18.ª ed., Tokio: Universidad Sofía, 1976.

Ayucar, Enrique. *Español básico: Nivel II*, 10.ª ed. revisada, Tokio: Hoyu, 1994.

Batchelor, R. E. and Miguel Ángel San José. *A Reference Grammar of Spanish*, Cambridge: Cambridge Univ. Press, 2010.

Busquets, L y L. Bonzi. *Ejercicios gramaticales. Nivel medio y superior*, Madrid: SGEL, 1983.

Fente, R., J. Fernández y L. G. Feijo. *El subjuntivo*, 4.ª ed., Madrid: EDI-6/SGEL, 1981.

Garcés, María Pilar. *La oración compuesta en español. Estructuras y nexus*, Madrid: Verbum, 1994.

Gili Gaya, Samuel. *Curso superior de sintaxis española*, 11.ª ed., Barcelona: Biblograf, 1973.

Miyoshi, Jun-nosuke. *Gramática española: Curso intermedio*, ed. revisada, Tokio: Hakusuisha, 2006.

Real Academia Española. *Nueva gramática de la lengua española*, 2 vols., Madrid: Espasa, 2009.

Sarmiento, Ramón. *Gramática progresiva de español para extranjeros*, 4.ª ed., Madrid: SGEL, 2003.

Sastre, M.ª Ángeles. *El subjuntivo en español*, 2.ª ed. corregida y aumentada, Salamanca: Colegio de España, 2004.

【著者紹介】

佐竹 謙一（さたけ・けんいち）

金沢市生まれ
イリノイ大学（アーバナ・シャンペーン校）大学院博士課程修了（Ph.D.）
南山大学名誉教授

【主な著訳書】
『スペイン黄金世紀の大衆演劇』（三省堂、2001年）
『浮気な国王フェリペ四世の宮廷生活』（岩波書店、2003年）
『スペイン黄金世紀演劇集』（共訳／名古屋大学出版会、2003年）
『カルデロン演劇集』（名古屋大学出版会、2008年）
マンリーケ『父の死に寄せる詩』（『死の舞踏』収録、岩波文庫、2011年）
エスプロンセーダ『サラマンカの学生 他六篇』（岩波文庫、2012年）
『スペイン文学案内』（岩波文庫、2013年）
ティルソ・デ・モリーナ『セビーリャの色事師と石の招客 他一篇』
　（岩波文庫、2014年）
『ドン・キホーテ 人生の名言集』（共編訳／国書刊行会、2016年）
モラティン『娘たちの空返事 他一篇』（岩波文庫、2018年）
『カルデロンの劇芸術─聖と俗の諸相』（国書刊行会、2019年）
『スペイン語の感情表現集』（共著／白水社、2021年）ほか

◉	カバーデザイン	竹内 雄二
◉	DTP・本文図版	WAVE 清水 康広
◉	カバー・本文イラスト	誉田 百合絵
◉	ネイティブチェック	Patricia Valdez Satake
◉	音声ナレーション	Celia Jiménez Ortiz / Miguel Ángel Ibáñez Muñoz

［音声DL付］本気で学ぶスペイン語

2022年 4月 25日　　初版発行

著者	**佐竹 謙一**
発行者	内田 真介
発行・発売	ベレ出版
	〒162-0832　東京都新宿区岩戸町12 レベッカビル TEL.03-5225-4790 FAX.03-5225-4795 ホームページ　https://www.beret.co.jp/
印刷	モリモト印刷株式会社
製本	根本製本株式会社

ISBN 978-4-86064-689-9 C2087　　　　　　　　編集担当　綿引ゆか